40년 만의 답장

40년 만의 답장

김정숙 수필집

그루

책을 펴내며

나는 작가일까?

수필집을 엮을 만큼 사람에 대해, 삶에 대해, 역사에 대해 공명公明한 철학을 갖고 있을까? 혹시 짧은 글도 쓸 줄 안다는 칭찬을 장식처럼 달고 사는 것은 아닐까?
　문득 박목월의 「모일某日」을 읊조리고 싶다.

　　시인詩人이라는 말은
　　내 성명姓名 위에 늘 붙는 관사冠詞
　　이 낡은 모자帽子를 쓰고
　　나는
　　비 오는 거리로 헤매었다.
　　이것은 전신全身을 가리기에는
　　너무나 어줍은 것

또한 나만 쳐다보는
어린것을 덮기에도
너무나 어처구니없는 것
허나, 인간人間이
평생 마른 옷만 입을까보냐.
다만 두발頭髮이 젖지 않는
그것만으로
나는 고맙고 눈물겹다.

  2009년 신인상 연락을 받고, 나는 '또 다른 문 앞에서의 설렘'으로 수필 인생을 생각했다.

  「모래 바위」가 당선되었다는 연락을 받았다. 연구실을 청소하다 말고 학교 숲길로 걸으러 나갔다. 당선 소식은 어쩌면 새 세계로 향할 수 있다는 허락이며, 또 그 분야에서 뜻을 같이하는 지기知己들을 만날 수 있다는 약속일지도 모른다.
  중학교 국어 선생님이셨던 수필가 남을우 선생님은, 수필은 잘 구워진 백자와 같다고 하셨다. 수필은 사십이 넘거든 쓰라고도 하셨다. 그때 그 말의 깊은 의미를 이해하지는 못했다. 그러나 그 말씀은 늘 수필에 마음을 두게 했다. 그렇지만 나는 단지 목적, 기간, 분량이 정해진 청탁 원고를 쓰면서 세월을 보냈다.

교수의 논문은 자료를 가지고 논리적으로 진리를 찾아 나가지만, 문학은 인류 사회가 던지는 공동의 질문에 마음으로 답해야 한단다. 인간과 환경, 우주 만물에 대해 보다 더 진지하게 열린 가슴으로 고민하라는 주문일 것이다. 이제 이 두 세계를 아우르며 공감하는 답을 찾아나가야 한다. 시·공간을 넘나들며 나와 타자他者의 본성을 선명히 드러내 주는 백자를 굽고 싶다. (《에세이문예》 2009년 겨울호, 113-114쪽)

그리고 2년 뒤, 「40년 만의 답장」이 작가상을 수상하게 되었을 때, '모든 이가 위로를 얻는 작품을 쓰고 싶다'며 '장한' 결심을 보였었다.

수필은 자신의 경험과 생각을 바탕으로 타인의 공감을 창출해 내는 문학 장르이다. 그만큼 자신을 직접 드러내는 형식의 문학이다.
나를 소재로 글을 쓰는 일은 나를 반추하게 한다. 그러면서도 이 반추를 타인의 공감으로 환원할 수 있도록 수필에서 인간과 세상은 객관화되어야 한다. 그러한 수필을 쓰려면 내 인생을 관조할 수 있어야 한다. 그리고 인간의 긍지와 고뇌에 대해 절감해야 한다. 그래서 수필은 샘솟고 격동 치는 물들을 품고 표표히 흐르는 강일지 모른다. 애써 머무르려 해서는 안되고, 굳이 빨리 가려 해도 안되는 강.
2년 전, 《에세이문예》 본격 신인상'을 통해 이를 표현할 수 있는 계기가 열렸다. 그 후 수필은 내 삶의 방식 자체를 바꾸어 가기 시작했다.
책은 종이의 무덤이라고들 한다. 독자가 그 무덤에서 생명을 찾아낼 때에야 그 작품은 살아난다. 나는 따뜻한 무덤을 짓고 싶다. 사람들이 자신의 어머니 무덤 앞에서 험난한 세상을 주절거리면서 얻고 싶어 하는 위로, 그런 위로를 주는 작품을 쓰고 싶다. 그리고 그가 얻은 에너지로부터 다시 생명을 부여 받고 거듭나고 싶다.

  수필이란 문학 장르가 던지는 험난한 질문 앞에 같이하는 동료들이 있어 든든하다. 그리고 '문예작가상'으로 내 약함을 붙들어 주니 더욱 힘이 난다. 이제는 시·공간을 치고 나가라는 격려이리라.

《에세이문예》 2011년 가을호, 37-38쪽)

  오늘 이 마음을 다시 새기며, 등단한 이후에 쓴 작품들을 엮는다. 대부분 청탁으로 쓴 원고이지만, 시간의 느낌을 담고 있기에 소개한다. 더 다듬어진 수필을 쓰더라도 이 시기의 느낌을 담아낼 수는 없기 때문이다. 어느 유명한 선교사를 인터뷰 갔을 때이다. 그는 60년 전에 한국에 갓 도착해서 매일 5분씩 방송을 한 적이 있다. 그 노트를 보고 싶었다. 왜냐하면 그 생각이 신선하고 섬세했기 때문이다. 그러나 지금 그의 안목은 매우 단순화되고 평화롭다.

  역사는 시간에 대한 이해이며 훈련이다. 또 나는 언제나 시간의 정직함을 믿었다. 비록 그 시간이 더 많이 걸리고, 더 짧은 시간에 진실이 드러나는 차이는 있다 하더라도 긴 시간을 연결해 보면 언제나 공평하다.

동시에 나는 역사 속에서 이 세상의 어떤 동작도 사라지지 않음을 느낀다. 그런데 그 역사 속 동작들은 관계 속에서 바둑판처럼 얽혀 나타난다.

내 생활을 담은 이번 작품들을 꿰는 실도 역시 '관계와 시간'이다. 결국 관계 속에서 보아야 한다고 생각되었다. 나와 나와의 관계, 사회와의 관계, 그리고 하느님과의 관계로 차례대로 원고를 읽는다. 그리고 관계적 소재를 언어와 문화, 종교적 시각으로 훑어내고자 했다. 물론, 세상을 비추는 시각은 시간의 영향을 벗어날 수 없으므로 작품 연도를 함께 밝혔다.

시간과 관계로 삶의 장면을 살피는 이 이야기는 일상을 통한 '말 걸기'이다. 그런데 책을 엮기도 전에 벌써 대화가 열리는 행운이 왔다. 첫 수필집 『대신 생각해 드립니다』의 삽화를 그렸던 최제연 화가와 연결되었다. 최 화가는 영남대학교 국사학과를 졸업한 제자이다. 성적이 썩 우수한 학생이라, 한때 나는 속물근성을 발휘하여 그가 공부하기를 기대했었다. 그러나 그는 고집스럽게 만화를 그리겠다더니, 졸업 후에 잘 성장하고 있다. 아울러 내 글을 열심히 blog에 얹어주고 있는 조카 덕에 글을 쉽게 묶을 수 있었다. 무엇보다도 《에세이문예》와 『대구가톨릭문학』 동인지의 동료 작가들께 감사를 전한다. 이분들이 원고를 청탁하고, 자신들의 저서를 나누어 주심으로 나를 문단 활동에 묶어 주셨다. 그리고 이 책을 만드느라 수고하신 그루출판사에도 감사드린다.

유교가 바탕인 사회에서 한국사를 전공하면서 동시에 천주교회사에 매달리는 지방 대학 교수가 본 따뜻한 사회가 다른 이들의 생활도 덥히면 좋겠다. 앞으로는 인생의 중요한 주제들을 천착하고 동일 주제별로 완성된 책을 만들고 싶다.

차례

04 책을 펴내며

1부
관계 / 사람

15 모래 바위
19 제비꽃
24 도라지꽃
28 천리향
33 그 마지막 인사
37 물길, 꿈길
42 질문 많은 여자의 소동과 호두과자
52 '놀래키는' 어른들
55 고모와 조카의 블로그 운영
58 세례명이 나에게 보내온 편지
65 '2023년의 훈장' 같은 감사장
68 동료의 흰머리
71 초로初老 연습
77 정초에 온 편지
83 발코니 농부
87 제라늄의 겨울나기
91 머릿속 가난, 마음속의 부富
96 신문新聞, 구문舊聞으로 읽기

2부
사회 / 문화

- 103   40년 만의 답장
- 109   옷 입는 원숭이
- 112   우리 안의 아프리카
- 115   잃어버린 우리 입맛 찾기
- 119   요리하는 남자
- 122   한국인의 셈법
- 125   파리의 지하 보물
- 128   선물의 창조
- 131   죽음에 이르는 병
- 134   짜깁기 된 이웃
- 138   손글씨의 숨은 능력
- 141   단어의 마술
- 145   혼자 살기, 홀로서기
- 149   장미꽃 소동
- 152   동물 이야기를 만드는 사회
- 156   목숨을 바칠 가치, 목숨을 버릴 용기
- 159   명동성당에서 광화문, 그 외침의 확장
- 162   여섯 번의 김장 김치
- 167   '내 꺼, 우리 꺼'
- 172   100년의 기다림

3부

절제 / 자유, 그리고 하느님

- 177 숨어 죽는 호랑이
- 183 매 맞는 할아버지들
- 187 '천주교인이시오?'
- 194 프랑스와 한국, 우리들의 기적
- 197 순교자, 삶 안에서 그리스도를 만난 사람들
- 201 성모님 치맛자락을 붙잡고…
- 204 사라진 건물
- 208 대문에 '교회사연구소' 간판을 단 사람
- 212 떠나는 마음, 버리는 진실
- 215 교구장을 낸 마을
- 219 포옹
- 224 목수
- 230 침묵이라는 언어
- 234 정의가 요구하는 시간
- 240 어떤 안녕
- 245 '우리는 가슴에 희망을 심는 데 성공했습니다'
- 249 천 번의 점프
- 253 인연

작품 해설

- 260 공동체의 질문에 답하기, 관계와 시간에 말걸기 / 권대근

1
관계 / 사람

처음 만났을 때는 거대한 바위이던 선생님이
세월과 함께 한 알 한 알 조각나고 있을 때 그 제자가 아는 척을 할 수 있었더라면
얼마나 위로가 되셨을까! 선생님은 바위이며 모래였다.

모래 바위

조종성 선생님은 내 인생항로에 가장 큰 영향을 끼친 분이다. 어떤 이들은 인생이란 정해진 팔자여서 그분이 안 계셨으면 또 다른 사람이 그 역할을 해주었을 것이라고 말할지도 모른다. 어떻든 초등학교 학생이었던 나는 그분 덕택으로 '중학교'라는 개념을 가질 수 있었다. 즉 나도 중학교에 진학할 수 있다는 생각을 하게 되었다. 그 이후로 나는 오늘까지 학교에 다니고 있다. 선생님은 2년 전 대장암으로 가셨다.

어젯밤에도 사모님으로부터 전화가 왔다. 갑상선암으로 수술하고 나와서 항암 치료 과정에 있는 내게 사모님은 고비마다 참 세세하게도 찾아서 전화하셨다. 이번 고성능 요오드 방사성 치료를 들어갈 때에는 치료를 받고 나오면 너무 지치니까 한 열흘쯤 지난 후에 전화하마고 하셨는데 너무 궁금해서 했노라고 하셨다. 나도 어제는 초복이라 전화를 드려야지 하고 벼르고 있던 참이라 무척 반가웠다.

"김 박사, 힘들지는 않았어?"

선생님과 사모님, 두 분은 고향 분들이라 그런지, 평생을 같이 살아서 그런지, 아니면 선생님께서 살아생전에 하도 나를 불러서 그런지 사모님이 김 박사라고 발음하는 소리는 선생님이 부르시는 소리와 정말로 같다. 음성 색깔이라든지 그 길이, 높낮이까지 꼭 같다.

내가 암 조직 검사를 받은 다음다음 날이 선생님 제사였다. 그때는 연휴여서 올라갈 수도 있었는데, 왜 나는 그렇게 철이 없었는지. 궁색한 변명을 늘어놓자면 선생님 상 앞에서 울까봐 두려워서였다고나 할까? 사모님께 전화로 그 전날 조직을 떼어 조직 검사를 신청해 놓았는 데다, 서울 가기에는 사정이 여의치 않아 전화 드린다고 했었다. 사모님은 내가 암 조직 검사를 받는 중임을 알린 첫 사람이 되었다. 말하다 보니 서러워진 나에게 사모님은 괜찮을 것이라며 오히려 위로해 주셨다.

조직 검사 결과를 보고 온 날 사모님이 전화를 하셨다. 내가 조 선생님을 만난 지 45년 만에 사모님이 전화하시기는 처음이었다. 그리고는 수술 날짜 잡히는 날, 병원을 옮기는 날, 한 번도 미처 내가 먼저 연락드리지 못했다. 그럴 필요가 없었다. 사모님은 병자성사를 준비해 주셨고, 퇴원한 뒤에는 집에서 입을 편한 옷, 음식을 해가지고 집으로 찾아오셨다.

사모님께로부터 나는 아주 조금씩 선생님의 투병 과정을 들을 수 있었다. 또 내가 본 선생님을 이야기하게 되었다. 그러면서 사모님을 통해 선생님이 사람으로 산 일상을 보게 되었다. 전라도에 사시는 친척

길흉사에 두 분이 가시면 차비가 두 배로 드니, 한 분씩만 다녀야 했다는 생활…… 당신 자신은 단 한 번도 내게 보이지 않으셨던 부분이다.

  선생님은 내가 선생님들은 화장실도 가지 않는 줄 알았던 초등학교 시절에 만났기 때문에 내게는 언제나 선생님이시기만 했다. 대학 시절에도 길을 같이 갈 때면 초등학교 선생님이 학생들 손을 잡고 가듯이 그렇게 걸어가셨다. 청바지를 입고 인사드리러 가면 대학교수 옷차림이 그게 무어냐고 꾸지람하셨다. 그러는 중에 그분은 늙어가고 나는 성장해 있었는데.

  통화 중에 내가, "사모님이 저를 처음 보신 날 하신 말씀 기억나셔요?"라고 여쭈었더니, 하도 오래되어서 잘 모르겠다고 하셨다. 내가 중학교에 진학한 후 선생님은 고향에서 결혼을 하고 사모님과 올라오셨다. 중학교 시절에는 매월 성적표가 나오면 그것을 들고 선생님을 찾아뵈었기 때문에 그날 나는 댁에서 새댁인 사모님을 뵐 수 있었다. 사모님은 그날 나에게 이렇게 인사하셨다.

  "결혼식을 마치고 서울로 온 날 선생님이 느닷없이, '내게는 크으은 딸이 하나 있다.'고 하셔서 놀랐는데, 그 아이가 너로구나."

  사모님은 내 말에 기억난다고 하시면서 말을 이으셨다. 선생님은 나를 두고 동료들에게 이런 제자 둔 사람 있으면 나와 보라고 늘 큰소리치셨단다. 그리고 일곱 명이 항상 함께 찾아뵙는 남자 제자 팀이 있는데 그 제자들을 두고, "이런 제자들 둔 사람 있으면 나와 보라고 해."라며 늘 자랑하셨단다.

그래서 그런지 장례식날 선생님의 친구분들이 그 김 박사 왔느냐고 사모님께 물으셨단다. 얼굴이나 한번 보고 싶어서 그런다고. 그러나 정작 그 김 박사는 선생님 장례식 때에는 미국에 있어서 몰랐고, 기제사 때는 막 귀국해서 경황이 없다는 이유로 참석을 못 했고, 두 번째 제사는 올해였다.

오늘 새벽 눈을 떴는데, 선생님은 결국 당신의 암 투병 경험을 가지고 오늘 나를 세우고 싶어 하시는구나 하는 느낌이 선명히 다가왔다. 사모님을 통하여.

나는 선생님도 한 명의 생활인으로 이 세상을 살아내야 했다는 사실을 왜 이제야 깨닫게 되는 것일까? 나이 오십이 넘었고 대학교수인 내가 그 긴 세월 동안 왜 선생님 앞에서는 언제나 초등학생 노릇밖에 못했을까? 처음 만났을 때는 거대한 바위이던 선생님이 세월과 함께 한 알 한알 조각나고 있을 때 그 제자가 아는 척을 할 수 있었더라면 얼마나 위로가 되셨을까! 선생님은 바위이며 모래였다.

제21회 《에세이문예》 신인상 당선작(2009년 겨울호)

제비꽃

　그날은 '옛길 찾기' 프로젝트로 현장 답사를 가는 날이었다. 그는 그곳에 왔다. 그는 내가 봉사자로 참여하는 단체의 새로운 장으로 부임한 터였다. 그래서인지 사람들은 우리가 처음 보는 사이인데도 우리를 소개시키지 않았다. 그렇게 그와 나는 서로 알아야 하지만, 모르는 사람이 되어 종일 같이 산길을 걷다가 대구 시내로 되돌아왔다. 팀 전체가 앞서거니 뒤서거니 자유스러운 팀이라 어느 때인가 그와 같이 걷게 되어 몇 마디 하게 되었다.

　마침 「위대한 침묵Into Great Silenc」이란 영화가 사람들을 끌어들이고 있을 때였다. 종일 말이 별로 없어서 몰랐는데, 그는 체구보다는 목소리 톤이 굵고 힘찼다. 그런데 위대한 침묵에 대해 얼마나 열정적이던지 꼭 오랫동안의 침묵 끝에 나온 사람 같았다. 이미 미국에서 각기 달리 편집되었던 두 종류 DVD 본을 모두 구입했었다는 그에게서 이 영화를 다시 배웠다.

이 영화는 오랜 세월이 걸려서 제작되었다. 영화 속의 수도원은 알프스, 해발 1,300미터 고지에 위치해 있다. 1984년에 필립 그로닝Philip Groning 감독이 이곳, 그랑드 샤르트뢰즈La Grande Chartreuse 수도원을 촬영하고자 문의를 했다. 수도원에서는 "아직 때가 아니다."라고 답했다. 언제쯤 될 것이냐고 했을 때 10년 뒤에나 보자라고 했단다.

그로부터 15년 뒤인 1999년에 수도원으로부터 연락이 왔다. 감독에게 이제 준비가 되었다고 했는데, 그러나 조건이 있었다. 첫째 수도원에서 1년 동안 같이 생활하면서 촬영할 것, 그리고 작품을 절대로 상업적으로 활용하지 말 것 등이었다. 그로닝 감독은 6개월간 수도원에서 수도사와 같은 생활을 했고, 2년에 걸쳐 촬영을 끝냈다고 한다. 어떠한 음향 효과나 음악, 심지어는 목소리로 넣는 설명도 없이 영화는 완성되었다.

그는 영화를 미리 알고 보면 더 잘 이해할 수 있다며 설명을 덧붙였다. 이곳 수사들에게는 두 종류의 삶이 있는데, 하나는 독방에서 기도하며 지내는 생활, 또 한 그룹은 공동으로 식사하고 기도하며 생활하는 수사들이다. 그들 사이에는 모든 대화가 침묵 속에 이루어지며, 한 달에 한 번 모여 자신들이 느끼고 묵상한 것을 토론한다고 했다. 1688년에 세워져 봉쇄로 일관해 온 생활이란다. 이렇게 설명해주는 그의 마음속에 깊은 침묵이 있는 듯했다.

내 느낌은 적중한 것 같다. 놀란 것은 미사에서 한 그의 강론이었다. 앞뒤의 침묵 시간을 제외하면 그의 강론은 거의 1분이 걸리지 않았다. 전혀 다른 느낌이었다.

이후 그와 내가 어느 방송 프로그램을 짤 때였다. 내가 프로그램에 대한 아이디어를 적어서 보내면, 그가 보충하고 이런 식으로 서로 아이디어를 교환했다. 여느 경우와 같이 이메일로 작업이 이루어지고 있었다. 어느 날 프로그램을 마무리 지어도 좋을 듯하다는 내용의 메일이 왔다. 그런데 그 메일 뒤에 이런 내용이 장난스럽게 붙어 있었다. 말이 없어서 그의 생활을 모르는 내게는 드문 '그의 생활 조각'이었다.

    cf. 조동진 님의 제비꽃.
    그 노래 처음 나왔을 때
    제가 스무 살 시절이던가였거든요.
    제가 좋아했던 여학생 생각하면서. ㅋㅋ
    사실 휴대폰 시그널 음악에서 그 노래 나왔을 때
    깜짝 놀랐거든요. ㅎㅎ
    그때 저는 조동진 왕펜이었으니까요. ㅋㅋ

내 휴대폰 컬러링 이야기였다. 나는 처음 컬러링을 선택할 때부터 이 곡을 정해서 지금까지 지녀오고 있다. 이 곡은 드라마 「겨울 연가」에 나오면서 크게 사랑받은 곡이다. 그런데 아마 나보다 훨씬 오래전에 그 노래를 좋아한 남성이 있었던 게다. 내 컬러링의 노래 부르는 가수가 알려지지 않은 가수여서인지 사람들은 내가 직접 불렀냐고 묻기도 한다.
"내가 처음 너를 만났을 때 너는 작은 소녀였고, 머리엔 제비꽃 너는 웃으며 내게 말했지, 아주 작은 일에도 눈물이 나네요, 우우"

내가 갑상선암 수술을 받고 나오자 격려차 전화하신 어떤 신부님께서 그 노랫소리가 너무 슬프니 바꾸라고 하셨다. 그분도 대장암 수술을 하신 직후여서였는지 처연하다고 느끼신 모양이다. 그래서 나는 아주 신나는 곡인 「독도는 우리 땅」으로 할까 망설이고 있었는데, 그러다가 시간이 가 버렸다. 그렇게 해서 여태까지 지니게 된 컬러링이었다. 결과적으로 그를 놀래키기 위해서였는지도 모르겠다. 휴대폰 컬러링 하나가 커다란 느낌을 줄 수도 있다는 사실이 새롭게 다가왔다.

서양에 비해 한국의 휴대폰은 매우 장식적이다. 휴대폰 고리 장식이 무척이나 발달되어 있고, 또 널리 퍼져 있다. 휴대폰 고리는 서로 주고받는 가벼운 선물로도 널리 활용된다. 그리고 휴대폰 컬러링 역시 광범한 서비스를 받고 있다. 전화 개통할 때 나오는 일반 음악을 계속 사용하고 있는 사람, 트로트, 가곡, 클래식, 힙합 등 온갖 종류의 음들이 있다. 새마을 운동 노래가 나오기도 한다. 또한 휴대폰 배경 장식도 화려하고 다양하다.

물론 전화가 걸려왔을 때 자신이 듣는 음악도 갖가지이다. 휴대폰 기기機器 자체에 깔려 있는 음악을 그대로 번갈아 가며 골라서 사용하는 사람이 있는가 하면, 각별한 서비스를 이용하여 독특한 음을 지닌 이도 있다. 어떤 이는 전화만 오면, 장닭이 울기도 하고, 어떤 이는 "주인님 전화 받으세요." 하고 작은 계집아이가 소리 지르기도 한다. 이들이 휴대폰 소유자의 인상을 결정짓는다. 그 하나하나가 또 다른 나의 표현이며, 나의 대화 수단이다.

내 컬러링에 어떤 기억을 떠올릴 수 있는 사람이 있다는 사실은 내게 또 하나의 재산과도 같았다. 그의 마음 깊이 쌓여 있던 대화가 내게 한꺼번에 전달되는 듯했다. 그와의 대화가 늘 담백했던 것은 이러한 암묵적 전달이 있었기 때문일지 모르겠다. 그가 전화를 하면, 언제나 "부르시면 가야지요."라고 흔쾌히 대답할 수 있었던 일들이 무척이나 다행스럽게 여겨진다.

『대구가톨릭문학』 20(2010년)

도라지꽃

도라지꽃을 화병에 꽂은 지 일주일이 넘는다. 도라지꽃 한 송이의 수명은 그리 길지 않지만, 시든 꽃 주변의 꽃망울들은 날이 가면 갈수록 더욱 꼿꼿이 개화開花하고 있다. 그 많은 망울이 다 피었다 질 때까지 도라지꽃은 절개 굳은 여자처럼 똑바로 서 있을 것 같다.

그의 이미지는 도라지꽃과 참 비슷했다. 물론 수도하는 사람이니 내면에는 해바라기가 숨어있을지도, 혹은 장미가 숨어있을지도 모르나, 외면으로는 꼭 도라지꽃을 연상시켰다. 그런 그의 영명 축일이었다. 이번에는 여러 단체별로 축일 행사를 하기 때문에 세 군데의 단체에 소속된 나는 매번 같은 목적의 선물을 준비해야 했다.

세 번째 차례가 되니 흔하지 않은 선택을 하지 않을 수 없게 되었다. 난 도라지꽃을 준비하리라 생각했다. 그런데 도라지꽃은 화원에서 취급하는 꽃이 아니었다. 일부러 아는 꽃집에 부탁을 했다. 꼭 도라지꽃이어야 한다고 당부했다. 다음 날 연락이 왔다. 도라지꽃을 구할 수 있으니 와 보라는 것이었다. 남의 밭에 있는 꽃을 부탁해서 구하는 것이었다. 그러니 값을 매길 수도 없었다. 어쨌든 나는 꽃집 주인의 수고와 우정에 감사하며 꽃다발을 준비했다.

꽃을 들자 잠시 학창 시절에 보리를 수반에 꽂았다가 선생님께 꾸지람을 들었던 기억이 스쳤다. 선생님께서는 먹는 것을 가지고 꽃병에 꽂았다고 끌탕을 하셨다. 그도 먹는 것을 꽃으로 가져왔다고 할 사람은 아닐까 얼핏 염려가 되었다.

행사는 저녁이었는데, 여름날 밭을 떠난 도라지꽃은 병에 담아 보관했음에도 불구하고 행사 시간에는 고개를 숙이고 있었다. 이 상태의 선물을 전하기가 미안해서 나는 얼마나 구하기 힘든 선택이었는가를 과장되이 설명했다. 그는 고개 숙인 꽃들을 보면서, "지금은 밤이라서 그렇지 내일 해가 뜨면 또 다 살아날 거라"고 했다. 그러나 행사가 끝나고 그는 마음만 받겠다고 하면서 꽃을 가져가기를 사양했다. 또 나도 축 늘어진 꽃들을 넘기기가 마음에 걸리던 차여서 이를 집으로 가져왔다.

그런데 다음 날 아침에 일어나니 도라지꽃이 활짝 피어나고 있었다. 상쾌한 배움이었다. 밭의 꽃이라서 걱정했던 내게 도라지꽃의 생명력이 선물로 다가왔다. 꽃다발을 내가 받은 것처럼 느끼게 했다. 그리고 날마다 도라지꽃의 또 다른 세계를 발견하는 행운이 왔다.

원래 도라지꽃은 화병에 꽂는 꽃이 아니다. 본래 관상용 꽃은 꽃을 꽂아놓는 동안 화병의 물이 깨끗하다. 그런데 도라지꽃은 물속이 장미만큼이나 맑았다. 시간이 지나면서 남색 빛의 꽃은 빛깔이 약간 바래지고 있다. 그래서 거의 흰색 꽃 화병으로 변해 갔다. 그리고 이미 져 버린 꽃들이 한데 어울려 있어 그 신선한 깨끗함은 퇴색해 가고 있었다. 하지만 모든 꽃망울들이 점점 더 꼿꼿해지고 있다. 그러니까 앞으로도 오래오래 더 갈 것이다. 그 수수한 꽃의 강인한 면모이다.

꽃은 살아 있다. 유학 시절, 돈에 정말로 쪼들릴 때였다. 당시 자신의 능력에 대한 불안감, 제대로 찾아낼 수 없는 연구 세계에 대한 갈등은 없는 돈의 크기만큼이나 나를 눌러왔다. 탈출구를 갈구하던 나는 장미 한 송이를 사서 투명한 유리컵에 꽂았다. 장미는 시간을 두고 그 여러 겹의 꽃잎이 아주 조금씩 벌어져 가면서, 기숙사 방 안에 나 혼자 있지 않음을 일깨워 주었다. 투명한 물속을 뚫고 오는 위로였다.

교수 시절 어느 날이었다. 한밤중에 스탠드를 켜놓고 책을 읽고 있는데, 어디선가 '퍽' 하는 소리가 들렸다. 스탠드 불빛 범위 외에는 캄캄했기 때문에 나는 혹시 종이가 떨어졌는가 싶어 스탠드 방향을 돌리는 중이었다. 그때 마침 또 다른 한 송이의 들백합이 내 눈앞에서 꽃망울을 확 벌리는 것이었다. 책상 위에 흔히 야생 백합이라고 하는 꽃을 꽂아 두었는데 그 꽃이 이 밤에 피고 있는 것이었다. 꽃이 벌어질 때 나는 소리를 느끼면서, 이런 때를 희열이라고 하는가 보다 싶었다. 우주의 질서와 소통한 것 같은 들뜸이 일었다. 꽃은 생명이었다.

내가 꽃을 살 생각을 하는 것은 아마도 프랑스에서 생활했기 때문인지 모르겠다. 내가 프랑스어를 처음 배울 때, 그림 교재 1권은 "Oh, le gros bouquet! 와, 정말 큰 꽃다발이네!"라는 문장부터 시작했다. 그때 그림에는 꽃이 달랑 몇 송이밖에 없었는데 큰 꽃다발이라고 감탄하는 여자를 호들갑스럽다고 생각했다. 나중에 보니, 프랑스인들은 대개 꽃을 한 송이씩 선물한다. 따라서 여러 송이는 정말로 큰 꽃다발이다.

꽃은 한 송이로도 제 역할을 다 한다. 그 꽃이 피었다가 지는 동안 선물한 이의 우정이 함께 생활하고 있음을 웅변하고, 더불어 자연이 살아 있음을 설명한다. 꽃 선물은 그 꽃이 질 때까지 한정된 시간이지만, 가장 가까이에서 우주의 섭리를 우정이라는 거울에 비추어 전한다.

한번은 아름다운 꽃다발을 받은 동료가 그 꽃을 꽂지 않고 벽에 거는 걸 보았다. 오래 간직하기 위해서라고 했다. 꽃 세계를 박제화하는 그 가공의 영원성에 섬찟했다. 꽃은 살아 있는 생명을 전하는 선물이기 때문에 꽃이 지는 것은 당연하다. 꽃이 살아 변화하는 그 생명의 소리를 함께 나누어야 한다. 꽃은 그 순간성과 역동성을 갖기 때문에 더욱 아름다운지도 모른다.

그가 꽃의 세계를 느끼는지는 모른다. 아침이 되면 도라지꽃이 살아나리라고 했던 말에서 그가 도라지꽃을 알고 있다고 위로받는다. 그리고 이번 도라지꽃의 세계는 오히려 내가 호사스럽게 누리고 있다. 마치 평화를 빌어주는 사람들에게 평화가 내리는 것처럼.

아침마다 꽃병에 얼음을 넣으며 숨은 생명력과 이야기를 만든다. 도라지꽃의 그 깔끔한 외모가 빛을 바래가면서도 싱싱하게 개화하는 모습은 흡사 배우 오드리 헵번이 내게 오는 것 같다. 도라지꽃을 닮은 모든 이들이 다 와서 이 대화에 참여하는 듯하다.

『한국에세이』5(2012년)

천리향

온종일 코끝에 꽃향기가 묻어났다. 바쁜 업무 틈새마다 천리향은 어떤 향기를 낼까를 생각했다. 온몸을 감싸는 푸근함이 있던 하루가 저물고, 집에 들어서자마자 인터넷을 두드려 천리향을 찾았다. 난초같이 쭉 뻗은 잎 위에 다발로 뭉울져 있는 하얀 꽃이었다.

그날 아침은 월요일이라 학과 사무실에서 조교와 사무 처리를 하고 있었다. 친구가 서울에 잘 도착했다는 인사 전화를 했다. 나도 전화하려고 했다면서 서둘러 끊을 참이었다. 그런데, 그는 그 특유의 차분한 말씨를 이어갔다. 일주일 만에 사무실에 돌아왔는데, 그사이 천리향이 혼자 피어 기다리고 있었다며, 천리향의 향기를 선물로 보낸다고 했다. 학생과 일하는 중이라 단지 고맙다는 메마른 답으로 끝냈다. 그러나 받을 때의 건조함과는 달리 이 선물의 향기는 시간이 가면서 점점 더 피어올랐다.

　내가 그를 만난 것이 벌써 이십 년쯤 되어 간다. 중국 여행을 다녀온 여름 방학이었다. 학교 일과를 마치고 시내 나가서 맡겼던 여행 사진을 찾아가지고 집에 들어오는 길이었다. 막 현관문을 들어서는데 전화가 울렸다. 이탈리아에서 온 신부라고 했다. 프랑스에서 공부하고 있던 친구가 이탈리아에 있던 자기 친구의 이야기를 전하며, 만나게 되면 그에게 차 한 잔 사 주라고 부탁했던 일이 생각났다.
　그즈음 역사 속 인물을 추적하던 작가 이은성이 타계해서 그의 작품들이 한창 재조명되고 있었다. 나도 덩달아 이은성의 『동의보감』을 읽었다. 소설 속 인물들의 절제와 완성을 향한 집념은 통쾌하기까지 했다. 특히 스승이 제자를 길러내는 고민과 결단은 가슴을 후볐다.
　본래 작가는 이 책을 춘, 하, 추, 동, 네 권으로 계획했는데, 마지막 권을 끝내지 못했단다. 그러나 미완성이라고 해서인지 오히려 사람들마다 나름대로 소설 뒷부분을 상상하게 했다. 병든 이들에 대한 무한한 애정, 풀 한 포기 나무 한 그루까지 미치는 허준의 마음을 제각각 이어 갔다.
　나는 『동의보감』을 다 읽고 난 뒤, 그 책을 프랑스에서 공부하고 있던 친구에게 보냈다. 그랬더니 그 친구는 책을 다시 이탈리아에서 공부하고 있던 자기 친구에게 보냈다고 했다. 얼마 후에는 이탈리아에 있는 친구가 한번 연락하고 싶어 한다는 말을 전해왔다. 이렇게 한국, 프랑스, 이탈리아를 오가며 우리끼리 또 다른 『동의보감』 넷째 편을 만들고 있었다.

전화가 온 때는 이미 저녁 9시가 다 되어 가고 있었다. 그때까지 대구 지리를 잘 모르던 나는 동아쇼핑센터 앞 택시 정류장으로 나갈 수 있다고 했다. 사실 그곳은 내가 바로 떠나온 곳이었다. 수화기를 내려놓으려다가 문득 생각이 나서 물었다.

"신부님은 신부님같이 생기셨어요?"

내가, "나는 교수같이 생기지 않았거든요."라고 덧붙였더니, 그는 "한번 만나봅시다."라고만 했다.

동아쇼핑 앞에 도착하니 건물 쪽에서 기다리고 있었다. "신부님이시지요? 신부님같이 생기셨네요."라는 게 내 첫인사였다.

시간이 이미 늦어서 갈 곳이 마땅치 않았다. 언젠가 들렀던 전통 찻집을 찾느라 이곳저곳을 기웃거릴 때였다. 말없이 따라오던 그가 이쪽은 중앙파출소 쪽이고 이곳으로 가면 대구백화점이 나온다며 근처 지리를 설명했다. 놀라는 내게, 자기는 영남대 출신이라고 했다. 그러자 내 일성은 또, "어, 우리 학교 지금 발전기금 모으고 있는데요."였다.

찻집에 들어서서는 매우 조급했다. 차 한 잔 대접하는 틈이라도 이탈리아에서 온 사람에게 외국에서 부닥칠 한국 전통 관습을 설명하고 싶었나 보다. 아니 그가 그 방면에 관심이 많았던 듯하다. 또 마침 그날은 저녁에 찾았던 중국 여행 사진이 가방에 있어서 그것을 사이에 두고, 동서양의 차이에 대해 열띤 토론을 했다. 찻집 마감 시간이 되어서 일어섰다.

얼마 지나지 않은 추석날, 그에게서 전화가 왔다. 이탈리아에서 온 사람이 아직도 안 갔는지, 아니면 다시 왔는지 묻지도 않았다. 나는 밀린 일이 있어서 추석에 부모님도 가 뵙지 못하고 작업을 하고 있는 중이었다. 그래서 명절이지만 우리 집에는 나 먹을 것조차 제대로 없었다. 그래도 외국에서 공부하는 사람을 대접해야 한다 싶어 나는 전통문화도 볼 겸 동화사에서 만나자고 했다. 그러나 많이 생각해 보는 주제라고 하면서 대웅전 벽에 그려져 있는 「심우도」를 설명한 것은 오히려 그였다. 그러는 사이 타 대학에서 강의하고 있던 친구 한 명이 합류했다. 우리는 명절이라 너무나 조용한 사찰을 점령하고, 입구 다리 있는 곳에서 노래도 불렀다.

  문제는 배가 고픈 것이었다. 그날 근처 식당은 거의 다 닫혔다. 그랬더니, 그는 자기가 아는 식당이 있다고 했다. 찾아 들어간 식당에서는 주인이 그를 반갑게 맞이했다. 그가 자리를 비운 사이에 나는 주인에게 아는 사이냐고 물었다. 주인은 어이없다는 듯이 대구의 어느 유명한 신부 동생인데 몰랐느냐고 되물었다. 형님 신부님은 나도 아는 분이었다. 내가 관여하는 단체가 그 신부님께 신세 지고 있어서 몇 번 뵌 적도 있었다. 그때서야 그가 공부를 끝내고 귀국했음도 눈치 챘다.

  그러고 보니, 우리는 인적 사항을 물어본 적이 없었다. 또 내 개인 이야기도 하지 않았다. 그렇게 시작한 그와 나는 지금까지도 생활면은 거의 서로 모른다. 그는 내가 수술했을 때도 문병 온 사람이 아니었고, 나 또한 그가 수술하고 강원도에 가서 오래 요양해도 한 번도 찾아가지 못했다. 실은 지난 이십 년 동안 만난 시간을 다 합쳐도 몇 시간 되지 않는다.

  그러나 우리는 각자의 사회와 문화, 삶의 원칙에 대한 태도와 각자의 변화는 비교적 빨리 알아듣는 친구이다. 상대편 장래에 대한 무한한 신뢰를 가지고 서로에 대해 무조건 인정하는 사람들이다. 언제 만나도 늘 어제 만난 사람 같고, 어디서 만나도 곧바로 자신들이 생각하는 바를 공유할 수 있는 그런 사람이다. "언제나 그냥 그렇게 기쁘게 맞아주어서 얼마나 고마운지요."라고 한 그의 메모는 우리 사이에 드리워진 최대의 선물을 집어낸다.

  이 나이에도 이런 사람이 주변에 있다는 것이 반갑다. 아마 그가 사람의 이야기를 듣는 섬세함을 가지고 있어서인 것 같다. 우리 나이에 남의 이야기를 귀 기울여 듣는 사람은 흔하지 않다. 더욱이 남의 이야기를 마음을 다하여 자기 마음에 비추는 사람이 있다면 그는 분명 현대 사회에 아직 남은 보석이다. 그런 그이기에 말 한마디로 선물을 할 수 있었을 게다.

  천리향 향기는 한마디 인사에 실려 널리널리 삶의 풋풋한 격려가 되어 가리라. 꽃을 보내는 이들도 같은 향기에 싸여 지내리라는 메시지와 함께.

『대구가톨릭문학』 32(2022년)

그 마지막 인사

1999년 1월이었다. 나는 당시 프랑스에 해외 파견 교수로 나가 있었다. 내가 1985년 귀국하여 강사를 거쳐 교수가 된 다음, 재충전을 위해 다시 주어진 모처럼의 기회였다. 학교에서는 왕복 비행기 삯과 함께 6개월간 달마다 1천 달러씩을 지원해 주었다. 체류 기간을 더 연장하려면 교비 지원 없이 6개월 동안을 연장할 수 있었다.

그때 나는 한번 더 나를 깊이 돌아보고 싶었다. 그리하여 내가 공부했던 파리의 국립사회과학대학원대학을 재충전의 장소로 다시 선택했다. 그리고 기숙사도 유학시절에 살았던 같은 기숙사촌에서 구하고자 했다. 그 기숙사촌의 영국관에 살았던 나는 그곳에서는 방을 구하지 못했다. 대신에 그곳에 인접한 건물인 동남아시아관에 방을 얻게 되어 그나마 같은 기숙사촌으로 들어가게 되었다. 학생 시절에 나는 그 기숙사촌의 서쪽 정문을 이용했는데, 이제는 동쪽 정문을 이용하여 기숙사의 또 다른 쪽을 경험하게 되었다. 그러면서, 세월에 변했을 내 모습에 젊은 날의 나를 겹쳐 찾아보고자 했다. 또 학창에서의 용기와 꿈을 고스란히 담은 미래의 나를 다시 세우고 싶었다.

그날도 학교에 가면서 기숙사 현관 입구에 있는 우편함에서 편지를 집어 들고 지하철을 타러 나갔다. 신년 초여서 카드에 씌어진 몇 장의 안부 편지가 있었다. 내가 지하철을 타는 역은 종점이라 앉을 자리가 있었다. 자리에 앉아서 편지를 뜯었다. 내 중고등학교 시절 학생주임이었으며, 내가 근무하던 고등학교 교감이셨던 은사로부터 온 새해 카드가 있었다. 새해에도 좋은 꿈을 많이 이루라는 인사말과 함께, 이런 구절이 쓰여 있었다.

"김룡 선생이 하늘나라로 갔다. 9살짜리 아들 하나 달랑 남겨놓고 갔구나. 나쁜 사람이지."

그 뒤의 말은 없었다. 왜 죽었는지, 어떻게 죽었는지, 그야말로 달랑 죽음에 대한 사실 전달뿐이었다. 사람이 이렇게도 마지막 인사를 할 수 있구나를 실감했다. 문학 작품에서 "마지막 인사도 없이 떠나다"라는 문장을 여러 번 읽었었는데, 그게 내게 닥치기도 하는구나…….

내게 친구가 죽기는 처음이었다. 출국하기 달포 전, 미술 과목을 담당했던 그가 가을에는 전시회를 연다고 알려 왔었다. 그때는 내가 출국 준비에 너무 바빴기도 하고, 전시회 기간도 아니어서, 대구에 사는 나는 서울에 사는 그에게 굳이 인사를 해야 할지 망설이다 말았다.

그 편지를 받은 지 6개월이나 지나서, 대구로 바로 귀국한 나는, 서울에 사는 그의 부인에게 전화를 했다. 그랬더니 전시회를 하고 건강이 약해져 쓰러져서 병원에 옮겼는데, 일어나지 못했다는 설명이었다. 그러면서 전시회 도록은 남겨 두었으니, 한 부 주겠다고 했다. 나는 그 부인을 직접 만나서 도록을 받겠다고 했다. 그리고 우리 어려울 때 같이 앉아 김 선생에 대한 서운함을 이야기하자고 했었다. 그러나 오늘까지 그의 부인과 함께 도록도 보고 무덤도 한번 가 보고 싶은 내 꿈은 실천되지 못했다.

나는 대학을 졸업하자마자 신설 고등학교인 영동여자고등학교에 교사로 취직되었다. 그러나 나는 취직한 다음에도 공부를 계속하고 싶었다. 처음으로 남의 선생이 된다는 신성한 두려움을 방어하기 위한 무기를 얻으려는 듯이 나는 대학원에 진학했다. 지금은 거의 모든 중고교 교사들에게 대학원 진학이 권장되고 있으나, 당시는 그렇지 않았다. 석사 학위만 가지면 대학교수로 지원할 수 있던 때여서 대학원 공부를 하는 선생도 많지 않았다. 또 대학원에 진학하는 선생은 교무실에서 대학교수가 되어 떠나려고 한다고 눈총을 받았다. 학교 측에서도 교무실에서 위화감을 조성하니 대학원 진학을 하지 말아달라는 부탁이었다. 그러나 내가 대학원에 진학한 것을 안 교감 선생님은 다른 사람에게는 알리지 말라고 부탁하셨다.

교무실은 여러 교사들이 같이 근무하는 곳이다. 수업이 없는 빈 시간에도 교무실에서는 공부하기가 어려웠다. 나는 학교 내 빈 공간을 찾아다니기 시작했다. 그러다가 찾아낸 곳이 미술실이었다. 미술을 좋아하는 나는 미술실의 냄새가 좋기도 했고 공부도 할 수 있어서 좋았다. 그러다 보니 미술 선생이던 김룡 선생님에게는 사정을 알릴 수밖에 없었다.

내친김에 아주 봉사도 부탁했었다. 일주일에 두 번이나 일찍 퇴근하여 학교 수업에 가야하던 나로서는 그에게 내 학급의 종례를 부탁했다. 대학원 수업이 있는 날이면, 나는 책상 위에 아직도 공부하고 있는 것처럼 책을 펴놓고 도시락 가방도 그냥 의자에 걸어 놓은 채 수업을 받으러 대학에 갔다. 내가 이미 나간 버린 교무실에서 퇴근 시간이 지나고 나면, 그는 내 책상 위의 책들을 모두 정리해서 서랍 안에 넣어 주었다. 나중에는 교무실 사람들 모두가 나의 대학원 진학을 알게 되어 여러 동료들의 도움을 받았지만, 초기에 그의 도움이 무척이나 컸었다.

 오늘, 김해박물관에 근무하면서 학위 논문을 수정하느라 정신없는 김 아무개 선생과 저녁 식사를 하면서, 두 겹 생활을 하던 그때가 생각났다. 그가 살아 있을 동안 나는 충분히 고마움을 표시했던가? 이제서야 그때 그 일이 작지 않은 일이었다고 생각나니, 분명 제대로 감사도 하지 못했을 것이다. 다만, 그가 남겨놓고 간 13평짜리 잠실아파트 가격이 껑충 올랐다는 소리에 그의 가족을 생각하며 고마워하는 정도이다. 그에 대한 감사가 뭉게뭉게 피어오른다.

(2004. 01. 09)

물길, 꿈길

9,000㎞를 2㎞로 나누면 4,500이 된다. 즉 9,000㎞의 길을 하루에 2㎞씩 간다면 4,500일이 걸린다는 계산이다. 4,500일은 12년이 더 된다. 그래도 2㎞씩 움직인다면 언젠가는 9,000㎞에 닿는다는 결론이다. 그런데 그 2㎞를 늘 같은 자리에서 맴돌고 있어도 원하는 목적지에 도달하는 날이 올까? 실제로 내게는 같은 자리를 돌면서 늘 전진하며 가고 있는 느낌을 주는 공간이 있다.

내가 수영을 시작한 것은 어머니에 의해서였다. 그때는 타 기관에서 봉사한답시고 무리를 해서 몸과 마음이 무척이나 지쳐있었다. 그날은 대구에 다니러 오신 어머니를 모시고 동대구역에서 시지동 집으로 오는 길이었다. 파크호텔 앞을 지나면서 이곳에 수영장이 있다고 말씀드렸더니 부득부득 보고 가자고 하셨다. 어머니는 첫 달 강습비를 내어 줄 테니 등록하고 가자고 우기셨다. 그렇게 해서 내 수영 여정이 시작되었다.

　처음 수영장에 들어갔을 때 젊은이들의 학습 진도는 나보다 훨씬 빨랐다. 나는 겨우 라인의 반도 못 갔는데, 벌써 돌아오고 있는 젊은이들과 마주쳐야 했다. 출장이라도 한 번 다녀오면 그들은 다음 단계 영법을 하고 있었다. 같은 그룹에서 걸리적거리고 있는 내가 안타깝고 착잡해지기까지 했다.

　나는 강습이 끝나고 남아서 연습하기 시작했다. 우리 그룹 중에 덩치가 큰 대학생 한 명이 다행히 나만큼 늦었다. 우리 둘은 강습 후 남아서 복습을 했다. 서로 협조하며 수영 스타일을 코치해 주었다. 얼마 지나자 젊고 덩치가 있는 그 학생은 근사하게 수영을 했다. 물을 온몸으로 내뿜는 고래 같았다. 그러는 사이, 나도 수영을 예쁘게 한다는 축에 속하게 되었다. 동작을 정확히 한다는 평도 들었다. 나는 그렇게 물에서 자유를 얻었고, 동시에 물에서 주목받게 되었다.

　손과 발, 호흡이 맞아서 물을 쓰윽 가르고 나갈 때 정말로 행복하다. 물을 가르는 속도와 쾌적함이 몸이 끌려 나간 거리보다 훨씬 크다. 몸을 스쳐 가는 물의 양이나 거리가 비록 얼마 되지 않음에도 불구하고 세상을 가른다는 느낌을 준다. 그 반복적인 동작이 끊임없이 전진되어 가는 느낌으로 바뀌어 간다.

　물속에서 자유를 얻는 사이 나는 남을 배우게 되었다. 처음 내가 '어머니'라고 불리어 본 것도 수영장에서였다. 수영 강습 도중에 강사가 "어머니, 이리 오세요."라고 했을 때, 나는 그것이 나를 부르는 말인 줄 몰랐다. 그런데 강사가 다시 되풀이했다. 주위를 둘러보니 어머니라고 불릴 사람은 나밖에 없었다. 내가 어머니가 되었어야 하는구나라는 생각이 충격처럼 다가왔다. 물속에서는 사회적인 모든 영향을 함께 벗게 된다.

또한 수영은 스포츠 중에 아마도 가장 장비를 적게 들이는 운동일 것이다. 모든 것을 벗어 버리는 운동이다. 다른 사람들이 없다면 수영복조차 벗어 버릴 수도 있을 것이다. 그래서인지 수영장 안에서는 자신들이 적나라하게 드러난다. 수영을 하는 모습을 보면 그 사람의 신체 모습은 물론 성격, 태도까지 드러난다.

그보다 더욱 본질적인 것은 수영은 다른 기구에 의지하지 않고 본인의 몸으로만 하는 운동이다. 그래서 자신이 원하는 것과 자신이 할 수 있는 것의 한계가 확실히 느껴진다. 수영장에서는 영자(泳者)의 한계와 실력이 있는 그대로 드러난다. 얼마나 오랜 기간 수영을 했는지, 제대로 배웠는지, 속도는 어떤지 등이 한눈에 들어온다. 아버지가 수영 선수라 하더라도 물속에 있는 자신에게는 아무 도움이 안된다.

물속은 사회적 인맥, 혈연적 관계, 지역적 연고, 자신의 소유 정도에 적용받지 않고 있는 그대로의 우리를 보게 한다. 그래서 자신의 실력으로 따라갈 수 없는 사람에게 비켜서는 등 언어 이전의 질서가 무리 없이 지켜지는 곳이다. 이곳에서 사회 정의를 깨닫게 된다.

이 정확한 세계를 믿는 사이 나는 물속에서 자신을 벗고 편안하게 내려놓을 수 있게 되었다. 물은 긴장을 버리고 나를 푹 맡길 수 있는 공간이 되었다. 그리고 물속을 오가면서 생각을 하게 되었다. 마치 칸트가 걸으면서 사색했다는 것처럼 수영을 하면서 여러 단상들을 잡았다. 그 생각들은 비교적 분명했다. 책상 앞에서 하는 것처럼 이지적이지는 않았지만, 오히려 감성적이지만, 매우 직관적이었다.

더욱이 최근에는 물속에서 사람들을 느끼게 되었다. 그리고 그 사람들과 대화를 하게 되었다. 분명 같은 자리를 돌고 있는 것을 알면서도 나는 그 대상에게 다가가고 있다는 생각을 한다. 팔을 저으면서, 물을 차면서 '너에게로 간다'라는 느낌이 강하게 든다. 어머니, 오랫동안 만나지 못했던 친구, 내가 말을 모질게 했던 학생들…….

나는 어느 날, 이렇게 돌다 언젠가 샌프란시스코에 있는 친구 집 앞에 불쑥 나타나는 것은 아닐까 하는 생각도 했다. 샌프란시스코는 대구에서 약 9,000km가 훨씬 넘는 곳에 있다. 나는 물속으로 어디든 가고 있음을 느낀다.

푸른 바닥을 내려다보는 나의 물속에는 그리움이 있다. 그러나 물은 그리움임과 동시에 그 그리움과 나의 만남의 장소이다. 물길은 내게 다른 이들을 만나게 해주는 꿈길이 되고 있다. 꿈길밖에 길이 없어 꿈길로 갔다는 이가 있다. 그는 자신의 임도 꿈길로 와 달라는 부탁을 했다. 그런데 내 물길에는 이미 그들이 와 있는 것 같다. 수영장은 내가 나 외의 타자들과 본질로 연결되는 공간이다. 나는 물속에서 그리운 이, 사랑해야 할 대상, 연구해야 할 주제들과 만난다. 우주 만물까지 만나는 절대적 공간이다. 일치되고 있다는 느낌 같은 것이다.

수영은 내게 있어 신체 움직임을 위해 몇 번 풀을 돌고 나오는 운동이 아니다. 전공을 한답시고 현재의 사람들과 나눌 시간을 내지 못하는 내가 현재의 세상과 나누는 순간이다. 오늘도 나는 수영을 무슨 예식이나 준비하듯 한다. 준비 운동을 정확히 하고, 발차기와 손동작을 따로 하고, 또 스트레칭을 한다. 그리고 호흡을 가다듬고 운동을 시작한다. 일단 수영이 시작되면 정말 나와의 대화 속으로 빠져든다. 혼자 하는 운동이라는 수영에 내 그리운 모든 이들이 따라오고 있다.

《에세이문예》 2010년 겨울호

질문 많은 여자의 소동과 호두과자

사람들은 백내장 수술은 매우 간단하고, 시간도 20분밖에 걸리지 않는다고들 쉽게 말한다. 당일 들어가서 끝내고 나온다고들 한다. 그러나 실제로 그렇진 않다. 또한 각자의 경우가 매우 다르다. 오늘은 질문 많은 여자의 백내장 수술 소동을 소개한다. 체험을 정확히 전달한다는 것도 누군가에게는 정보가 될지 모르기 때문에.

꼬여가는 질문

2023년 1월 19일 백내장 수술을 받았다. 구정 연휴 직전이라 수술 날짜를 얻을 수 있었다. 수술에 들어가기 전에는 PCR 검사를 하는데, 결과서에는 병원에서 지정한 날짜와 검사한 보건소 명칭이 드러나야 한다. 덕분에 나는 경산시청 맞은편, 연못을 배경으로 서 있는 근사한 경산보건소를 들어가 볼 기회가 생겨 기뻤다.

1월 17일, 보건소에 도착했을 때는 바람이 불고 추웠다. 더구나 PCR

검사는 보건소 건물에서 하는 게 아니어서 보건소 안에는 발도 들여놓지 못했다. 접수 받는 비닐 천막에서부터 밖에 있는 컨테이너 건물 세 군데를 거치는 것이다. 어찌나 춥고 떨리던지 이것이 코로나19의 시작 증상인지 걱정스러웠다. 보건소에서 귀가하자마자 실내 온도를 높이고 잠을 청했다. 그때가 오후 4시쯤이었는데 이튿날 아침 7시에 눈을 떴다. 거뜬했다. 이미 18일이었고, 오전 중에 음성이라는 '판정 결과'가 문자로 왔다. 하루 입원인데도 준비하느라 18일은 종일 분주했다.

19일 9시 예약에 맞추어 출발했다. 그런데 안과는 접수하자마자 시력을 재라고 한다. 나는 햇빛이 비치면 눈이 더 안 보이기 때문에, 병원에 좀 앉아서 빛에 익숙해지면 시력이 나아질 것 같은데… 시력이 조금이라도 높게 나왔으면 하는 바람에서 투덜거려 보는 거다. 이어 예비 진료실에서 다시 시력을 검사했다. 이 검사표는 아까와는 달리 낮은 시력을 대상으로 하는 표인 것 같다. 그리고는 수술할 눈에 약을 넣더니 기다리란다. 약 1시간 가까이 되었을 때 안약 두 병을 주면서, 30분 간격으로 넣으라고 했다. 그리고도 마냥 대기 공간에 앉아있었다. 시간이 된다면 커피라도 한 잔 하고 싶었다. 내가 언제까지 기다리느냐고 묻자 간호사는 다음 말은 듣지도 않고, 병실 청소를 해야 된단다. 대략 몇 시쯤 되는지 알고 싶다고 했더니 의사 선생님께 여쭤보겠다고 한다. 이 사이 인턴인가 본데 와서, 방 준비하는 동안 기다려야 한다면서 지금이라도 가서 입원수속을 하면 그사이에 방이 다 될 꺼라고 했다. 서두르는 게 아니고 다만, 시간을 활용하고자 하는 내 의도가 통하지 않은 것이다. 그냥 단도직입적으로 커피 한 잔 하고 와도 되겠느냐고 물었더라면 좋았을 것을……. 어쨌든 이 대화 불통은 까다롭다는 인상을 주었을 것은 물론, 그날 하루를 코미디로 만드는 요인이 되었다.

수술복과 환자복

나는 입원 수속을 하러 갔다. 입원 신청서에 직업을 쓰는 난이 있다. 잠깐 생각하다 영남대 명예교수라고 써넣었다. 그리고 서류를 내밀었더니, 창구 직원이 보증인 난을 가리키면서 "여기에 배우자를 쓰세요."라고 했다. 나는 "선생님은 모든 사람이 다 배우자가 있다고 생각하시나요?"라고 물었다. 너무 까칠했나? 동생의 인적사항을 써넣고 수속을 끝냈다. 창구에서 지시한 대로 8층으로 가던 중에, 예정했던 방이 되었으니 9층으로 가라는 전화를 받았다. 나중에 보니, 예정했던 방은 960호였는데 961호가 나서 그리로 가라고 한 것 같다.

병실에 들어갔을 때 간호사가 옷을 갈아입으라고 했다. 병원 옷을 가져왔는데, 이 옷은 소매도 몸통도 구별되지 않는, 한 장의 담요 같았다. 곳곳에 단추가 달려있어서 단추를 끼우면 소매가 되고, 또 다른 단추를 끼우면 옆구리가 되는 그런 옷이었다. 그러면서 속옷은 다 벗으라고 했다. 눈을 수술하는데 왜 속옷은 벗냐고 물었다. 그리고 나는 추위를 타니까 수술 직전에 벗겠다고 했다. 또 하나, 수술하러 가기 전에 면 기저귀를 하나 사서 차야 한단다. 보호자가 없는 나는 수술복 위에 코트를 걸치고 기저귀부터 사러 내려갔었다.

오후 4시 수술이라고 하면서, 수술 4시간 전부터는 금식을 하기 때문에 점심은 나오지 않는단다. 때는 12시 근처였다. 아침도 신통치 않았던 나는 갑자기 배가 고프기 시작했다. 카페라도 가고 싶어서 호들갑을 떨던 것은 어떤 예감이 작동한 걸까? 가방에 든 레드향 두 개가 생각나서 하나는 간호사를 주고 하나는 얼른 먹어치웠다. 12시에.

백내장 수술은 개인병원에서는 입원하지 않는다고 한다. 그렇지만, 막상 병원에 와 보니, 왜 하루를 입원하는지 알겠다. 일단 수술 시작할 때까지 아침에 지시 받은 대로 30분마다 스스로 넣는 약이 두 가지 있고, 또 간호사가 1시간마다 세 가지 약을 눈에 넣는다. 약 넣고, 혈압과 체온 재고… 소란스러웠고 바빴다.

4시 10분쯤 되니까 옷을 갈아입으라고 했다. 무슨 옷을 갈아입으라는 건지. 속옷을 벗으라는 말인가보다 싶었다. 그리고 그들은 나를 옮겼다. 백내장 수술을 하니까 내가 걸어갈 수도 있는데 왜 침대에 누워서 들어가는지 묘했다. 각 단계를 진행할 때마다 생년월일과 이름, 수술 부위를 물어 확인했다. 내 이름은 '김정숙'이기 때문에 아무리 확인해도 지나치지는 않다. 수술하기 이틀 전에도 안과로부터 다음 날 아침 일찍 올 수 있느냐는 전화가 왔다. 내가 수술 날짜를 옮기는 것이냐고 물었더니, 확인하더니 다른 김정숙이라고 했다. 이런 정도니 분명히 내가 맞는지를 확인해야 한다.

누워있으니, 누군가 속눈썹을 잘랐다. 그런데 가위로 찔려서 피가 좀 난 것 같다. 백내장 환자는 부분 마취를 하기 때문에 자기들끼리 하는 말이 다 들렸다. 나는 겁이 났다. 다른 데도 아니고 눈인데 잘못된다면 큰일 아닌가?

수술실에서 왜 속옷을 벗어야 하는지를 알았다. 수술을 준비하면서,

몸에는 심장박동을 체크하는 단추 같은 장치를 몇 곳에 부착한다. 옷이 이상하게 생긴 것도 필요한 부위들을 쉽게 노출시키기 위해서인 것 같다. 수술 팀은 내 손을 테이프로 침대에 고정시켰다. 전신마취를 하지 않기 때문에 환자가 순간적으로 움직일까봐 고정시키는 것 같다.

그다음, 그들은 수술할 눈만 내놓고 얼굴 전면을 덮어씌웠다. 내가 숨 쉴 수 있느냐고 물었다. 지금 공기를 공급하고 있으니까 걱정하지 말라면서 산소 포화도도 다 체크하고 있다는 대답이 돌아왔다. 실제로 코 바로 밑의 삼각뿔대 기구에서 찬 공기가 올라오고 있었다. 아까 찔린 눈썹도 생각났다. 결국 나는, "오늘 눈 상태가 안되어 있으면 다시 수술 날짜를 잡아도 된다."고 말했다. 그들은 내가 불안해하는 것을 눈치 채고 준비가 잘되고 있다고 했다. 그래서 다음부터는 입 다물었다. 교수가 들어오기 전에 눈동자를 움직이지 않는 연습도 했다.

그러는 사이에 수술 집도 교수가 들어왔다. 교수의 목소리는 내가 기억한다. 교수는 15분쯤 걸리니 눈동자를 움직이지 말고 고정시키고 있으라고 했다. '아하, 백내장은 의사와 내가 같이 하는 수술이군. 그러니까 나는 적극 노력해야 해.' 오직 시력을 회복하겠다는 집념으로 눈을 부릅뜨고 있었다. 그럼에도 빛이 왔다 갔다 하고 물이 확 들어올 때에도 눈동자를 움직이지 않았다고는 장담할 수 없다. 수술이 끝났다고 하면서 얼굴에 씌웠던 것을 확 벗겨내었다. 얼굴에 접착시켰었는지 따갑다. 나는 수술대에서 줄곧 사도신경, 주모경, 성모경을 외우고 있었다.

수술 후 나를 병실에 실어다 주었다. 밥이 나와 있었다. 마침 식전, 식후 복용약들도 도착했다. 이어 혈압과 체온을 체크하러 왔다. 혈압은 들어올 때부터 이미 굉장히 높았다. 160을 넘고 있었다. 식사가 끝날 무렵, 8층으로 진료 받으러 내려오라고 했다. 정형외과 교수들은 회진을 하는데 안과 교수들은 안과 기구를 따로 차려놓고 그쪽으로 환자들을 불렀다. 8층에 내려가니 그날 수술한 환자들이 죽 앉아있었다. 우리는 '동지적' 인사를 했다. 내가 그날 9번째 수술 환자라던가? 그때 어느 보호자가 나한테 왜 아직도 수술복을 입고 있냐고 물었다. 다른 사람이 입은 옷은 내 옷과 달랐다. 자기네들은 병실에 들어올 때 침대 위에 그 환자복이 놓여 있었단다. 그리고 수술복은 수술하기 직전에 들어왔단다. 내 차례가 되었다. 교수가 보더니 수술이 잘되었다고 하더니, 자기네들끼리 "페일하다"라고 했다. 이게 영어 fail일까?

진료가 끝나고 환자복을 달라고 해서 갈아입었다. 한마디로, 내게는 옷이 잘못 제공된 것이었다. 처음에는 환자복을 입고 있다가 수술 들어갈 때에서야 수술복으로 갈아입는 것이다. 수술복 속에 속옷을 입지 않는 것은 맞지만, 나는 처음부터 수술복을 입고 있었으니, 왜 옷을 벗느냐고 물을 수밖에. 아마도 침대 정리하고 입원복 준비해 놓는 것까지는 청소하는 분이 하고, 간호사는 수술복을 제공해 주는 모양이다. 그러니까, 나는 결국 덜 준비된 방으로 안내되었고, 간호사가 들고 온 수술복을 입게 된 것이다. 수술복 차림으로 2층 매점에도 가고, 또 수술 후 진료도 받으러 간 것이다. 어쨌든 지금 별일 없으니 다행이지만 수술복은 오염되지 않도록 수술 직전에 갈아입는 옷인데, 그것을 종일 입고 있다가 수술실까지 들어갔으니……. 그래도 수술 직전까지 내복을 입고 있은 것은 똑똑한 대처 아니었을까? 그 내복에 세균은 없었겠지? 나는 아침에 던지다 잘린 질문 때문에 종일 '눈에 띄는 사람'이 되었다.

배려, 그리고 6천 원짜리 즐거움

밤이 되었다. 1인 병실은 처음이다. 코로나 때문에 1인실을 선택했지만, 내심 1인실에 대한 기대를 갖고 있었나 보다. 그런데, 1인실은 2인실을 칸 막아 놓은 거나 별로 다른 게 없었다. 가끔 TV 드라마에 보이는 것은 어떤 병실인지……? 방에는 TV, 책걸상 1개, 보호자용 평의자가 있었다. 나는 TV를 보지 않는다. 책을 보려고 했는데, 한쪽 눈에 철 안대를 해놨으니 안경을 낄 수가 없어서 글자도 볼 수가 없었다. 혼자 방 안에 누워있자니 이것이 서러운 건가 하는 생각이 일었다. 얼른, '아니지. 나는 신화를 연구한 사람인데… 이건 동굴 속이야. 새로움이 일어나려면 동굴의 시기를 거쳐야 된다잖아'라고 결정했다.

그때 선배 교수에게서 전화가 왔다. 우리는 병원 근처에서 같이 받는 수업이 있다. 선배는 그 수업 끝나고 나를 집에 데려다줄 테니, 내 차는 병원에 세워두고 나중에 외래 갈 때 찾으라고 했다. 나는 대리기사 부를 테니까 걱정하지 말라고 했다.

자다가 깨다가 하고 있는데, 새벽 5시가 되니까 혈압과 체온을 체크하러 왔다. 모두 정상이란다. 6시에는 1층으로 진료 받으러 내려오라고 했다. 1층은 정식 안센터이다. 어제 만난 환자들끼리 격려의 인사를 나누었다. 나를 제일 먼저 불렀다. 수술이 잘되었단다. 약 2개를 하루에 네 번씩 넣으라고 처방해 주었다. 그리고 일주일 후에 오라고 했다. 입원하지 않은 개인병원에서는 다음 날 혹은 이틀, 사흘씩 하는 외래를 이렇게 미리 한 것이다.

아침 식사는 7시 반쯤 돼서야 나왔다. 새벽밥을 먹는 나로서는 한참 기다렸다. 아침 식사 후 바로 짐 정리가 끝났다. 그런데 나보고 보험사에 낼 서류가 있으면 알려달라고 했다. 요즘 수술하는 사람들은 거의 다 보험이 있나 보다 싶었다. 내 보험이 이 경우에 해당되는지를 알아보아야 했다. 보험회사가 근무를 시작하는 9시까지 기다려서야 통화했는데, 백내장은 해당 항목에 없다고 했다. 아주 이른 시기에 든 보험이라 그런 것까지는 생각하지 못했나 보다.

병원 측에 퇴원하겠다고 했더니 서류를 심사하는 중이라면서 문자를 받으면 퇴원 수속하고, 간호사실에서 약을 받아 가라고 했다. 한 시간이나 기다려도 문자가 오지 않았다. 그사이에 선배 교수에게서 전화가 왔다. 혼자 귀가하겠다고 문자로 답했다. "나를 너무 감동시키면 안 돼요. 감동하면 눈물이 나는데 눈에는 절대로 물이 들어가면 안 되거든요. 눈물 그것도 '물'이어서요."

책도 볼 수 없고, 퇴원 문자 기다리기가 막막해서 다시 간호사한테, 눈을 수술한 거니까 아래에서 커피 한 잔 마시고 와도 되겠냐고 물었다. 1층에서 카페라떼를 한 잔 시켜서 막 돌아섰는데 퇴원 수속하라고 연락이 왔다. 돈을 지불할 때, 창구에서 명예교수여서 50% 할인이 되었다고 했다. 나는 "고맙습니다. 그 보답으로 공부를 열심히 해야 하는데, 눈이 이렇게 자꾸 말썽을 부리니 걱정이네요." 했다. 창구 직원은 안과는 영남대가 제일 좋다고 하지 않느냐면서 이제 잘 보일 거라고 했다. 기분이 좋아졌다. 그래서 손에 쥐고 있던 카페라떼를 그에게 주었다. 그의 웃는 얼굴이 나를 더 기쁘게 했다.

이젠 집으로 가도 된다. 그러니까 카페라떼는 필요치 않다. 나는 2층 엘리베이터를 타려고 섰다가 호두과자를 봤다. 막 따뜻한 과자가 나오고 있었다. 제일 작은 봉지가 6천 원이란다. 그걸 하나 사 들고 병실로 올라갔다. 약하고 주의사항을 전달하러 온 간호사에게, "이거 선생님들 1개씩 돌아갈는지 모르겠어요. 따뜻해서 갖고 왔어요."라며 내밀었다. 어찌나 반기던지.

내가 짐을 챙겨가지고 나오는데, 복도 쪽으로 얼굴을 돌리고, 호두알을 하나 입에 넣던 간호사와 눈이 마주쳤다. 활짝 웃는다. 그가 열어주는 문으로 나오면서, "선생님들 새해 좋은 일 많으세요!"라고 소리 질렀다. 6천 원으로 얻은 여러 사람들의 기쁨에 가슴이 뛰었다. 한 봉지 더 사가지고 다시 올라갈까 하는 생각이 들었다. 그러다가 '요란 떨지말자'라고 마음을 고쳐먹었다.

귀갓길 운전은 사실 조심스러웠다. 가장 큰 길인 달구벌대로에 차를 얹고 트럭을 하나 앞세우고 그 뒤를 따라 천천히 왔다. 차가 막혀도 상관없다. 노선도 바꾸지 않고 직진하다가 연호 삼거리에서 월드컵대로에 얹고 아파트까지 왔다. 문 앞에는 설 명절 선물이 몇 상자 배달되어 있었다. 곧이어 선배 교수와 학급 동료가 미역국을 끓였다고 들고 왔다.

남자들이 군대에 가면 자신은 없어지고 단체의 한 부품이 되어가는 과정을 견딜 수 없다고 한다. 군대는 하나의 공동체를 만드는 데 목표를 두고 있기 때문에 '사람'은 없어지고 군대 부속품처럼 느끼게 한다는 것이다. 그런데 병원 또한 그런 것 같다. 사람들이 병원에 오면 사람이 보이지 않고 그 아픈 부위로 대치되는 것 같다. 게다가 간호사도 자꾸 바뀌고 기계적이다. 이것이 견디기 힘들게 하는 상황이다. 그러나, 창구에서의 개인적 격려, 간호사들의 빵끗하는 미소는 주눅 든 환자에게 은은한 위로가 된다. 사람으로 아픈 것 같은……. 더불어 동료들의 세심한 배려도 깨닫는 기회가 되었으니……. 이런 뿌듯함에 수술복에 묻었을지 모르는 세균도 다 죽었을 게다. 이제 밝아진 눈으로 책은 물론, 사람의 섬세한 마음까지 읽을 수 있으면 좋겠다. 그리고 '아무리 간단한 수술이라도 각자의 체험은 서로 다르다'라고 덧붙이고 싶다.

영남대 명예교수회 카페 https://cafe.daum.net/yuprofem/aMvF/6
『대구가톨릭문학』 33(2023년)

'놀래키는' 어른들

인류의 발명품 중에 건강에 제일 악영향을 미치는 물건이 '의자'라는 말이 있다. 의자에 오래 앉아 있는 것이 건강에 나쁘다는 표현의 과장일 것이다. 늘 앉아 일하는 나는 서서 움직이는 무언가를 하고 싶었다. 그런데 정년 직전, 라인 댄스 팀에 들 기회가 생겼다.

걷기, 스트레칭, 율동이 적절하게 포함된 라인 댄스는 줄 서서 모든 사람이 동일한 동작을 반복하기 때문에 앞뒤, 좌우를 보며 쉽게 따라 할 수 있다. 파트너가 없는 춤이라 일하다가 혼자 한 곡 출 수도 있으며 온라인에 올라온 동영상 음악을 동반할 수도 있다.

라인 댄스는 스텝 위주로 구성되어 있어서, 개인에 따라 팔이나 손동작으로 자유롭고 다양하게 분위기를 바꾸며 뽐낼(?) 수도 있다. 보통 4/4박자의 3-4분 길이의 곡이 사용되는데, 고전적인 컨트리 음악뿐 아니라 팝, 라틴 음악, K-pop, 한국 가요까지 다양한 음악을 활용한다. 이 변화 많은 라인 댄스는 많은 사람이 함께 즐길 수 있어, 파티, 워크숍,

동아리 모임 등에서 널리 호응받고 있다. 우리 팀도 수년간 매주 만나며 라인 댄스로 우정을 다져왔다.

그러다 우리 팀이 일을 냈다. 10월 21일 경산 자인 계정숲 단오마당에서 '개화무언開花無言' 공연에 참여했다. 이 '개화무언'은 서양과 동양의 전통 댄스, 팝과 클래식의 맞춤 댄스 등이 어우러진 무대로, 우리 팀 지도자인 임혜자 계명대학 무용학과 명예교수가 중심이 된 계명대학 무용학과 창설 40주년 기념 공연이기도 했다.

임 교수가 평생 가르쳤던 제자들과 함께 후임 교수들이 현재 교육하고 있는 재학생들까지 출연했는데, 임 교수 정년 이후 '세상 제자'인 우리 팀도 합류하게 된 것이다. 20대에서 80대까지 다양한 연령대가 무대에 섰다. 우리 팀의 회장은 80대 중반이고, 팀원은 모두 70대이다.

학생들이 '시니어 선생님들'이라고 부르는 우리 팀은 두 개의 라인 댄스를 엮어 군무처럼 대형 변화를 시키며 공연을 했다. 재학생들의 K-pop 무용 뒤 순서로 이어졌는데, 그들이 무대를 나가면서 박수로 우리 팀을 맞이했다. 그리고 공연 내내 박수로 박자를 맞추어 주었다. 세대 차를 넘어선 든든한 격려이며 유대감이었다. 우리는 빨간 티를 입은 '놀래키는 어르신들'이었을까?

총 리허설rehearsal을 할 때도 우리 팀은 그저 보는 것만으로도 귀여운 학생들에게, "수고했어요." "예뻐요."를 입에 달았고, 젊은이들로부터 "댄서들이 예쁘시고 춤은 귀여워요!" "산뜻하고 화사하세요"라는 칭찬도 돌아왔다. 관중석의 비슷한 나이대들은 우리 순서 동안 자리에 앉아서 들썩들썩할 용기도 냈다. 라인 댄스를 해보고 싶다고도 했다. 연예계 진입이라는 등 시끌벅적한 격려도 쏟아졌다.

　퇴직 후, 무대 공연을 해보았다는 감격과 함께 색다른 세계를 보았다. 우리의 공연은, 나이라는 것이 일정한 계단처럼 구분 지어져 있는 게 아니고, 한 나이 안에는 여러 요소들이 융합되어 있다는 사실을 드러낸 것 같다. 어렸을 때의 흔적, 젊을 때의 추억, 20대의 꿈, 60대의 체력, 70대의 안목 등.

　각자 할 수 있는 일을 마련하여 여러 나이가 어울리는 모임을 자주 만든다면, 숫자 외의 '연령이 포함한 요소'들을 상호 쉽게 이해하리라는 생각이 든다. 그렇게 하여 '새파랗게 젊은 것과 고집불통 노인네' 등 젊은이와 노인에게 덧씌운 편견을 넘어설 수 있다. 가까운 이들과 즐기며 만나는 라인 댄스 같은 간단한 춤도 이 큰 숙제의 한 걸음이 된다.

〈대구일보〉 2023년 11월 1일

고모와 조카의 블로그 운영

어느 날 조카에게 블로그 만드는 방법을 물었다. 아이디와 암호를 달라고 하더니 이내 "고모 블로그 주소예요."라며 문자가 왔다. 평소에 내가 보내 주었던 안부용 그림을 얹어 표지도 깔끔하게 해놓았다. 카톡 문자 몇 번으로 내용과 구성까지 완성했다.

'사람과 시간'이란 이름으로 주로 역사와 책을 다루는 블로그를 생일에 맞추어 열게 되었다. 조카는 이미지나 글을 보내 주면 틈날 때마다 얹어주겠다고 하더니, 글을 주면 주제어까지 게재해 놓는다. 조카의 편집 실력이 탁월하다.

나는 젊은이의 의견을 충분히 반영하리라 마음먹었는데, 조카는 자신의 소신을 거침없이 빠르게 표현하기 때문에 일은 일사천리로 달린다. 조카 일정에 지장받지 않도록 당부했는데, 이 바쁜 젊은이는 시간을 잘 활용했다. 아침마다 밤사이 조카가 덧붙여놓은 내 글을 보면서 마치 선물을 받는 것 같다. 조카가 제대로 커서 손이 되어주는 것이 이렇게 기쁜데 자식들이 도우면 부모의 기분은 어떨까? 동생에게 '큰 협조자'를 얻게 되었다며 감사했다.

블로그를 운영하면서 무엇보다도 큰 성과는 조카와의 대화이다. 매일 원고를 보내면서, 자연히 소소한 일상을 쓰게 된다. 또 조카의 그날 행운도 빌어주고……. 조카도 즉각 '응대'한다. 수요일날 파이팅 하려면 '수요팅'이라는 등 젊은이 표현도 가르쳐주고.

8·15 광복절에 영화 「오펜하이머」를 보고 온 조카는 얘기 중에 '79년'이면 아주 오래전인데 아직도 사과라고 하느냐고 물었다. 나는 그 순간 우리 둘 사이에 놓인 시간의 차이를 알아챘다. 내가 어렸을 때도 79년은 굉장히 긴 세월이었다. "그래 맞다 긴 세월이지. 그런데 79년을 겪은 사람이 아직도 살아있기도 하지"라고 답했다.

하루는 수필을 보내면서, 나는 가난했던 것을 부끄러워하지 않지만 그래도 글을 쓸 때는 내 이야기가 조카들 생활에 영향을 미칠까 염려된다고 했다. 조카는 가난한 게 어떠냐면서 남을 해치거나 도둑질한 것이 아니잖느냐고 반문했다.

나는 세대 구분에 찬성하지 않는 편이다. 그러나 생물적으로 조카와 나는 MZ 세대와 베이비 붐 세대이다. 나는 6·25전쟁으로 월남한 아버지가 결혼해서 낳은 아이다. 조카는 1987년 내가 대구에 내려오던 해 결혼한 동생이 낳은 첫째 아이다. MZ 세대는 1980년대 초반에서 1997년 사이에 태어난 밀레니엄(M) 세대와 1997년 이후에 태어난 디지털(Z) 세대를 합친 세대다. 우리의 대화가 세 개 세대의 확장인지는 모르겠으나, 나에게도 조카에게도 새로운 세상으로 들어가는 '소통'이 되고 있다.

그런데 사람들이 정작 부러워하는 것은 조카가 내 글을 읽는다는 사실이다. 동료들은 자식도 부모가 평생 쓴 글을 읽지 않는다고 섭섭해한다. 물론 글을 준비하는 나도 내 글을 다시 읽게 되는 것은 '덤'이다. 또 하나 신의 한 수는 조카의 능력이나 내게 오는 혜택에 합당하지는 않지만 매월 '커피 한 잔 값'을 보내기로 한 것이다. 커피값은 그의 능력을 인정하는 한편, 조카나 나를 규칙적으로 묶는 끈이다.

어떤 인류학 교수가 20살 차이로 일생에 두 번씩 결혼을 하면 인류가 가진 모든 지식을 유감없이 활용할 수 있다고 한 적이 있다. 결혼이야 그렇게 할 수 없지만, 협업 파트너를 이 방식으로 찾는다면 인류가 축적해온 경험을 충분히 활용하겠다 싶다. 일을 아르바이트로 떼어 주면서 자녀나 조카, 친인척들과 대화할 수 있다면, 인류의 경험을 유감없이 다 사용할 뿐 아니라 자신 스스로 엄청난 에너지와 긍지도 얻게 될 것이다. 평생 젊은이와 살았다는 나는 훨씬 솔직한 또 다른 젊은 세계를 만나고 있다.

〈대구일보〉 2023년 12월 6일

세례명이 나에게 보내온 편지

한 해의 끝과 새해의 시작은 사실 불과 '초' 사이에 일어난다. 사람들은 바로 그 순간에 무언가 의미 있는 일을 하고 싶어 한다.

2022년 성탄절이면 내가 천주교 신자가 된 지 40년이 된다. 그래서 2021년 말과 2022년 시작을 특별히 『성녀 소화데레사 자서전』을 읽는 것으로 맞았다. 성녀 소화데레사는 아기 예수의 데레사라고도 불린다. 한국으로 치면 대원군이 정권에서 몰려날 때쯤 태어나 대한제국이 서던 해에 죽은, 24년간의 짧은 삶을 산 사람이다.

소화데레사 자서전으로 여러 가지를 깨달았다. 그래서 이튿날 바로 『예수 아기의 성녀 데레사』라는 서간집을 집어 들었다. 읽어나가면서 점점 더 놀랐다. 내가 요즘 찾고 있는 답이 거기에 다 있었다. 마치 내 질문에 일일이 답하고 있는 것 같았다. 첫 영성체를 준비해 주시던 드 셀브de Sèlve 신부님이 내 첫 영성체 선물로 준비한 것이었을까?

1982년 가을 첫 영성체를 준비하면서 신부님은 소화데레사 자서전을 읽고 오라고 했다. 마담 바로Barau가 무척 만족스러워하며 이 책을 내밀었는데, 나는 그냥 성녀의 생애가 소개된 짧은 책으로 읽었다. 결국 성인이 어떤 사람이고 무슨 일을 했는지 아는 정도로 준비하고 갔다. 아마 그때 읽었어도 내 불어 실력이나 신앙의 수준으로 이 책은 내게 너무 어려웠을 것이다. 그렇지만 당시 내가 이것을 읽고 이해했더라면 아마 굉장히 다른 생활을 할 수 있었겠다.

  이 두 책은 내 이름이 내게 보내는 편지였고, 그 이름을 선택하게 한 신부님이 나에게 보내는 편지였다. 얼마나 세세하게 내 삶을 돌아보게 하는지 마치 첫 영성체를 다시 준비하는 것 같았다. 이미 40년 전에 쓰였지만 너무 오래 후에 받은 편지가 되어버렸다는 후회를 담고.

  나는 가톨릭 신자가 되면서 이름을 하나 더 받았다. 그것을 보통 주보 성인이라고들 한다. 평생 모시고 닮아가며 함께 기도하는 사람이라고 설명한다. 파리에서 소화데레사라는 이름을 얻었다. 새 인생의 시작이었다.

  하지만 나는 이 영세명을 들었을 때 썩 내켜하지 않았다. 어렸을 때 나는 개신교회를 다녔는데 집에서는 교회 다니는 것을 막았다. 그렇지만 나는 억척스럽게 교회에 나갔다. 특히 성탄 때는 교회에서 개최하는 동화 구연 대회에서 활약했다. 이 대회에서 상을 받고 여러 교회를 순회하면서 동화를 구연했다. 대학 4년간은 가정교사를 했는데, 가정교사란 어린이들을 지도하기 때문에 일요일에는 오히려 더 매여 있는 것이 일반적이다. 그러나 그때도 반사, 성경 공부, 사회봉사, 청년회 활동으로 열심히 뛰어다녔다.

그런데 마음에서 '변'이 생기기 시작했다. 역사과에서 점점 다른 사회와 철학들을 알게 되면서 '하나님'이 어째서 사랑인가, 무엇이 인자하시다는 것인가라는 의문이 들기 시작했다. 그 정도의 '선'이라면 유교의 성현들도 하지 않느냐는 질문에 빠지게 됐다. 같이 활동하던 청년들이나 목사님은 내게 기도가 부족하다고 답했다. 그 말은 맞을 수 있지만 그때 내게 해줄 답은 아니었다. 대학을 졸업하면서 나는 교회를 나가지 않았다.

프랑스에 유학 가서 나는 학위 등록 외에 따로 프랑스어를 위해 파리 가톨릭대학교 L'institude Catholique de Paris 불어반에 등록했다. 이곳은 성직자, 수도자, 신학생들이 공부하는 곳이어서 불어반에는 유학 온 성직자, 수도자들이 많았다.

난 당시 천주교를 몰랐다. 가브리엘, 다비드, 이런 친구들 이름을 부를 때 성경에 있는 사람들이 튀어나온 것 같았다. 특히 다니엘 꼼보니회 수도자들과 가까이에서 생활할 수 있었다. 그 친구들이 생활하는 모습을 보면서 오랫동안 의문을 품었던 '하느님이 왜 사랑이신가?' 하는 문제를 해석하게 되었다. 하느님은 한 분이시고 말씀은 영원하지만 그것이 소개되는 모습은 시대와 나라에 따라 다르다는 사실이었다. 그리고 하느님 말씀은 스스로가 찾아가는 거라고 느꼈다. 파리에서 답을 얻은 것이었다. 감사했다. 그 감사로 천주교회로 찾아들었다(당시 파리 시내에는 개신교회가 없었기도 하다).

나는 노트르담 성당에 갔다. 내 소개를 하고 신부님을 소개해 달라고 했다. 그때 성당에서는 드 셀브 신부님을 소개해 주었다. 더 바랄 수 없는 행운이었다. 그는 오라토리오회 수사 신부였는데 오랫동안 쿠바에 선교사로 있다가 쿠바가 공산화될 때 추방되었다. 그는 외국어를 여러 개 했는데 한국어만 못하고 다 하는 것 같았다.

신부님은 내가 개신교 신자였으니 이미 교리는 알고 있을 터라 인정하시고 성서를 처음부터 읽으면서 의문이 드는 내용을 와서 질문하라고 했다. 로마서부터 해도 좋다고 하셨다. 일주일에 한 번씩 15분을 내게 할애하셨다. 신부님으로부터 소중한 것을 배웠다. 초기 그분은 파란 눈을 깜빡이면서 이렇게 얘기하셨다. "나는 마드모아젤Mademoiselle 김에게 대답하기가 굉장히 어려워요. 마드모아젤 김이 A는 B냐고 물어서 그렇다고 하면, 마드모아젤 김은 즉시 A는 C가 아니라고 함께 생각하거든요." 그러면서 본인은 A는 B라고 했지, C가 아니라는 말은 하지 않았다는 것이다. 이 말은 마치 말장난 같지만 내 편견을 깨고 새로운 것을 받아들이는 충격적 계기가 되었다.

나는 거기서 하느님의 사랑은 햇볕과 같아서 같은 순간에 도둑에게도, 도둑맞는 사람에게도 똑같이 비추고 있다고도 배웠다. 포도밭의 일꾼들이 불공정하게 일당을 받지 않느냐고 물었을 때 신부님은 형제가 많이 받으면 더 기쁘지 않으냐고 반문하셨다. 내가 선악과를 왜 만드셨냐고 물었을 때 그분은 하느님께서는 인간에게 자유의지를 주시고 인간의 자유의지로 사랑받고 싶어 하셨다고 했다. 하느님을 몰랐던 우리 선조들을 걱정했을 때 신부님은 그 사람들은 자신의 행위로 판단 받는다고 하셨다. 하느님은 사랑이셨다.

1년을 꼬박 신부님을 만나고 난 다음, 신부님께서는 1982년 성탄 자정미사 때 첫 영성체를 하자고 하셨다. 나는 영세는 했지만 개신교였기 때문에 영세명에 대한 개념이 없었다. 신부님은 가톨릭은 자기와 함께 기도하는 성인을 모신다고 하면서 좋아하는 성녀가 있냐고 물었다. 없다고 하자 신부님은 소화데레사가 어떠냐고 하셨다. 내가 그를 모른다고 하자 전기를 읽고 오라고 했다. 다음 주 내가 신부님을 뵈러 갔을 때 그분은 데레사 성녀 사진을 준비해 오셨다. 그래도 내가 그 본명을 내켜하지 않자 리지웨에 다녀오라고 하셨다. 기차 타는 것부터 리지웨에서 수녀원과 그 가족의 집을 찾는 것까지 세세히 설명하셨다. 그해 가을 혼자 노르망디 지방을 깊게 돌아보고 왔다.

그러나 나는 당시 진정한 진리를 배워서 온 세상에 영향을 미치려고 하는 유학생이었다. 14살에 수녀원에 들어가서 평생 기도만 하다가 24살에 죽은 성녀는 내 야심에 차지 않았다.

다음 주에 내가 기도만 하면서 평생을 보내기보다는 좀 더 위대한 일을 하고 싶다고 하자 신부님은 정색하셨다. 그러면서 기도가 이 세상에서 가장 큰 행위라는 것이 믿어지면 다시 오라고 하셨다. 나는 거의 한 달쯤 신부님을 뵈러 갈 수 없었다. 앉아서 기도하는 것이 가장 큰 행위라는 걸 어떻게 내가 그때 이해하겠는가.

영성체 날이 다가오자 결국 신부님을 찾아가서 말씀드렸다. "기도가 가장 큰 행위가 됨을 지금은 알 수가 없다. 그러나 앞으로 믿어지도록 노력해 보겠다." 내가 첫 영성체를 하게 된 것은 기도가 이 세상에서 행할 수 있는 가장 큰 행위이며 기도의 힘을 믿는다는 약속 때문이었다.

첫 영성체를 하고 나자 신부님은 자신이 7년간 리지웨 가르멜수녀원의 지도신부였으며, 소화데레사는 당신이 가장 좋아하는 성녀라고 하셨다. 그리고 내가 처음 들어올 때 소화데레사 같은 인상을 받았다고 하셨다. 그러면서 소화데레사의 유년 시절 일화를 소개하셨다.

하루는 언니가 인형을 2개 가지고 와서 소화데레사에게 1개를 선택하라고 했다. 그때 소화데레사는 두 개 다 가지면 안 되느냐고 물었단다. 그분이 그 일화를 말씀하신 이유는 모르지만 난 그때 그 이야기가 마음에 들었다.

내가 귀국한다고 인사드리러 갔을 때 신부님은 "마드모아젤 김은 교회에서 일정 역할을 할 것이다"고 하셨다. 신부님이 그곳에 계셔서 파리를 갈 때마다 아늑했다. 내년으로 첫 영성체를 한 지 40년이 된다.

세월이 가면서 내가 왜 소화데레사인지 알겠다는 소리를 수없이 내뱉으며, 그것을 뼈저리게 느끼며 살았다. 그러나 아니었다. 책이 내게 말했다. 소화데레사 가정에는 자녀가 8명 있었는데, 3명은 어려서 죽고 살아난 딸 5명은 전부 수녀원에 들어갔다. 그런데 그 집에서는 수녀원에 들어갔다는 것이 그리 큰 의미가 있지는 않다. 왜냐하면 온 집안이 이미 일상을 수녀원에서처럼 살았기 때문이다. 그리고 데레사의 친척들이 사는 모습은 바로 교우촌의 모습이었다. 나는 데레사와는 정반대의 집안에서 태어났다. 또한 사회적 환경도 전혀 다르다. 소화데레사의 환경에 비하면 나는 그야말로 사막에 기도하러 떠난 은수자처럼 주변 환경이 거칠다. 가끔 데레사 성녀를 생각하는 것 외에는.

나는 이 성녀와 무엇이 닮았을까? 드 셀브 신부님이 내게서 본 것은 무엇이었을까? 그분이 리지웨에 다녀오라면서 동네 골목까지 그려 주시던 마음이 이 편지들에 얹혀 온다. 소화데레사가 세세히 써놓은 일상생활과 사고 방향이 내게 지침처럼 다가온다. 이제 나는 정년도 했다. 데레사처럼 되어가면서 주님께 돌아가야 할 때를 준비하며 살아야 할 때이다. 소화데레사와 드 셀브 신부님께 책의 각 구절에 대해 답하면서 살아야겠다. 그리고 올해 섣달 그믐밤에는 이 책을 다시 읽어야겠다.

  내 인생에서 프랑스 유학은 정말 큰 기회였다. 이 책은 그 기회를 이어주고 있다. 하느님이 어떻게 사랑했냐는 질문을 품고 찾아간 신부님, 그분이 하느님 사랑으로 산 소화데레사를 내게 소개하셨다. 그리고 그 모두의 사랑도 내게 따라왔다.

《에세이문예》 2022년 봄호

'2023년의 훈장' 같은 감사장

올 2학기부터 대구 시내 소재의 '꿈꾸라'라는 특수(대안)학교에 국사 선생으로 나갔다. '꿈꾸라' 학교에서는 교수 경력은 필요 없고, 교원자격증이 있어야 한단다. 오래오래 잊고 있었던 교원 자격증을 정부24를 통해서 발급 받았을 때의 기쁨이란…….

며칠 전, 12월 22일, 이 학교의 종업식이 있었다. 학생이 10여 명 되는 소규모 학교에 정식 교사들과 강사들을 합치면 선생 숫자가 학생 수보다 많은 것 같다. 종업식에서는 강사들에게 감사장 수여가 있었다. 학생이 자신이 감사하고 싶은 강사를 선택하여 편지를 쓰고 학교의 이름으로 감사장을 강사에게 전달하는 것인데, 글을 쓴 학생이 직접 읽었다.

"……인생의 방향에 대해 고민할 때 누구보다 열심히 들어주시고 조언해 주셔서 감사합니다. …… 이에 저희의 사랑과 정성을 담아 선생님께 감사장을 드립니다." 감사장을 내미는 학생을 덥썩 안아 주었다. 이 학생은 나를 보면, 내 연배인 농사짓는 자신의 할머니를 생각한다고 했었다.

학교에서는 신임 강사인 나보고 한마디 하라고 했다. 나는 꿈꾸라와 만나게 된 것이 2023년 한 해 가장 잘한 일이라고 생각한다고 말문을 열고 한 학기의 경험을 요약했다. 근 50년 가까이 국사를 자랑스러워했고 공부했고 대학교수로 강단에서 가르쳐 왔지만, 꿈꾸라 수업을 하는 동안 국사 공부의 필요성, 전달성에 대해 진지하게 고민했다.

나는 시대순으로 수업 계획서를 짰었다. 그러나 실제 그것으로는 학생들의 흥미를 끌어낼 수가 없었다. 한 달쯤 지나면서 나는 학생들이 관심 있는 일상생활의 부분을 이야기하도록 하고 그것을 주제로 역사 사건을 연결해 나가기로 했다.

예를 들면, 조선 시대를 바탕으로 하는 보드게임을 하면서 등장하는 인물들에 주목하고 이야기한다. 다음 시간에는 보드게임에서 주사위를 사용한 것을 상기하면서 한국에서 주사위 사용이 언제부터였는가를 질문하고, 신라 시대의 14면 주사위에 관심을 갖도록 한다. 14면 주사위의 사용과 벌칙 등을 시작으로 백제의 바둑, 고구려 벽화의 서커스, 활쏘기 경기 등 놀이를 통해 각 왕조를 공부한다.

또 다른 날은 한국 지폐에 나타난 인물들을 들고, 이들이 모두 성리학이 극성일 때 사람이었던 것에 주목하며 조선 왕조 성리학 지도층의 변화와 한국인의 잠재 윤리 의식까지 생각해 볼 수 있다. 나는 어떤 상황이나 주제가 나오더라도 그것에 역사 사실을 엮어나갈 수 있음을 발견했다. 또 이런 점은 한국 내 외국인들에게 한국사를 설명할 때도 접목할 수 있지 싶다. 내게 있어 큰 자극이며 변화였다.

무엇보다도 나는 행복했다. 매주 동료들에게, "젊은이들을 만나러 간다."고 뻐기며 학교에 갔다. 학생들은 복스런 예쁜 흰 강아지를 책상에 앉혀놓은 것 같았다. 그들이 질문하고 반응하면 그렇게 기쁠 수가 없다. 학생들은 착하고, 예쁘고, 섬세하며 서로 잘 배려했다. 이렇게 소수 인원인 학교에서 자신이 좋아하고 싫어하는 것, 또 자신이 할 수 있는 것과 할 수 없는 것을 철저히 알 수 있으리라. 나는 학생들이 자신들의 젊음, 자신들의 지금의 시간이 얼마나 큰 자산資産인지를 느꼈으면 한다.

마지막 시간에, "역사란 종이 위에 있는 것만이 아니니, 박물관이나 유적지를 자주, 많이 방문하면 좋겠다"며 "사정이 허락한다면 부모님 모시거나 조부모님 또는 형제들과 함께 갔으면 좋겠다"고 부탁했다.

당부하는 내게 학생이, "저희 잊으시면 안 돼요."라고 했다. "내가 어떻게 잊겠니?" 학생들이 보고 싶고, 궁금하게 될 때쯤 학기가 끝나버렸다. 그래도 내가 그들의 감사를 2023년의 훈장으로 느끼는 것처럼, 그들도 길게 유지되는 '활력'을 얻었으면 좋겠다. 여린 소녀들과 그들의 '할머니뻘 되는 선생'과의 만남이 만드는 힘이기를.

〈대구일보〉 2023년 11월 5일

동료의 흰머리

"김 선생님도 이제 머리 염색해야겠네요."

어느 날 학과 모임에서 한 동료가 말했다. 주로 남성 동료와 일하는 내게는 가정생활이나 친구 등 사적인 내용의 대화를 할 기회가 별로 없다. 그러나 '머리 염색'이라는 권고는 그동안의 세월을 안고 지내온 사람들 사이에서 우러나온 온갖 마음이 묻어나는 표현이다.

부부는 맞지 않으면 이혼이라도 할 수 있지만 대학에서의 직장 동료란 맞지 않아도 어쩔 수 없이 함께 지내야 하는 사이라고들 한다. 그가 나가든지 내가 나가든지 해야 하는데, 대학이란 직장은 그렇게 쉽게 움직일 수 있는 여건이 아니다. 그래서 대학의 동료는 부부보다 더 서로를 이해하기 위해 노력해야 하는 사이라는 말을 들으면서 젊은 시절 직장 생활을 시작한다. 그러다 젊어서 만난 사람들에게 흰 서리가 내리는 것을 보게 된다. 그 동료의 한창 젊었을 때 모습도 가끔 겹쳐 오면서 동료의 흰머리는 애잔한 마음이 서리게 한다. 그 애잔함이 모든 불편함을 서로 덮어 주기도 한다. 그런데 나이를 먹게 되니, 같이 지내 온 동료들뿐만 아니라 같은 일을 하는 사람 모두를 동료로 품게 된다.

하회마을 양진당(입암고택) 종부를 인터뷰할 때였다. 그분은 굳이 8월 14일에 와달라고 했다. 낮 동안 내내 인터뷰를 했다. 한옥은 그렇게 더운 날인데도 마루에 앉아 있으면 견딜 만했다. 그러나 그날의 주제는 그 한옥이 감당하지 못할 만큼 뜨거웠다. 양진당 종부는 자신의 시가, 외가 합쳐서 독립유공자 등록이 끝났는데 스물여덟 분이나 된다고 공들여 설명했다.

그 종부는 저녁에 하는 공연을 꼭 보고 가라 했다. 우리는 저녁 식사 후 한복을 차려입은 종손 내외를 따라 공연장으로 갔다. 이미 사람들이 꽉 들어차 있었다. 김락(1862~1929) 여사의 생애를 뮤지컬로 올린 것이었다.

김락은 의성 김씨 김진린의 딸로 안동의 내앞마을에서 태어났다. 열다섯 살에 하계마을로 시집가서 이만도의 맏며느리이자 이중업의 아내가 되었다. 새댁 시절 시어머니를 여읜 그는 시누이와 시동생을 돌보았다. 그런데 시국이 수상하여 1895년 명성황후 시해사건이 일어나자 시아버지는 예안의병을 일으켜 의병장이 되었고, 남편도 함께 나섰다. 1910년 일제가 합병을 하자 시어른은 단식을 시작했다. 그 큰 뜻을 살리느라 단식하는 시아버지 옆에서 식구들의 생활을 챙기는 며느리는 고통스러웠다. 시부는 곡기를 끊은 지 24일 만에 순국했다. 장례를 치르고 상복에 눈물도 마르지 않았는데, 아버지처럼 여기던 큰오빠 김대락 등 친정 집안 70여 명이 대거 만주로 독립운동하러 떠났다. 큰형부 이상룡 집안도 함께 갔다. 남편과 두 아들도 나섰다. 김락 자신은 3·1 만세운동에 참여했다가 일본군 수비대에 붙잡혔고, 취조 중에 두 눈을 잃었다. 일본군이 집안 내력을 보아 심하게 다루었던 듯하다.

앞을 못 보는 생활 속에서 여러 가족사가 겹쳤다. 독립청원서를 가지고 중국으로 떠나던 남편은 사망했고, 맏사위 김용환은 체포됐다. 학봉 김성일의 종손인 맏사위는 노름꾼으로 위장해 독립자금을 댔다. 둘째 사위 류동저, 둘째 아들 이종흠, 나머지 두 아들 모두가 잡혀갔다. 국가, 시가와 친가가 모두 흩어져 내릴 때, 여사는 묵묵히 큰 뜻을 받들며 지내왔다.

여성의 역사에 관심을 가진 나는 무엇보다도 이 자료를 발굴한 연구자에게 감사하지 않을 수 없었다. 그는 평생 독립운동에 대한 연구를 하고 있다. 문화재위원회에 참석했다가 그를 만나게 되어, 김락의 사료를 발굴해 주어 고맙다고 크게 인사했다. 그와 이야기하면서 높은 기개로 산 사람들 옆에는 그만한 여성이 있었다는 사실을 새삼 확인했다. 사람들은 이렇게 같은 일의 한 자락씩을 붙들고 상호 도움을 주면서 동료를 인지하게 되는가 보다.

동료의 흰머리를 보면, '그저 건강하고 행복하게 사시는 것'이 학과나 학계를 돕는 일이라는 말을 해 주고 싶다. 우리끼리 너무 폐쇄적으로 뭉친다고 할 수도 있겠지만, 그것은 공통된 이해와 경험의 흰머리가 만든 세월 때문이라 말하고 싶다.

〈매일신문〉 문화칼럼(2011년 12월 2일)

초로初老 연습

　사람의 얼굴은 자기 것이면서 자기가 보는 예는 그리 많지 않다. 늘 남이 본다. 그것처럼 사람의 나이도 타인에 의해서 확인되고 있다. 물론 나이는 스스로 먹는다. 그런데 정작 자신은 자기 나이를 숫자로만 셀 뿐 자신이 나이가 드는 것을 미처 깨닫지 못한다. 신체적으로 한계가 오기 전에는 결국 나이는 타인에 의해 확인되고, 타인에 의해 느껴지는 듯하다.

　대학을 졸업하면서부터 나는 나이를 먹는 것이 매우 기뻤다. 안 보이던 것을 볼 수 있고, 들끓는 열정에서 비교적 자유로워질 수 있기 때문이었다. 그런데 그것은 아주 짧은 기간의 행복이었다. 나이를 먹은 덕분에 소속된 단체에서 장長이나 책임자로 뽑히지도 않고, 그러면서도 다른 이들보다는 좀 나이가 있어 여유로운 그러한 일정 기간의 기쁨이었다.

그 잠시간의 행복 이후, 요사이 나는 나이에 대해 새로운 훈련 시기에 돌입한 것 같다. 초로初老의 당황함이랄까, 노인의 문턱을 넘는 통과의례 같은 것이다. '초로의 신사'라고 하면 아주 근사하게 들린다. 그가 더 이상의 격정에 시달리지 않으면서, 온갖 경험을 다 안고 있으면서, 그러고도 아직 무언가 더 할 수 있는 사람이기 때문이다. 그러나 이 초로의 문턱은 타인에게서 자신의 나이를 확인받는 의례를 거쳐야 하는가 보다. 타인으로부터 자신의 늙음을 확인받는 절차를 밟아야 한다는 말이다.

나는 최근 사람들의 말에 놀란다. 내가 봉사하는 단체에서의 일이다. 새로 온 젊은 단체장은 무슨 이야기 끝에 내게 이렇게 말했다. "교수님도 이제 육십이 다 되어가시잖아요. 이제 교수님처럼 한 이십 년 봉사할 사람을 구해 주셔야지요." 그가 내게 우정을 가지고 있다는 사실은 믿는다. 단체장으로서 새로 기관을 이끌어가려는 계획을 세우면서 여러 가지 방안을 강구하는 노력도 이해한다. 그러나 이 말은 내가 육십이 다 되어감을 각인시키기에 충분했다. 또 타 기관에 봉사하기에는 나이가 많아져 가고 있음을 느끼게 했다.

그로부터 며칠 지나지 않아 안과에 갔을 때였다. 증상을 설명하는 소리를 듣고 있던 의사는 내게 말했다. "이제 연세도 있으신데 안구를 조절하는 근육의 힘이 떨어져서 그래요. 아마 약한 근시가 있으셨기에 지금까지 안경 안 끼시고 책을 읽으셨을 거예요. 노안이 오는 건 당연하잖아요?"라고 대수롭지 않게 말했다. 찬찬히 뜯어보니 의사는 무척 젊었다.

어느 날 엘리베이터를 탔는데, 꼬마 아이가 있었다. 내가 귀여워서 "안녕!"이라고 했더니, 아이를 데리고 가던 사람이, "너도 '할머니 안녕!'이라고 해야지."라고 말했다. 반사적으로 나같이 원피스 입고 책가방 들고 나가는 할머니가 어디 있느냐고 속으로 반격하면서도, 나는 충격에 휘둘렸다. 그나마 이 꼬마는 내가 할머니이기에도 아주머니이기에도 어정쩡해 보였는지 아무 대꾸도 하지 않았다. 꼬마 아이들이 무어라고 부르느냐는 외양을 재는 중요한 잣대가 된다면서 스스로 위로 삼았다.

이러한 나이에 대한 감정은 자신의 손주가 있으면 벌써 오래전에 해결되었을지도 모른다. 그러나 손주가 없는 나는 밖에서 들으면서 내 나이를 자각해야 한다. 문득 어디선가 본, 독신이 많은 파리에서는 사회적 나이를 인지하지 못하는 사람들이 많아서 사회 문제가 되기도 한다는 구절이 떠오른다.

우리나라 사람들은 나이를 먹는 것을 싫어한다. 인위적인 힘으로 얼굴도 고치고, 머리도 손댈 수 있는 한 손댄다. 그래서 사회에는 자애로운 어머니상이 없어지고 있다. 그리운 어머니의 상을 품고 있는 남성들도 대부분은 내 아내는 젊고 발랄하기를 바란다. 그가 바로 다 자란 자기 아이의 어머니임에도 불구하고 젊어야 한다.
어느 외국인이 내게 물었다. "한국인들은 나이 든 사람들을 존경한다면서, 왜 모두들 젊게 보이려고만 하지요?"
물론 한국은 나이를 소중히 여기는 사회이다. 그러면서도 모두들 젊게 보이고 싶어 하는 까닭은 소외와 분리로부터의 두려움일지 모르겠다. 10여 년 전 해외 파견 교수의 기회를 얻어 다시 프랑스로 가게 되었다. 나는 젊은 날의 용기와 열정, 웃음을 다시 찾고 싶었다. 그래서 학생 시절에 살던 기숙사촌에다 숙소를 정하고, 내가 공부했던 학교를 또 다녔다. 젊은 날을 돌아볼 수 있고, 나의 변화와 내가 잊었던 생각들을 다시 살필 수 있는 좋은 기회였다. 그런데 문제는 내 나이가 같이 생활하는 기숙사 학생들과 너무 차이나는 것이었다. 학생들도 어려워하는 듯했다. 슈퍼에 갔더니, 염색약을 팔았다. 혼자 염색을 해 보았더니, 염색이 잘되었다. 머리 염색을 하니 학생들도 나를 좀 더 수월하게 대하는 것 같았다.

인위적으로 바꿀 수도 있는 밖으로 보이는 나이와는 달리, 사람들 마음속에는 항상 동심이 들끓고 있다. 그래서 우리는 동년배들과 만나서는 언제나 어리고 깔깔거리나 보다. 그들 사이에는 언제나 '같은 수준의 젊음'이 흐르고 있다. 그러나 나이가 다른 사람과 만날 때면, 아무리 마음으로는 부정해도 그 젊음을 인정받지 못한다. 모든 만남은 늘 내 나이에 대해 자각하게 만든다.

나이에 대한 지적은 내가 비추지 못한 나에 대한 거울일 수 있다. 비록 아직은 본인들이 받아들일 준비가 되어 있지 않더라도 그것은 존재하는 사실에 대한 지적이기 때문이다. 다만, 젊은이들이 나이에 대한 이야기를 할 때, 나이에 대한 느낌이 서로 다르다는 점을 배려해 주면 좋겠다. 물론, 그런 배려를 받지 못한다 하더라도, 우리는 젊은이들이 아직 자신들이 말하는 나이의 의미와 해당 현상을 모르고 있다는 점을 인정해야 한다. 나이 든 이들이 설사 속으로는 "너도 내 나이 되어봐라"라고 하고 싶더라도, 그들이 아직 자신이 무엇을 말하는지 모른다는 점에서 위로받아야 한다.

우리는 불행히도 해당 나이를 지나고 나서야 그 나이가 얼마나 젊은 나이인지를 알게 된다. 어린 내게는 서른세 살이 무척이나 많은 나이 같았다. 그 나이가 죽기에는 너무나도 젊은 나이임을 나는 서른세 살을 지나면서야 깨달았다.

자신의 나이에 숫자를 더해가면서도 나이 먹는 것을 느끼지 못하는 현실에서, 거부해야 할 것은 늙는 일이 아니고 '늙은이'에 대한 통념일지 모른다. 늙은이는 아무것도 할 수 없고, 부양받아야 하는 사람이라는 인식 말이다. 할머니라는 말에 놀라는 나도 어쩌면 이러한 노인에 대한 현재의 통념을 품고 있는지도 모르겠다.

얼마 전 젊은이들의 문화 공간인 홍대 앞에서 '나이 없는 날' 행사가 열렸다. 젊은이들은 홍대 앞 거리를 가득 메운 할머니·할아버지들의 열띤 공연과 토론에 놀랐다고 한다. 이처럼 세대 간의 문화 경계를 허물고 자신이 할 수 있는 만큼 보여주면서 기존의 '노인'에 대한 편견을 깨는 작업이 중요할지 모른다.

영어와 불어를 말하는 할머니, 며느리보다도 더 정열적인 할머니가 나오는 이 시절에 늙은이에 대한 편견만 깬다면 나이를 짓는 일이 어찌 슬프고 두렵겠는가? 이제 우리 사회는 새로운 할머니상이 떠야 한다. 우리 역사가 경험해 보지 못한 할머니상이다. 겁 없이 늙으면서 '철없는 할머니'를 창출해 내어야 할 때다.

그러면서 우리는 언젠가는 늙을 젊은이들을 품어 안고 가야 한다. 마음과 용기는 언제나 청춘이어도, 분위기를 지을 수 있는 몸매도 사라졌고, 휘날릴 머리카락마저도 성기어진 지금의 나를 만나는 젊은이들에게 내 사라진 외모적 젊음의 대가로라도 관대해야 한다. 그들은 못 본 내 젊은 날의 매력에 대한 대가를 받아야 하니까 말이다.

《에세이문예》 2011년 가을호

정초에 온 편지

요즈음은 초등학교 때 동창들이 생각난다. 아니 생각난다기보다 궁금해진다. 아마 그 동창들은 길에서 정면으로 마주쳐도, 아니 버스 옆자리에 나란히 앉아서 여러 정류장을 같이 간다 해도 몰라볼 만큼 변했을지도 모르지만.

새해를 앞두고는 연휴 때문인지, 신춘문예 당선 작품 때문인지 엄청나게 두꺼운 신문이 도착한다. 그런데 올해 신문은 내게 정말 무거웠다. 오랫동안 잊고 있었던 그 어린 날의 동창들이 한꺼번에 달려오는 듯했다. 그들이 내게 보내는 집단 편지 같다.

올해가 1955년생이 일반직에서 정년퇴임을 시작하는 해란다. 베이비 붐 세대가 해마다 30·40만 명씩 집단 퇴직하게 되는데, 이제 시작된단다. 즉 내가 정년퇴임할 나이에 이르렀단다. 나가야 되는 나이에 이르렀는데, 교직에 있어 아직 나는 조금 더 남아 있게 되었다는 사실에 만감이 교차한다.

　나는 내가 정확히 몇 년생인지 잘 모른다. 호적상 나는 1954년생이다. 그런데 나는 세 살이 되어서 다른 사람이 출생 신고를 해 준 경우여서 출생 연도가 잘못 신고되었으리라 생각한다. 그 사람은 어머니의 부탁을 받고, 우리나라식으로 세 살을 빼서 출생 신고를 했다. 그래서 나는 1954년생이 되었지만, 실제로는 1955년생인 듯하다.

　어쨌든 나는 1955년생들과 함께 공부했다. 즉 어머니식 계산에 따르자면 아홉 살에 학교에 입학한 셈이다. 그때는 나이가 한 살 많다는 사실이 얼마나 싫었는지 모른다. 한 살 터울이 꼭 한 세대보다도 더 넘게 차이가 나는 듯 생각되었다. 나는 나이 이야기하는 것을 싫어했다. 그리고 속으로는 늘 나의 출생 신고가 잘못되었다고 다짐하곤 했다.

　어떻게 되었든 나와 같이 공부하던 그들이 이제 정년을 시작하게 되었단다. 올해가 바로 동기생들이 새로운 생활 스타일을 찾는 시기란다. 이 무거운 소식을 정초부터 듣게 되었다. 그들이 한꺼번에 몰려와 내 마음을 흔들고 있으니, 아무래도 나는 1955년생인 모양이다.

　전쟁 직후 태어난 아이들을 '전쟁 풍년아'라고 했다. 사회에서는 전쟁 이후 안정을 찾아가던 1955년부터 박정희 대통령이 산아제한을 강행하기 시작하던 1963년 사이에 태어난 아이들을 '베이비붐' 세대라고 한다. 그러나 그보다 지금 내게 닿는 말마디는 전쟁 직후에 태어난 '전쟁 풍년아'이다. 부모가 전쟁통에 어찌어찌 만나서 결혼했거나, 전쟁에서 살아남아 낳은 아이들을 말한다. 흥부네 집처럼 가난 속에서 너무 많다고 느껴졌던 목숨들이었다.

우리는 전쟁 끝자락에 태어난 탓에 먹을 것이 없었다. 부모는 폐허 속을 뒤져서 먹을거리를 찾아야 했기 때문에 아이는 보살핌을 받을 수 없었다. 업혀진 아이는 흘러내려서 거의 엄마 엉덩이에 걸쳐 있어도 엄마는 아이를 추스를 손이 없었다.

어느 정도 기억할 수 있는 나이가 되었을 때까지도 우리는 가난이라는 단어를 몰랐던 것 같다. 단지 배가 고팠고, 무언가 없어서 불편했다. 남에게 해진 옷을 보이기가 부끄러웠다. 속옷은 떨어졌어도 겉옷만은 말끔했으면 하고 바랐다. 그때는 우리 모두가 그렇게 살았다. 그래서 그것이 '가난'이라는 형태인 줄 잘 몰랐다.

학생들에게 사회 변화상을 이해시키기 위해 자신의 집안 3대의 생활사를 적어 오라는 리포트를 낸 적이 있다. 학생들은 하나같이 자신의 집은 가난했었다고 써 왔다. '그때는 자네네 집만 그런 것이 아니란다.' 물론 그때도 가난한 '우리' 범주에 들지 않는 몇몇 사람들이 있기는 했다.

'우리'는 유치원을 몰랐다. 학교는 늘 모자랐다. 내가 다닌 초등학교는 서울 미아리고개 너머 의정부 나가는 길가에 있었다. '숭인국민학교'였다. 우리는 3학년까지 3부제 수업을 했다. 3부제 수업이란 수업을 하고 있는 동안 다음에 교실에 들어갈 학생들이 밖에서 떠들고 있는 것을 말한다. 즉 한 교실을 세 반이 공동으로 사용하는 것이다. 고학년, 즉 4, 5, 6학년이 되면 2부제 수업을 했다. 학생 수는 학급당 90명을 넘었다. 100명을 넘는 학급도 있었다. 당시 세계에서 가장 큰 학교, 즉 학생 수가 가장 많은 초등학교가 우리나라에 있었다고 한다.

시설은 부족하고, 갑자기 인구가 불어난 사회에서 우리는 모든 것을 시험으로 통과했다. 중학교에 입학할 때도 시험 치르고, 고등학교도 시험 쳐서 진학했다. 대학 입시도 예비고사라고 하는 대학 진학 자격시험이 있고, 그리고 나서 대학 본시험도 있었다. 입학을 위해 2차 시험까지 본 학생이라면 시험의 숫자는 훨씬 더 늘어난다. 시험으로 점철된 학창 시절이었다. 다만 우리가 대학을 졸업할 때 경제는 많이 성장되어 있었다. 갑자기 늘어난 인구의 악착같은 노력과 교육 받은 노동력이 이러한 경제발전에 자원이 되었음을 사회는 인정하고 있다.

직업을 얻어 사회에 들어간 우리는 내 자식에게 나 같은 고생은 시키지 않겠다고 이를 악물고 달려왔다. 그리고 겨우겨우 집 한 채 마련했다. 그러자 몸은 옛날 같지 않기 시작했다. 그런데 사회는 변한다고 우리보고 적응하라고 하기 시작했다. 또 억지로 산 집은 이제 산 가격보다 떨어질지도 모른단다.

그런데, 올해 들어 이제 사회에서는 우리에게 그만 일하고 나가 달란다. 우리들의 은퇴는 그동안 수고가 많았으니, 이제 편안하고 행복하게 사시라는 축하만은 아닌 듯하다. 올 초 대중매체의 기사들은 대부분 베이비붐 세대 712만 명이 집단정년을 할 때의 사회변화를 걱정하고 있었다. 이는 우리 국가가 우리들에 대한 대책이 없었다는 말이다.

미국의 인구는 제2차 세계대전이 끝나는 1946년부터 전 지구적으로 영향력이 신장되던 1964년까지 크게 증가했다. 이 사이에 태어난 아이가 7,700만 명으로 미국 인구의 30%를 차지한다고 한다. 일본에는 제2차 대전이 끝난 1946년부터 1949년 사이에 태어난 '단카이團塊 세대'라 불리는 아이들이 있었다. 단카이 세대는 680만 명 정도로 일본 전체 인구의 약 5%에 해당한단다. 미국은 2006년, 일본은 2007년부터 집단

은퇴가 시작되었다. 사회에서는 그들이 집단으로 은퇴하는 데 대한 잔치와 대책, 상업적 아이디어들을 쏟아내었다.

그런데 한국은 정초의 특집 기사들과는 달리, 올 한 해가 다 가도록 이 문제를 입에 올리지 않고 있다. 내 친구들은 어디서 하나씩 개별적으로 정리당하고 있나 보다. 물론 국가와 사회는 미리 대책을 세웠어야 한다. 퇴직하는 사람들이 인간으로서의 위엄을 지니고, 삶의 여유를 누릴 수 있도록 해주어야 한다. 우리가 교실난을 겪고 난 다음에야 학교 건물이 지어졌듯이, 이 대책도 우리 다음에 태어난 사람들을 위해 적용되어도 좋다. 그러나 이는 절대적으로 필요한 정책이다.

2차 세계대전 때 나치 감옥에서의 일이다. 도망친 사람을 대신해서 열 명이 선택되어 죽임을 당하게 되었다. 열 번째로 지목된 사람이 울면서 자신에게는 처자가 있으니 살려달라고 했다. 그때 그 자리에 있던 막시밀리앙 꼴베 신부가 자신은 식구가 없으니, 자신이 대신 지목되겠다고 자청했다. 그리고 그는 20여 일을 독방에서 식량이 박탈되었고, 결국 죽임을 당했다. 신부 대신 살아남은 그 유태인은 나중에 돈을 들여 그의 이야기를 널리 세상에 전했다. 그리고 그 신부는 성인으로 시성되었다. 요즈음 신부 대신 살아남은 자의 마음이 새겨진다. 살아남는다는 것이 얼마나 큰 숙제인가를 절감하게 된다.

직장을 떠나기 시작한 초등학교 동창들이 보고 싶다. 어디서 무엇을 하는지, 그동안 무엇을 했는지 궁금하다. 그리고 이들의 정년 이후의 행복을 찾는 일이 숙제처럼 다가온다. 수입이 한정되거나 없으며, 건강이 위태해지려고 하는 장년壯年, 사회 경험은 많은 사람들, 그들이 인생을 즐기며 사는 방법을 찾는 일이 아직 남아 있는 내 일인 것 같다. 내가 내 세대에 지기 시작하는 빚을 갚는 일일 것 같다. 올해는 인간이 행복해지는 조건이 무엇일까를 다른 해보다 훨씬 더 많이 생각했다.

《한국에세이문예》3(2011년)

발코니 농부

발코니에 있는 꽃에 물을 줄 때마다 행복해진다. 왠지 하느님이 날 예뻐하실 것만 같다. "이러다가 내가 하느님의 '슈슈(편애받는 사람)'가 되는 건가?"라고 자문하기도 한다.

왜냐면 꽃이 다 창밖을 향해 피기 때문이다. 화초를 심을 때는 그 생각을 못 했는데 꽃은 전부 창밖으로 나간다. 아파트가 5층이기 때문에 창밖에는 하느님밖에 없다. 즉, 모두 하느님 쪽으로 간다. 심지어 줄기는 내 쪽인 안에 있으면서도 바깥을 향하느라 잎이 줄기를 뒤엎고 반대쪽으로 고개를 내밀기도 한다. 햇빛에 민감한 그들이 고개를 내밀고 햇빛을 찾아 나서는 덕분에 나는 하느님께 꽃을 선물하는 처지가 되었다. 게다가 때때로 아침에는 꽃향기도 가득하다. 기뻐하시는 하느님께서 그곳에 와 계시는 듯도 하고…….

3년 전 여름 학기에 정년을 했다. 한 학기 남겨 놓은 겨울 졸업식 때였다, 영남대는 매년 2월 22일이 졸업식이다. 나는 이제는 내게 없을 겨울 졸업식을 나름대로 오래 기억하고 싶었다. 이 날짜에 맞추어 제라늄 창을 만들기로 했다. 프랑스 파리에는 아파트가 흰색인데, 거의 모든 창가에 붉은 제라늄을 키운다. 직장을 마무리하는 공간을 유학생 시절의 추억으로 메우고 싶었는지도 모른다. 다행히 내 서재 앞에는 아파트 분양 때 제공 받은 1.5평짜리 발코니 화단이 있다.

나는 인터넷으로 제라늄 농장을 검색했다. 제라늄도 참으로 종류가 다양했다. 모양이나 빛깔이 차이가 난다. 나는 선라이즈에 속하는 세 종류와 문라이즈에 속하는 네 종류를 각각 세 포기씩 해서 꽃모종 21포기를 주문했다. 더불어 재스민 두 포기도 포함했다. 농장에서는 제라늄 두 포기를 덤으로 더 주었다. 흙도 함께 주문해서 새 흙으로 꽃밭을 만들었다. 15포기는 화분에 심어 응접실 앞쪽에 늘어놓고, 10포기는 발코니 꽃밭에 심었다.

택배로 오는 동안 상했을까봐 염려했는데, 그런 염려는 이튿날 새벽부터 불식되었다. 다음 날 꽃모종들이 꼿꼿이 서더니, 이후부터는 일사천리였다. 까맣게 골라 놓은 땅에 눈뜨고 나면 새잎이 나와 있고, 눈뜨고 나면 자라 있었다. 잎이 꽃보다 덜 예쁘다고 말할 수 있을까라는 질문에 매달리게 되었다. 봄이 오면서는 꽃도 피기 시작했다. 꽃은 또 다른 매력이었다. 눈만 뜨면 발코니로 나갔다.

내 계획은 더욱 야무지게 나갔다. 5월 스승의 날, 그러니까 현직 마지막 스승의 날을 기해서 옥잠화 5뿌리와 백합 뿌리를 주문했다. 그런데 백합 4뿌리만 왔다. 백합은 한 종류만 흰색이고, 분홍색, 붉은색, 검붉은색, 이렇게 네 종류였다. 구하기가 힘들다는 옥잠화는 가을에야 도착했다.

35년 6개월의 학교생활을 마치는 8월, 발코니에는 제라늄과 백합이

만발하고 있었다. 내가 나에게 한 정년 선물이었다. '제대로 선택했다!' 제라늄 모종은 하나에 3천 원, 백합 구근은 4천 원이었다. 그 가격에 그들은 내게 매일매일 새로운 세계를 열어 주었다.

나는 하느님께로부터 기운을 받는 것 같았다. 신선한 작업 아이디어들이 떠올랐다. 기막힌 아이디어에 소환된 활력이 요동쳤다. 역사 분야 논문 작업이란 진실 규명을 위해 기록 자료들을 하나로 엮어나가는 일이기 때문에 풀리지 않을 때는 상당히 지난한 작업이 된다. 그렇지만 꽃을 보면서 그런 작업도 매일 자라는 생명체처럼 피어나갔다. 물론 엉뚱한 상상에 골똘하기도 했다. 식물은 참 적게 먹고도 사는데 인간도 그렇게 적게 먹고 살 수 있지 않을까? 화초와 잡초는 어떤 기준으로 구별하는 걸까? 뿌리식물은 왜 꽃을 피울까……?

한편, 꽃밭은 머릿속만 자극하는 게 아니라 실제로 몸도 움직이게 했다. 나는 무척 게으르다. 그리고 청소하는 것보다는 앉아서 책 읽는 것을 훨씬 좋아한다. 더 정확히 말하면 청소보다 독서가 더 중요하다고 세뇌되어 있다. 그런데 아침마다 발코니에 나갔다가, 꽃에 물 주고 나서는 누렇게 된 떡잎도 따주고, 때로는 화분도 옮겨 심고, 화분마다 마사토도 더 뿌려준다. 그러다가 발코니 걸레질도 치고, 아예 내친김에 발코니 청소도 한다.

누가 내게 잡초 뽑는 데 시간당 만 원을 주겠다고 제의한다면, 아마도 나는 그건 내 일이 아니라고 생각할 것이다. 그런데 이 발코니 정리는 누가 시키지 않아도 부지런을 떤다. 그러다 문득 애완견을 데리고 산책 나오는 사람들을 마주치던 날을 떠올렸다. 그때 나는 강아지 발을 닦아 주고 목욕시키는 견주들의 노력을 가상하게 여겼다. 그 노력을 사람이 아니고 동물에 들이는 점도 신기했다. 그러나, 나도 발코니를 그렇게하고 있었다. 방향이 바뀌었을 뿐 나도 똑같다는 사실을 절감했다. 한 시간 이상 꽃밭에 서 있었다고 하면, 누군가 내게 그 시간에 노인 목욕시켜 주는 봉사에 나가는 것이 더 보람되지 않느냐고 물을 수도 있을 것이다. 이런 것을 '반려식물'이라고 하나보다.

내가 제라늄 밭을 만든 지 일 년쯤 되면서 대구에서는 코로나19가 터졌다. 코로나 발생 후 첫 3개월 동안 정말 혼자 있었다. 다른 지역에서는 내가 올까 봐 겁냈고, 또 나 스스로도 주의하느라 집에만 있었다. 말 한마디 하지 않는 시간이었다. 나중에는 말하는 것을 잊어버릴까 봐 혼자 성가집을 꺼내놓고 한 곡씩 부르기도 했다. 그런 상황인데도 즐겁게 작업하면서 지낼 수 있었던 것은 분명 창틀 밑에 흐르고 있는 생명이 있어서인 것 같다. 나는 이 시기를 '코로나 피정避靜'이라고 부른다. 자연과 소통하는 시간이었다. 오 헨리의 「마지막 잎새」라는 소설이 얼마나 현실일 수 있는가를 경험했다.

이렇게 나는 '발코니 농부'가 되어 가고 있다. 현재까지 분명한 것은, 잎새 하나도 떨어져 나갈까봐 벌벌 떠는 나도 다른 식물을 뒤덮거나 침범할 정도로 잘 자라는 화초는 옆의 화초를 보호하기 위해 방향을 바꾸어 놓거나 가위를 든다는 사실이다. 가위를 들 때마다 하느님도 인간을 보실 때 이런 마음으로 일하실까 하는 생각을 한다. 한 30년 발코니 농부를 할 수 있을까? 그때가 되면 사람이 '무엇'인지를 말할 수 있게 될까?

《에세이문예》 2022년 여름호

제라늄의 겨울나기

지난겨울, 심은 지 3년째 되는 제라늄들이 다 죽어 나갔다. 나는 화초 때문에 발코니의 창문은 열어놓고 산다. 꽃은 햇빛만큼이나 바람이 중요하다고 들었기 때문이다. 더구나 흔히 '새시'라고 하는 아파트 바깥 유리창은 햇빛의 약 30% 이상을 차단하도록 설계되어 있다고 한다. 그 사실을 알았더라면 민유리창으로 하거나 아예 창을 하지 않았을 수도 있었는데, 이사하고 나서야 들었다. 너무 늦었다. 그리하여 최대한 문을 열어놓아 그 모자란 햇빛을 보충하고자 한다. 물론 영하 10도 가까이 되는 겨울밤에는 바깥 창을 닫았다가 아침 일찍 열어준다.

어쨌든 이 제라늄들은 내 발코니 화단에서 싹을 틔우고 성장하면서 똑같은 조건으로 두 개의 겨울을 이미 잘 넘겼다. 그런데 같은 환경인데도 이번에는 거의 모든 줄기와 잎이 얼어서 축 늘어져 있었다. 안타까웠다. 변한 게 무엇이었을까?

이 아파트를 계약할 때 내 마음을 끈 것 중에 하나는 서재로 사용할 만한 큰 방(안방)이 있다는 것과 바로 그 앞에 1.5평짜리 발코니 화단이 있다는 점이었다. 어떤 집에서는 이 화단을 장독으로 사용하겠다고 하고, 가정마다 다른 계획을 세웠다.

나는 생물과 교수의 자문을 구하고 전문 야생화 집에 의뢰해서 일년 사시 꽃을 볼 수 있도록 야생화 밭을 조성했다. 빛의 양에 따라 자연석으로 구분해가며 그에 맞는 야생화들을 심었다. 그리고 수국 등은 물을 더 자주 주고, 노루귀꽃은 약간 마른 상태를 유지시키는 등 열심히 배웠다. 철마다 비료도 사다 뿌리며 요란을 떨었다. 그러나 공도 많이 들고 비용도 많이 든 화단은 한해 한해 시들어 갔고 살아남지 못했다.

나는 정년을 준비하면서 화초를 내 스스로 모종부터 키워보리라 생각했다. 그리고 좀 강하다고 생각되는 제라늄을 택했다. 모종부터 기르자 내게는 이파리 하나도 진기했다. 꽃모종을 농장에서 직접 주문했기 때문에 내가 모르는 사항은 일일이 사진을 찍어 농장으로 보내고 메시지로 답을 받았다. 농장에서는 나보고 제라늄은 물을 많이 주지 말라고 했다. 뿌리가 썩는다는 것이다. 그 자주 주지 말라는 설명을 지키고는 싶지만, 자주가 얼마인지를 몰랐다. 그래서 나는 제라늄의 물은 1주일에 한 번씩만 주기로 했다. 내 화단에는 백합도 있는데, 이것은 또 물을 자주 주어야 한다고 했다. 그래서 백합 쪽은 매일 물을 주고, 제라늄은 1주일에 한 번만 물을 주었다. 나름대로 성공적이었다.

제라늄은 잎이 호박잎만 할 정도로 잘 자랐다. 그랬더니, 농장에서는 잎을 따주라고 했다. 그런데 잎을 따기가 아까웠다. 내 딴에는 잎이 있어야 탄소 동화 작용을 더 많이 해서 양분이 더 좋을 것이라는 변명도 만들어냈다. 그렇지만, 농장에서는 잎으로 모든 영양이 가서 꽃이 피지 못하니 잎을 따주라고 했다. 그 말에는 잎도 예쁜데 꽃을 보기 위해서 그 보석 같은 잎을 따버려야 하는가를 고민했다. 마지못해 작업에 들어가서도 어느 잎을 따라는 건지 몰라서, 한두 개씩 따다 거의 줄기만 남게 되었다. 시간이 지나면서는 좀 요령이 생겨서 꽃이 고개를 내밀기 쉽도록 주변의 잎을 따 주었다. 물론 노랗게 되기 시작하는 잎은 서슴없이 포기할 수 있었다. 마침내 화단이 제라늄꽃으로 덮였다.

  그렇지만 내가 하지 못한 것은 모양을 만들기 위해 줄기를 자르는 일이었다. 어디를 자르는지도 모르겠고 또 겁나서 할 수가 없었다. 그래서 내 제라늄은 스스로 크고 싶은 방향으로 구불구불 컸고, 키도 거의 1m 가까이 올라왔다. 어쨌든 그렇게 한 해를 넘겼다. 꽃은 사시절 피었다. 잎도 보통 제라늄 잎보다는 훨씬 큰 것이 겨울에도 화단을 파랗게 덮었다. 해마다 무성해져 갔다. 사진을 보여주면 사람들마다 잘 길렀다고 했다.

  그런데 올해 무슨 일인지, 제라늄이 얼어서 모두 축 처졌다. 크고 푸른 잎이 마치 익어버린 시금치처럼 늘어져 있었다. 김장 농사를 짓는 사람이 밭에서 얼어버린 배추를 볼 때 이런 느낌이겠지 싶었다. 나는 무슨 수라도 써야겠다고 생각했다. 그러다 문득 농장에서 전해 온 말 한마디를 기억해 내었다. 꽃은 열악한 환경이 되어야 생존을 위해서 핀다고 했다. 꽃이 필 무렵에는 거름을 주지 말라고도 했었다. 이 말에 이르자 문득 겨울에는 나무들도 모두 잎을 털어버린다는 생각이 났다. 그러면서 3년쯤 지난 지금 잎이 무성한 내 제라늄은 먹여 살려야 할 식구가 너무 많은가보다는 생각이 들었다.

  드디어 가위를 들었다. 이파리 하나만 시들어도 벌벌 떠는 내가 줄기를 자르기 위해 가위를 든다는 것은 엄청난 수술이었다. 줄기만 남겨 놓아야 그나마 건질 수 있을 것 같으니, 이미 모두 죽었다고 생각하고 잘라보자고 다짐했다. 제라늄의 뿌리 부분만 남기고 모든 줄기를 잘랐다.

봄이 되자 싹뚝 끊어낸 마른 밑동에서 잎도 돋고 줄기도 솟아올랐다. 그런데, 살아난 제라늄의 위치를 보니 평소 무성하지 못하고 비리비리하던 것들이었다. 햇빛이나 바람의 양이 상대적으로 좋았던 곳의 제라늄들은 잎이 너무 많았던지 뿌리까지 얼어 일어나지 못했다. 지금은 살아난 제라늄의 꽃들이 한창이다.

나는 가위를 들고 제라늄을 자르고 나서야, 그리고 그곳에 싹이 돋는 것을 보고서야 늘 들어 왔던 "식물을 사랑한다면 가위를 드세요." 하던 충고를 기억했고, 그리고 이해할 수 있었다. 실제 내가 줄기에 손을 대기 전에는 그 소리는 그냥 소리였다. 더욱이 신기하게도 식물 줄기를 자른 작은 행위가 큰 용기를 솟아나게 했다.

사실, 정년을 하면서 일도, 물건도, 욕심도 줄여야 한다고 생각은 했다. 그러나 그것을 실천할 용단을 내리지 못하고 3년을 지냈다. 그런데 이번 '제라늄 줄기 수술'은 내 생활을 절단해 나갈 수 있는 '내 인생의 전지剪枝용 가위'를 주었다. '털어내야 산다.' 작은 일을 이루자 큰일을 처리할 힘을 얻는다. 실제로 자르기 시작하면 점점 더 강한 강철 가위가 되지 싶다. 발코니의 제라늄들은 내 용기를 비추는 거울로 자리 잡고 있을 것이다.

《에세이문예》 2022년 가을호

머릿속 가난, 마음속의 부富

정년한 지 세 학기가 지나간다. 정년 이후 나는 부자가 되었다. 정년을 하자 갑자기 재산이 불어났다. 보다 정확히 말하면, 그동안 보지 못한 재산을 찾게 되었다. 나는 오랫동안 이런 것을 알 수가 없었다.

나는 어렸을 때 집이 어려웠다. 내가 어렸을 때, 우리 집은 종암동 개천가 둑에 지은 무허가 판자촌이었다. 판자촌이 있는 둑 건너에는 가죽을 이용하여 아교阿膠를 만드는 공장이 있었다. 아교는 짐승의 가죽, 힘줄 등을 석회수 용액에 담근 후, 끓이면서 추출한 용액을 냉각시켜 얻어낸다. 개천은 온통 푸른 가죽 찌꺼기로 덮였고, 냄새도 지독했다. 공장이 하나였는지, 여러 개가 모여 있었는지 모르겠지만 개천은 늘 푸른 찌꺼기를 두껍게 뒤집어쓰고 있었다.

개천의 이쪽 편은 둑이 있고, 그 둑 아래로는 넓은 밭이 펼쳐져 있었다. 집들은 둑과 밭이 이어지는 쪽에 둑을 따라 길게 한 줄로 지어졌다.

그래서 동네라기보다는 마치 가로수가 늘어선 것 같았다. 개천가 쪽에는 마을 공동 화장실이 설치되어 있었는데, 지금 기억하면 그쪽에도 집들이 있었다. 아마 나중에 들어온 사람들인가 보다.

길게 늘어선 골목 한가운데쯤에 큰 전기 변압기 철탑이 있었는데, 그 밑에 펌프가 박혀 있었다. 마을 공동 우물인 셈이다. 비나 눈이라도 내리면 물을 퍼 올리는 동안 첨탑에 물이 닿아 '지익 지익'하는 소리가 들렸다.

우리 집은 개천가가 아닌 밭과 이어진 쪽에 있었다. 그래서 우리 집은 길로 사용되는 둑보다 낮았다. 우리 집은 방과 부엌만 있었기 때문에 부엌문이 바로 대문이었다. 물론 그 부엌문조차 철거하는 사람들이 부수고 간 뒤로 부엌에는 문이 없었다. 그래도 방문은 있었다. 방에는 사과 궤짝을 놓고 그 위에 침구를 쌓아놓았다. 옷은 벽에 걸면 끝이었다. 그리고 부엌에는 찬장 대용의 사과 궤짝이 있었다. 예전 사과 상자는 나무 널빤지로 되어 있었는데, 그 상자를 옆으로 놓으면 삼면이 막히고 앞이 뚫려서 장이 되었다. 나무 상자가 찬장이 되는 요술의 시대였다. 그릇의 개수도 단 세 식구의 두 배쯤 되었을까? 그때가 이윤복의 「저 하늘에도 슬픔이」라는 영화가 나왔을 때다. 그는 내 또래다. 다만 나는 엄마가 계셔서 배곯았다는 기억은 없다. 물론 당시 나는 그 영화를 볼만한 형편도 아니었지만.

엄마는 달랑 방과 부엌만 있는 집 앞의 조금 다져진 '마당'에 모래 한 알 없도록 매일 깨끗이 쓰셨다. 그때는 엄마 혼자 우리 남매를 키울 때였는데 어떻게 알고 그곳에 정착하셨는지 모르겠다. 내가 지금 기억하는 몇몇 이름을 보면 아마도 6·25 한국전쟁 피란민들이 모인 곳이었던 것 같다. 엄마는 월남한 아버지 쪽의 누군가에게서 정보를 얻었나 보다. 그런데 우리 집은 누가 지었는지 모르겠다. 엄마가 지으셨을까?

난 그때 우리 집이 가난한지 몰랐다. 단지 무엇이 없다든가 혹은 남이 가진 것과 다르다고 비교할 정도였다. '가난'이라는 말은 너무나 추상적인 단어이니까……. 그러다가 내가 국민학교(초등학교) 5학년 때쯤 그 동네를 떠나 전세살이로 옮겼다. 정님이 엄마라는 이웃집 아주머니가 셋방 보는 데 따라다니면서, "공부하는 애가 있어서 조용해야 한다"고 되풀이 되풀이 주문하셨단다.

환경은 좀 나아졌는데, 나는 어느새 선생님이 친구 만나러 가시는 자리에 따라가기에는 내가 초라하다는 것을 깨닫게 되었다. 반장과 회장을 하면서 내게 없는 것이 많음을 알았다. 그러면서 나는 내가 살아온 환경을 가난이라고 부른다는 것을 기정사실로 받아들였다. 중·고등학교, 대학, 대학원을 거치면서 이 생각은 굳어졌다.

가난하다고 깨닫던 때부터 나에게는 편견이 생겼다. 중3 때 교장 선생님과 생활지도부장 선생님이 학장 할머니께 세배하라고 나를 데리고 가셨다. 그 댁에서는 명절인데 음식도 하지 않았다. 세배객에게 과자 두 개씩 접시에 담아서 차하고 내왔다. 당뇨를 앓고 계시던 학장 할머니의 접시에는 당근, 야채 몇 조각이 놓여 있을 뿐이었다. 놀랐고 낯설었다. 부자는 음식을 예쁘게 차리고, 가리고 조심하는 것이라고 생각했다. 모든 나와의 다름은 부富로 규정되었다.

즉, 나는 그런 부류의 사람이 아니었다. 그렇게 믿고 성장했다. 나는

'돌을 씹어도 소화시킨다'는 사람이었다. 먹는 것에 주의한 적이 없다. 동시에 나는 절대로 아프지 않은 계층에 속해야 했다. 나는 내 육체도 한계가 있다는 생각을 하지 않고 살았다. 무리를 해서라도 계획을 완성해 내었다. 밤도 자주 새웠다. 주위에서 쉬엄쉬엄하라든가 무리하지 말라고 할 때 나는 그 소리가 무슨 소리인지 몰랐던 것 같다.

십여 년 전, 2008년에 갑상선암이 임파선에까지 전이된 큰 수술을 받았다. 그때도 나는 겁내지 않았다. 심지어 의사가 내게, "왜 그렇게 걱정을 하지 않으세요?"라고 물을 정도였다. 그는 위 수술로 말하면 위를 다 드러내는 정도의 수술이었다고 설명했다. 그래도 나는 걱정하는 호사는 부자나 귀한 사람들만 누리는 호강이려니 여겼나 보다.

이러한 편견은 또 하나의 이미지를 구축했다. 내 편견에 침잠하여 '나눔'에 여유롭지 못했다. 기부할 수준의 사람이 따로 있다고 여겼는지, 돌이켜 보면, 내 범위 안에서 할 수 있는 것조차도 생각이 미치지 않았다. 자발적으로 무엇을 내놓으려고 찾아보지 못했다. 나는 그저 사회정의 차원에서 주문된 것이나 몇 단체의 후원, 정부나 직장에서 주도하는 이웃 돕기 정도로 족했었다.

그러면서 교사로 3년, 교수로 32년 6개월을 살았다. 그런데, 정년 직후부터 일어난 코로나 사태는 그동안을 돌아보게 하려는 잠금장치처럼 나를 고요 안에 묶어 놓았다. 평생 직장이라는 창으로 세상을 보던 내가 그 절단된 시야를 벗어나 '일정한 틀' 없이 나를 보는 1년이었다. 비로소 나는 내가 '부자'라고 여겼던 그 위치에 있다는 사실을 깨달았다. 나는 이제 돌을 깨물어도 소화시키는 '가난한 사람'이 아니다. 먹는 것도 조심하고 몸도 쉬어주어야 하는 그런 '부자이고 귀한 사람'이었다.

아울러 정년은 내가 소유하고 있는 것이 무척 많음도 가르쳐 주었다. 이 세상 모든 것에는 끝이 있음을, 심지어 물건에도 각기 수명이 있음을 함께 배웠다. 더구나 나는 이제 내일을 위해 저장할 돈을 마련해야 하는 사람도 아니다. 또 내가 지니고 있는 조건들이 내가 다 쓰고 떠날 만큼보다 더 많을지도 모른다. 더욱이 나는 어린 시절 사과 궤짝을 가지고 장롱도 만들고 찬장도 만드는, 만능의 재주를 가진 집에서 살아왔으니, 같은 자원도 남보다 크게 활용할 수 있다.

무엇보다도, 신이 내게 내려 주신 재산을 알아챘다. 자연이다. 예전에는 여행을 가도 인간이 이루어 놓은 박물관, 유적지 등의 업적을 찾던 나는 이제 풍경을 본다. 나무 그늘 아래 물 한 컵 가지고 앉았다고 신이 자릿값을 내라고 하지 않는다. 나는 도처에 늘어놓으신 자연을 재산으로 누릴 수 있다. 이것은 또 애써 내 집까지 들여놓지 않아도 될 재산들이다.

나는 부자다. 발코니의 제라늄이 피는 것을 보면서, 남천 가를 운동하러 나가면서 나는 매일, 매시간 점점 더 부자가 되어 갈 것이다. 그리고 이것을 모두와 나눌 수 있다. 예수님은 마음이 가난한 자는 복이 있다고 하셨다. 그렇지만 나는 마음속으로 나의 '재산'을 느낀다. 머릿속의 가난이 그 편견을 깨고 마음속의 재산으로 오는 데 평생이 걸렸지만.

(2021년 1월 3일)

신문新聞, 구문舊聞으로 읽기

"오늘은 며칠 치 살았지?" 내가 앉아서 신문을 뒤적이며 하는 소리다.

처음 선생이 되고, 첫 학과 회의를 할 때였다. 그날은 시간표 조정 회의여서 외부 식당에서 회의를 했다. 교수들이 함께 퇴근 버스를 타고 대구 시내 유신학원 앞에서 줄줄이 내렸다. 그리고 예약된 음식점으로 들어갔다. 자리를 잡자마자 선배 교수들은 식당에 있는 신문을 집어 들더니, 제목만 훑어보고는 내려놓는 것이었다. 나는 그렇게 하지를 못한다. 나는 신문을 광고까지 다 읽는다. 신문을 거의 교과서 공부하듯 살살이 읽고, 또 필요한 기사는 스크랩하고, 메모하는 스타일이다. 역사학을 시작하면서, 신문을 기록으로서 뒤지는 훈련을 받아왔다.

그런데 문제는 하루에 들어오는 신문을 늘 이렇게 처리할 시간이 나지 않는 점이다. 보통 신문을 꼼꼼히 읽으려면 중앙지는 두 시간, 지방

지도 한 시간 이상은 족히 걸린다. 게다가 신문은 필요할 때 사서 보는 것이 아니라 일정 기간을 단위로 구독한다. 일단 구독을 하면 신문이 배달되고, 그날그날 처리하지 못하면 쌓인다. 출장이라도 다녀오면, 현관에 신문이 수북하다. 더욱이 일간지를 두 개쯤, 주간지를 두 개쯤 구독해 놓으면 그 양은 엄청나다.

그런 와중에 논문 작업이라도 들어가게 되면, 신문이 배달될 때의 접힌 대로 책상 위, 방바닥 등 여기저기에 뒹군다. 집에서 나설 때 발에 걸리는 신문을 보고는, "예수님, 저 오늘 죽으면 안 돼요. 누가 이 방을 열어보면 제 명예에 관한 문제잖아요. 저는 오늘 꼭 들어와서 저것들을 치워야만 돼요. 아시지요?"라고 중얼거리곤 한다.

산처럼 쌓이는 신문을 보면서, 누가 스크랩이라도 해주면 신문을 빨리 처리할 수도 있겠다는 생각도 했다. 어느 날 동료 교수들에게 배우자가 신문 스크랩은 하실 터이니, 신문 처리가 쉽겠다고 했다. 그랬더니, 관심이 각각 다르기 때문에 어차피 신문에서 자료 찾는 것은 본인이 해야 한다는 답이 돌아왔다.

이쯤 되니, 신문을 묵혀서 구문舊聞으로 만들어서 읽는 날이 수두룩하다. 신문을 한꺼번에 모아서 읽다 보면, 색다른 재미도 있다. 즉 그 신문이 예단해 놓은 사실이 맞느냐의 여부가 드러난다. 또 사회의 일상도 수없이 반복되고 있음도 알 수 있다. 심지어는 논설조차 재생되고 있다. 물론, 각 신문의 성격도 한눈에 짚인다. 중앙지와 지방지의 차이도 드러난다.

그런데, 나이가 들면서 신문을 구문으로 읽는 것이 현명한지를 자문하게 된다. 신문의 기능은 새로운 정보 전달이다. 신문은 수명이 짧은 물건이다. 그 하루살이를 오랫동안 가지고 끙끙거리는 것, 쌓아두는 것은 정보가 되지 않는다. 또한 신문은 종합적인 내용을 다룬다. 신문을 통해 시야가 넓어지기도 하지만, 필요한 것을 선별해서 읽는 훈련이 필요하다.

생각이 여기에 이르자, 신문을 제목만 보고 버리기로 마음먹었다. 그 '선배 교수들' 나이보다 훨씬 지나서야 결심했지만. 신문을 버리면 아마도 아파트 한쪽 벽은 족히 벌겠지라는 기대도 일었다. 이후부터 틈나는 대로 앉아서 모든 신문을 꺼내서 책상 위에 올려놨다. 심지어 대중교통을 이용하는 때도 그 시간을 이용하기 위해 신문을 들고 나가기도 했다. 보고 버리고 가뿐한 손으로 돌아오자.

어느 날 제자가 용인미술관의 불화 특별전에 초대했다. 기차표까지 끊어서 보내왔다. 미술관에 가는 날, 나는 기차에서 제목만이라도 읽고 버리자고 신문을 한 뭉텅이 들고 나섰다. 그런데 신문의 무게도 만만치 않았다. 더구나 신문은 펼치면 크기가 상당히 커져서 기차에서 옆자리 앉은 사람에게 번거로움을 끼치기도 한다. 버스럭거리는 소리는 왜 그렇게 큰지……. 어쨌든 신문을 버리려고 보니 읽을 것도 상당히 많았다. 결국 몇 장밖에 해결하지 못했다. 용인에 도착했을 때 가방을 받아든 제자는 무얼 이렇게 들고 오셨냐고 물었다. 그리고 내가 귀가하려고 할 때 제자 부부는 신문 더미가 무거워 보였는지, "교수님, 우리도 신문 좋아해요. 놓고 가세요"라고 했다. "아니야 제목이라도 보고 버려야 돼"라고 하면서 굳이 가지고 왔다.

날짜 지난 신문들을 들고 나를 다시 본다. 버린다는 결심을 한 이후에도 속도를 내지 못하는 이유를 내가 신문을 중요 자료로 활용하기 때문이라고 한다면 그것은 핑계이다. 그건 내 습관에서 오는 것 같다. 나는 물건을 버리지 못하는 편이다. 그리고 새것을 잃는 것보다 누구한테 받은 물건이나 추억이 얽힌 것을 잃어버리면 훨씬 더 억울해한다. 추억은 그 물건에 묻어있는 것이 아니고, 마음속이나 머릿속에 있을 텐데도 너무 물건에 붙여서 생각하는 모양이다. 그러다 보니, 동료들이 오래된 프로그램이나 리플릿 등을 내가 가지고 있느냐고 묻기도 했고, 또 여러 경우 내가 그것을 내놓기도 했다.

보다 정확히 들어가면 욕심이 많은 것이고, 그 욕심은 무엇보다도 아직도 버릴 기준이 확고하지 않은 데서 기인하는 것 같다. 꼭 결정 장애를 안고 있는 것처럼 판단을 미룬다는 말이다. 아직도 이렇게 많은 면에 미련이 있는가를 자문自問하면서 구문舊聞이 된 신문의 숲에서 내 인생에 꼭 필요한 것들이 무엇인지를 묻는다.

'순간적 판단'이 명확한 어느 어른이 내게 이야기했었다. 그분은 문제가 생기면, 그것이 하루에 해결할 수 있는 일인지 며칠 걸릴 것인지, 혹은 아예 해결할 수 없는 일인가를 나누어서 먼저 할 것, 나중 할 것을 정한다고 했다. 그리고 오래 힘들여도 안될 것은 처음부터 포기한다고 했다. 이 순간적 판단은 그분의 오래된 내공의 힘이리라. 반면에 나는 하루의 한계, 내 힘의 한계를 인정하지 못하고 있다는 말일 것이다.

묵은 신문을 이삼일 치씩 처리하면서 내 인생의 방향을 다진다. 버려야 채워진다고 하던데, 버릴 때 사람은 새로운 기준을 확보하나 보다.

그 기준에 의해 새것이 채워지고……. 한편, 버리다 보면 훈련도 되는 것 같다. 또 보려고 오려 두었던 조각이 다음번에 보면 버릴 수 있게 되니까. 그런데 나에게 다음번이 그렇게 많지 않다는 생각도 해야 한다. "오늘은 나에게, 내일은 너에게"라는 구절은 남산동의 성직자 묘지 입구에 있다. 로마의 공동묘지에도 그렇게 쓰였다고 한다. 예전에는 오늘을 산다고 하면 하루살이같이 보였고, 내일을 위해 오늘을 저축하는 것이 현명하다고 여겼었다. 오래 준비할수록 더 성실한 것 같았다. 그러나 나이 칠십, 이제 나도 과거를 현재로 살기나 현재에서 과거로 살기를 멈추어야 한다. 오늘 일은 오늘 끝내야 한다. 그렇게 하느님 앞에 가져갈 것만을 선택해야 하는 시간이 되어간다.

《에세이문예》 2024년(통권 80호)

2
사회 / 문화

그들이 인생을 즐기며 사는 방법을 찾는 일이 아직 남아 있는 내 일인 것 같다.
내가 내 세대에 지기 시작하는 빚을 갚는 일일 것 같다. 올해는 인간이 행복해지는
조건이 무엇일까를 다른 해보다 훨씬 더 많이 생각했다.

40년 만의 답장

나는 오늘 옛날 편지를 읽었다. 43년 전, 내가 중학교 1학년 때 받은 편지들이다. 셋방을 살던 우리는 여러 번 이사를 했다. 또 유학 갈 때는 내가 쓰던 방을 그냥 두고 갔기 때문에 내 짐들은 거의 없어졌다. 내 과거는 엄마가 청산했다고 투덜댈 만큼 내 어린 날의 흔적은 거의 없다. 그런데 이 편지들은 용케도 살아남아 있었다. 당시 파월되어 있던 맹호부대 용사에게서 온 편지였다.

2004년 1월 베트남 호찌민시에 학생들을 인솔해서 문화 연수를 갔다. 이보다 앞서 우리 학교는 호찌민시에 있는 대학과 자매결연을 맺었다. 한 해 5명씩 학생들을 교환해서 교육시키기로 했다. 그래서 베트남으로부터 선발된 5명의 학생이 본교에 와서 학업을 수행하고 있었다. 그런데 문제는 우리 쪽에서 그쪽으로 지원하는 학생이 없는 것이었다. 그리하여 이에 대한 대체 프로그램으로 방학 중에 본교 학생 10명을 선발하여 베트남 문화와 역사를 교육시키는 파견교육 프로그램을 시행했다. 나는 우리 대학의 제1회 연수 팀이 떠나면서 인솔교수가 되었다.

처음 호찌민 대학의 총장께 인사하는 자리였다. 내가 영어로 말하면 통역이 그것을 총장께 베트남어로 통역했고, 또 총장의 의견을 내게 영어로 전해주었다. 이 과정은 매우 번다했다. 눈치를 보니 총장의 연세쯤이면 프랑스와 관계있던 시절일 것 같았다. 그래서 나는 총장께 불어를 하시느냐고 물었다. 그랬더니 총장은 반색을 하셨다. 예전, 아주 예전에 쓰던 불어를 할 수 있는 기회가 생겨 반가워하는 듯했다. 베트남 전체 사정은 잘 모르겠으나 호찌민시에서는 서양어로 된 책이나 서양 정보를 얻기가 무척 어려웠다. 그러니까 총장님도 불어 실력을 발휘할 기회가 적었던 모양이다.

나는 프랑스 유학시절에 베트남인들이 한국인을 싫어하는 걸 여러 번 경험했다. 그때서야 나는 베트남을 구하러 '정의의 사도'로 파견된 우리 국군이 명분도 효과도 얻지 못했음을 짐작할 수 있었다. 또 당시는 베트남에 남겨 두고 온 한국인 아이들 문제도 불거지고 있었다. 나는 총장께 정중하게 첫인사를 했다. "과거 한국이 베트남에 끼친 크고 작은 일에 대해 한국민은 많이 생각하고 있습니다."로 시작했다. 마침 베트남·한인협회의 장을 맡고 있던 총장은 내 말에 무척 고마워했다. 이렇게 우리의 베트남 체류가 시작되었다.

우리는 그 대학에서 베트남의 역사, 언어, 습관 등을 강의나 공연을 통해 배웠다. 물론 나도 한국문화와 우리 대학의 역사에 대해 강의했다. 베트남 학생들은 정말로 순수한 데다가 외국에서 온 학생들에 대한 호의가 극진했다. 반면에 우리 학생들은 기세가 등등했다. 또 우리 학생들은 베트남 학생들보다 덩치도 크고 먹는 양도 엄청났다. 보통 베트남 학생들의 3~4인분을 먹어 치웠다. 물론 활동량도 대단했다.

하루는 구찌시에 있는 구찌CU CHI터널을 견학하게 되었다. 호찌민시에서 서북쪽으로 1시간 넘게 가니 깔끔하게 정돈된 숲에 도착했다. 그곳은 군인들이 안내했다. 당시 전투 상황, 생활 등을 소개하고, 차도 한 잔 대접했다. 또 밖에는 전쟁 당시에 사용하던 무기들이 전시되어 있었다.

땅굴의 규모는 어마어마했다. 총연장 250km의 길이로 강까지 연결되어 있다고 했다. 그리고 깊이는 약 30m 이상으로 지하공간은 다시 3층으로 되어 있고 각 층을 연결하는 통로가 있었다. 중요 연결 지점에는 위장 통로와 함정도 있다고 한다. 면적은 1,300㎢에 달하는데, 땅굴 안에는 지휘 본부, 병원, 학교 등 전투 지원 시설과 일반 생활 시설이 갖추어져 지하 요새를 이루고 있었다. 이 땅굴은 일종의 지하도시였다.

그런데 그 터널의 통로 폭이 정말 좁았다. 넓이는 80cm, 높이 80cm라고 한다. 우리는 모두 굴 안으로 들어갔는데, 학생들은 덩치가 좀 컸지만 빠져나올 수가 있었다. 그런데 우리 일행 중에 그래도 통통한 학생이 있었다. 들어가는 입구는 관광객을 위해서 손을 보아 놓았기에 걱정 없이 들어갔지만 통과하는 동안 우리는 그 학생이 통로에 끼일까 봐 정말로 고민했다. 그 학생이 입구로 나왔을 때 우리는 모두 박수를 쳤다. 학생은 땀을 닦으며, 통로는 분명히 자기 몸 체적보다 작았는데, 살아 있는 몸이라 빠져나올 수 있었다고 했다. 그런데 그 학생 뒤를 따라 나오던 다른 학생이 덧붙였다. "제가 더 죽을 뻔했어요. 앞에서 전혀 틈이 없는 몸으로 막고 있으니, 깜깜하고 덥고 아무것도 보이지는 않고 또 막히면 어쩌나 하고 얼마나 걱정했는지 몰라요."

구찌터널은 체형이 작은 베트남 사람에게만 이동이 허락된 곳이다. 이곳은 한국인도 꽉 낄 수가 있었다. 그러니 미국인들은 그 입구를 발견했다 하더라도 들어갈 수 없는 터널이었다. 터널은 지상에서 3~4m의 두께를 유지해 50톤 탱크가 그 위를 지나가거나, 웬만한 폭격에도 견디도록 되어 있다고 했다. 거기다가 터널 입구는 잎과 흙으로 교묘하게 위장이 되어 현지민이나 베트콩이 아니고서는 도저히 찾을 수 없었다고 한다. 이 터널을 보니, 내가 찬성하는 일은 결코 아니지만, 미국인이 밀림 속에서 고엽제를 들고 설친 이유를 짐작하게 한다.

베트남은 20세기 들어와 프랑스, 미국, 중국 등의 대국을 차례로 이겨낸 아시아의 강인한 국가이다. 이들 각각을 1차, 2차, 3차 인도차이나 전쟁이라고 한다. 전투에서 땅굴은 큰 역할을 했다. 베트남인들은 1차 인도차이나 전쟁 때인 1948~1954년 사이 프랑스인에 대항하기 위해 48km의 땅굴을 만들었다. 그 후 1960년대 2차 인도차이나 전쟁이라고 불리는 베트남 남북 통일 전쟁 때 당시 사이공(현재 호찌민시)을 공격하기 위해 200km를 더 팠다고 한다. 3차 인도차이나 전쟁은 중국을 상대로 북쪽 국경에서 비교적 단기간 진행되었던 전투였기 때문에 터널 파기 작업은 당시 좀 정지되었을 것이다.

구찌터널에서 나오면서 나는 이름만 기억하는 맹호부대 용사를 생각했다. 중학교 1학년 때 학급에서 위문편지를 쓰게 되었다. 아마 국군의 날 행사였던 것 같다. 그것이 월남에 도착했고 한 병사에게 내 편지와 내 친구의 편지가 배당되었는가 보다. 그 사람은 우리 둘에게 다 답장을 했다. 여학교에서는 일반적으로 장병에게서 답장이 오면 학생들 개인에게 주지 않는 편인데, 우리가 너무 어려서였는지 선생님은 우리에게 편지를 주셨다. 어린 마음에 편지를 받은 나는 자랑스럽기도 하고 호기심도 나서 답장을 했다.

그 뒤로 우리 집으로 연일 편지가 왔다. 아마 내 친구보다 내게 더 편지가 자주 왔었나 보다. 친구들은 그 사람이 나를 좋아한다고 놀리기 시작했고, 나는 정말 창피하고 싫었다. 중학교 1학년 한 학기가 그렇게 지나갔다. 어느 날 며칠 후면 제대하는데 귀국하면 찾아가도 좋으냐고 물어 왔다. 나는 싫다고 했다. 그 뒤로 편지는 멈췄다.

구찌터널을 보면서 당시 전쟁 상황을 짐작하게 되었다. 물론 그 사람이 구찌터널 근처에 있었는지의 여부는 모른다. 그러나 갑자기 그 사람이 제대를 기다리는 그 며칠 사이에 죽었을 수도 있었겠다는 생각이 들었다. 그보다도 그는 내게 편지 쓴 것이 아니고 자신의 존재 확인을 위해서 편지를 썼다는 점을 아프도록 깨닫게 되었다. 중학교 1학년 학생에게 스스로 외롭지 않으려고 쓴 편지, 내가 그냥 받고만 있었어도 도움이 되었을 텐데.

결과적으로 우리의 베트남 방문은 성공적이라는 평가가 나왔다. 우선 총장의 배려가 극진했다. 마지막 날 우리 일행은 총장 만찬에 초대되었다. 그리고 이튿날 우리는 비행기를 타기 전에 총장과 학과 교수들, 관계자들을 베트남 식당에 정식으로 초빙했다. 베트남 식당에 예약을 했던 나는 베트남인들에 대한 정성의 표시로 베트남 전통복인 아오자이를 입고 나갔다. 모두들 정말로 기뻐했다.

나는 이렇게 그 맹호부대 용사에 대한 답장을 보내고 있다. 내가 답장을 안 해서이겠지만, 그의 편지는 거의 매일 같은 내용으로 소나기처럼 퍼부어졌었다. 그가 내게 우정으로 남긴 선물이 있다면, 그것은 혼자 일방적으로는 대화가 되지 않는다는 깨우침이었다.

난 베트남 방문 이후 베트남 관계 일을 할 때면 '정성'이라는 마음을 얹어 40년 만의 답장을 대신하고 있다. 그가 무사히 돌아와서 잘 살고 있기를 바라는 마음과 함께, 200만 명에 이르는 당시 전쟁으로 인해 죽은 이들과 부상당한 사람들, 그리고 마음의 고통을 당하는 사람들 모두에게도 함께 밀린 나의 우정을 보내고 있다.

제12회 에세이문예작가상 수상
《에세이문예》 2011년 가을호

옷 입는 원숭이

　울지 않을 수 없는 새벽이었다. 컴퓨터를 켰는데, 홈페이지로 설정해 놓은 곳에 뉴스 사진이 한 장 보였다. 막대기로 공을 받쳐 놓은 것 같아 그냥 지나치려다가 흠칫했다. 한 어린이가 누워 있는데, 팔다리는 작대기같이 세워져 있고, 배와 등가죽은 땅에 붙어 있고, 그나마 땅에 붙을 수 없는 가슴뼈 부분만 불룩 솟아 있는 사진이었다. 그 가슴뼈 부분을 공인 줄 알았던 것이다. 그 밑에는 이렇게 쓰여 있었다. "당신들은 이 어린이가 손발을 꿈쩍일 수 있으니 살아 있는 거라고 믿으십니까?"

　거의 20년 전 「매일춘추」에 「소말리아와 에티오피아」를 쓴 적이 있다. 당시 우리나라에서는 이들을 위한 성금을 걷고 있었다. 그 글 마지막 구절에 나는 이렇게 썼었다. "소말리아여, 관심이 집중되었을 이때 빨리 딛고 일어서야 한다. 사람들은 인류애란 이름으로 참 짧은 관심만 보이고 말 수도 있다." 그런데 그 상황이 아직도 계속되고 있다.

최근에 어떤 신문 광고에, 서울에 있는 한 수녀원에는 26명의 수녀들이 한 달 50만 원으로 생활하고 있는데, 그 수녀원 성당에 비가 새니 도와주자는 글이 나왔다. 여기서 그 광고 본래 취지만큼이나 주목되는 일은 26명의 한 달 생활비 액수이다. 수녀원이니 먹는 것은 농사지어서 해결한다고 하더라도 1인당 한 달에 2만 원을 가지고 사는 셈이다. 거의 불가사의에 가까운 숫자의 생활비이다.

아마도 이런 일이 가능한 까닭은 수도원에서 물건을 공유하고 나누기 때문일 것이다. 그처럼 내 것을 각각 보존하지 않고 자신이 쓰지 않는 동안 타인이 쓰도록 한다면 인류에게 지금처럼 많은 물건이 필요하지는 않을 것이다. 동물 중 유일하게 옷 입는 동물인 인류가 장 안에 보관해 둔 옷을 함께 나누어 입을 수 있다면 그렇게 큰 장도, 그렇게 큰 집도 필요하지 않을지도 모른다.

사람들은 영리해서 아직 오지 않은 미래를 위해 저축할 줄 안다. 자기가 당장 써야 하는 물건 외에도 언젠가 필요할지도 모르는 것까지 저장한다. 게다가 정착을 시작하면서부터 사람은 자신의 힘으로 들고 다니라면 다 버려야 할 것도 모아 둘 줄 알게 되었다. 더욱이 신용 화폐나 냉장고 등 저장 기술은 매번 발전하고 있다. 그러므로 인간은 아무리 가난하다고 해도 자신의 소유물이 스스로 지고 다닐 만큼보다는 훨씬 많게 되었다.

생태계는 너무나 오묘해서 각종 생물에게 조화를 유지할 만큼만 번식하여 그 균형을 유지하는 능력을 주었다. 그런데 인간은 이 제한점을 극복해 버렸다. 그래서 사람은 자연법칙을 어기어 균형을 깨뜨리는 일을 늘 깊이 생각하지 않을 수 없게 되었다. 편리함을 누리면 누릴수록 그만큼 깊이 반성해야만 한다. 만약 냉장고가 없다면 찌개 끓인 것이 남았을 때 옆집 사람을 주기는 훨씬 쉬울 것이다. 또 준 것은 언제 어디서든 돌아온다. 수박을 주면 그것이 삶은 감자가 되어 우정을 담아 되돌아온다. 지금 내가 저장해 두려고 하는 바로 그 물건으로 다른 사람을 행복하게 할 수 있고, 또 죽는 이를 살릴 수도 있다.

명절은 나눔의 기회이다. 조상과 나누고 형제 친척과 나눈다. 또 수확을 나누고, 마음을 나눈다. 그런데 우리의 나눔은 내 형제와 부모에만 머무를 수 없다. 요즈음은 인류가 하나의 세계로 연결되므로 나눔의 범위도 점차 넓어진다. 인류의 문명이 발달해 가는 증좌證左이다.

달은 한 번 뜨면 천 개의 강을 비춰준다. 우리 조상은 이 진리를 이미 15세기에 「월인천강지곡」으로 노래했다. 오늘의 달도 천강千江을 비춰주니 8월 한가위에 보름달이 비추는 모든 곳은 우리의 범주이다. 그들은 직접 눈에 보이지 않아도 달을 통해서 서로 닿는 친구이다. 내가 지금 쌓아두는 '바로 그것'을 필요로 하는 사람들과 전부 나눈다 해도 우리는 겨우 본래의 자연 조화를 지키는 수준이 된 것이리라. 접시 위에 남는 떡에 내 이웃의 얼굴이 새겨지는 한가위면 더더욱 좋겠다.

〈매일신문〉 문화칼럼(2011년 9월 11일)

우리 안의 아프리카

지난 7월 7일 한밤중에 평창이 불려졌다. 평창은 대한민국의 산속에 있는 도시이다. 인구 5만의 작은 도시가 동계 올림픽을 유치한다는 소식이었다. 그것도 눈이라고는 오지 않는 남아프리카 연방의 더반에서 날아온 낭보였다. 평창이 선정된 일은 자연적 현상이 아니라, 여러 사람들이 노력하여 얻어낸 인위적 결과였다. 이런 인위적인 노력을 들여야 할 일이 또 있다. 평창올림픽은 새로운 지평을 연다는 명분을 앞세워 세계를 설득했다. 아시아에서 동계 스포츠의 활성화라는 지평, 분단국에서 평화의 지평을 연다는 이유였다. 여기에 문화적으로 소원한 지역끼리 연결하는 가교가 되는 것도 평창이 할 일이다. 평창 동계 올림픽은 특히 한국 사회가 아프리카를 향해 문을 여는 계기가 되어야 한다.

우리는 아프리카를 슬픈 대륙, 검은 대륙으로만 기억하고 있지 않은지 모르겠다. 아프리카는 그렇게 간단한 나라가 아니다. 아프리카는 그

더운 날씨만큼이나 큰 정열로 모든 자연과 역사와 문화를 융합해 낸 용광로이다. 아프리카 본토 문화 위에 아랍, 유럽 그리고 아시아 문화가 함께 어울려 있는 곳이다. 아프리카는 아시아 다음으로 면적이 넓고 인구가 많은 대륙이다. 그 땅은 남북한의 143배나 되고, 54개의 국가가 있으며, 10억 명이 살고 있다. 아프리카는 현생 인류의 발상지이다.

한편, 7세기에서 20세기에 이르기까지 아프리카 대륙에서 저질러졌던 노예 무역은 인류 전체가 이 대륙에 갚아야 할 역사적 부채를 남겨 주었다. 유럽인들은 아메리카 대륙 발견 이후 19세기까지 약 1천만 명을 노예로 삼기 위해 약탈해 갔다. 이후는 식민주의의 '아프리카 쟁탈전'으로 이어졌다. 아프리카는 제2차 세계대전 이후 독립하기 시작했다. 그러나 오랜 외세에서 새로 시작하는 일은 험난했다. 착취와 식민지 지배를 오래도록 강요당했던 그곳에는 질병과 가난, 문맹에 고생하는 사람들이 많다. 사회는 불안하여 1960년대에서 1980년대까지 70번 이상의 쿠데타가 일어났고, 13명의 대통령이 암살당했다.

그러나 아프리카는 이제 새로 일어서고 있다. 프랑스어를 사용하면서 차드로 선교하러 간 친구는 요즈음 아프리카에서 사람들이 점점 자신들의 고유언어를 쓰기 때문에 언어를 다시 배워야 한다고 고민했다. 아프리카에서 쓰이고 있는 언어는 유럽어 외에 줄잡아 400개 이상 된다. 그 다양함이 일어서고 있다.

이집트에서 시민혁명이 시작되던 날 나는 운 좋게도 그곳 카이로에 있었다. 헌법재판소 앞에 100여 명 되는 시위대가 종이에 '무바락 물러

가라'고 쓴 판자를 한 개 들고 있었다. 시위만 하면 온갖 피켓이 등장하는 데 익숙해진 나는, 그들의 조용한 외침이 놀라웠고, 성공할 수 있을까를 의심했다. 귀국 후 매체에 보이는 그들의 시위는 역시 맨손을 하늘에 치켜들고 행하는 외침이었다. 그냥 맨손뿐이어서 잡아주어야 할 것 같았던 손들이었다. 일어서려 할 때가 진정으로 친구가 필요한 순간일지 모른다. 더구나 남아프리카 공화국과 에티오피아는 6·25전쟁 당시 한국을 도우러 왔었다.

우리나라 학계에서는 전공을 하는 교수가 있어야 그 분야의 대학원생을 미래의 연구자로 받는다. 그러므로 학계에서 아프리카 지평을 열기는 더 더딜 수 있다. 그러나 스포츠라면 학계보다 빨리 움직일 수 있다. 올림픽위원회가 열리던 기간 동안 김연아 선수가 아프리카 스케이터들에게 스케이트 타는 법을 코치하던 일은 몇 장의 서류와는 비교할 수 없는 종합적 외교였다. 우리 안에 있는 흑인에 대한 편견, 아프리카에 대한 편견을 벗어버리는 시작이었다.

우리 공항에 케이프타운, 카이로, 카사블랑카, 라고스 등 아프리카 도시들의 시각이 나타날 수 있기 바란다. 그 먼 데서 온 아프리카와 인연이 있는 사람들이 따뜻한 고향의 감정을 느낄 수 있도록 배려해야 한다. 가끔은 뉴스에 아프리카 소식도 전해지는 것은 우리 자신이 풍부해지는 길이다.

〈매일신문〉 문화칼럼(2011년 7월 15일)

잃어버린 우리 입맛 찾기
―동물은 양념을 하지 않는다

우리 시대에 200~300개의 수저를 가지고 있으며, 400년 남짓 된 집을 쓸고 닦으며 사는 사람들이 있다. 변화의 세상에서 전통을 이고 있는 종부들이다. 노종부가 자신이 죽기 전에 상주들이 입을 상복을 지어서 각자 이름을 써놓았더라는 배려의 삶을 살고 있는 이들이다. 그런데 요사이 종부들이 '종가 음식' 문화를 나누기 위해 나섰다. 또 경제적으로 예전 양반들의 삶을 누릴 만큼 성장한 시민들도 이에 대한 호응이 뜨겁다.

우리의 음식 맛은 지난 100년간 크게 변했다. 우리는 우리 양념과 식재료 자체가 가진 우리의 맛을 버려왔다. 우리 혀에 대한 일제의 침략이 시작이었다. 1908년 일본인의 맛을 연구하던 이케다 박사가 흰 가루인 화학조미료 '아지노모도'를 만들어내었다. 이것은 재료의 씁쓸한 맛을 눅이고, 달큰하게 입맛을 당겨주었다. 그 후 화학조미료는 식민지를 비롯한 전 세계의 입맛을 공략했다.

아지노모도는 1909년 5월, 한국에 들어왔다. 초기에는 전단지를 돌리고, 시골 마을마다 요란한 마술, 춤, 노래 등을 공연하면서 팔았다. 견본 병 2전, 시용 병 5전, 본제품 10전이었다. 이어 엄청난 물량의 광고 공세로 몰아붙였다. 여기에는 근사한 만화나 최승희와 같은 당대 최고의 예술인이 동원되었다. 왕가나 개명된 인사들도 이를 사용한다고 세뇌시켰다. '치는 시간은 잠깐이고 차나 된장국, 조림요리, 간장, 식초 등 어디라도 조금만 넣으면 맛도 있고 건강해져 효율적이고 합리적'이라고 선전했다. 지금이라면 허위 광고로 고소될 판이었다.

아지노모도는 적은 비용과 적은 노력을 들여 음식을 만들려고 하는 식당에서 대환영이었다. 주로 국수, 냉면 등 국물을 만드는 집부터 점령당했다. 차츰 일반 가정까지 침투하게 되었으며, 광고 문안대로 안 들어가는 음식이 없게 되었다. 각 가정의 고유한 맛들이 사라지고, 차이 없는 음식이 만들어졌다. 그러면서 아지노모도는 각 음식의 기본인 김치, 고추장, 된장, 간장을 다 사 먹어도 아쉽지 않은 세상을 배양시켰다. 우리는 이렇게 고유한 입맛을 빼앗겨 갔다.

해방 이후 국산품 애용을 부르짖는 정부가 아지노모도의 수입을 금지하자, '미원'과 '미풍'을 만들면서 우리 스스로가 그 맛을 이어나갔다. 천연 재료를 섞었다는 다시다가 나온 때는 1975년이다. 천연조미료가 2008년에 등장했으니, 실로 화학조미료의 100년 대행진이었다. 그러나 세상은 이미 천연조미료라도 조미료를 놓치지 못하는 세상이 되었다.

갑상선암의 치료 중에 고성능 방사능 치료 단계가 있다. 이 치료과정

동안 환자는 요오드가 들어있는 모든 음식을 제한받는다. 소금에 요오드가 들어 있기 때문에 기존 양념을 이용할 수 없다. 짠맛은 무無요오드 소금으로 낼 수 있으나, 조미료는 거의 사용할 수 없다. 처음에는 생야채 앞에서 토끼가 된 기분이 든다. 묘한 것은 일주일쯤 지나면서부터 식재료 자체의 맛을 알게 된다. 맨밥이 고소하고, 배추가 달다. 즉 그동안 조미료에 익숙해 왔던 혀를 건지게 된다. 이때쯤 되면 오히려 신체 컨디션이 나아진다. 확실히 혈압은 떨어지고, 체중이 준다. 조미료가 없는 담백함이 우리의 순수를 회복해준다.

본래 동물은 양념을 하지 않는다. 양념은 각 민족 문화와 환경의 결정이다. 따라서 우리 땅에서 오랜 체험을 겪으면서 이루어 온 우리 음식을 찾아 먹는 것이 우리에게 맞다. 게다가 최상의 질로, 절제와 여유, 품격과 정성을 담은 음식은 우리의 건강을 구할 것이다. 95세 된 노종부가 우리를 구할지도 모른다.

최근 런던에서 OECD 17개국을 상대로 일일 식사 시간을 조사했다. 17개국 중 한국을 포함한 10개국의 하루 식사 시간이 1시간 미만이었다. 이들 나라가 이번 경제 위기를 맞이하여 경제 발전 속도가 떨어졌다는 보고이다. 부지런히 일하기 위해 먹는 데 드는 시간까지 아낀다는 말은 아직도 튼튼한 경제 기반이 아니었다는 말이었나 보다. 밥을 오래 먹으면 경제가 발전한다는 이야기는 아니겠지만, 건강과 문화를 곁들인 식사를 해야 한다는 말이지 않을까?

이제 식민지 잔재, 상업성으로부터 우리 음식을 되찾아와야 한다. 일제가 우리의 혀를 강탈하기 위해 노력한 만큼, 아니 그보다 몇 배 더 우리의 혀를 찾기 위해 노력해야 할 것이다. 대구 경북에만도 아직 130여 종가가 있다.

〈매일신문〉 문화칼럼(2009년 9월 17일)

요리하는 남자

　유교는 각자의 위치를 익히고 배우며, 위치에 따른 책임과 역할을 정해주고 있다. 그러나 그리스도교 문화는 능력을 위주로 책임과 역할을 규정하고 있다. 유교 질서는 상하 역할을 규정하는 수직적 질서를 가지고 있다. 반면에 그리스도교 문화는 수평적 질서를 지키고 있다.

　한국은 전통적으로 유교 질서를 가진 나라였다. 그러나 근대라는 이름으로 시작된 문명은 그리스도교에 바탕을 둔 질서이다. 즉 한국인은 현재 이 두 서로 다른 체계가 만나는 교차점에 살고 있다. 그리고 상호 다른 두 철학을 조화시키며, 이를 재편집해서 균형을 잡아가야 하는 위치에 살고 있다.

　이러한 사회에서 한층 더 슬퍼지는 사람들은 유교 사회에서 상층에 분류되었던 사람들일 수 있다. 임금, 어른, 스승, 남자, 형님과 같은 사람들이다. 예전에는 그들에게 기회를 부여하고 책임을 물었다. 그런데 현재는 그들에게 더 특별히 기회를 주지는 않는다. 그러면서도 그들은 아직 감정적으로 각각 신하나 어린이, 제자, 여자, 동생보다는 나아야 한다는 기존의 개념에 시달릴 수 있기 때문이다.

동료 중에 기러기 아빠가 있다. 그는 혼자 몇 년을 살다 보니, 어느 날 영양실조가 왔단다. 그래서 하루는 큰 결심을 하고 음식을 해 먹으려고 장을 보러 갔었다.

그러나 자신이 살 수 있는 것은 라면과 두부, 달걀 정도였고 다른 것은 거저 준다 해도 어떻게 하는지 알 수가 없었다. 그는 할 수 없이 그날 요리책을 샀다. 그리고 책을 보면서 요리를 하기 시작했다. 그는 요리를 해보고 맛있으면 동료들을 불러서 같이 나누어 먹기 시작했다. 몇 년이 지나자 생감자를 보아도 그 맛을 짐작할 수 있게 되었다.

드디어 어느 날, 음식이라면 자신이 있다는 생각이 들었다. 그러자 갑자기 생활이 자유롭다는 느낌이 들었다. 자신이 먹는 것을 스스로 할 줄 알게 되자 편안함이 오더란다.

전통적으로 남성들이 요리서와 가까웠던 사실을 상기하면, 그 남성들이 좀 더 편하게 요리하는 일을 받아들일 수 있을까?

사실, 현존하는 가장 오래된 조리서는 1459년 무렵 전순의全循義가 편찬한 『산가요록山家要錄』이다. 전순의는 의관이었는데, 의관 노중례와 함께 한의학의 3대 저술 중의 하나인 『의방유취』를 공동 편찬했으며 세조의 명에 의해 『식료찬요食療纂要』라는 의서를 지었다. 즉 그는 의사이며 식품 연구자였다. 또한 김유 부자는 『수운잡방』(1540년)을 썼고 허균도

『도문대작屠門大嚼』(1611년)을 집필했다.

  한류를 일으킨 연속극 「대장금」에서와는 달리, 궁중의 요리도 대부분 남자들이 담당했다. 이 때문에 17세기 후반기에나 나온 『음식디미방』(1670년경)은 여성이 쓴 요리서로서 가장 오래된 책이다. 하긴, 장 보는 일도 전통적으로 남성이 했었기 때문에 장에 가면 얼레빗을 사다 달라는 아낙의 응석도 가능했다. 그러다가 언젠가부터 그런 풍속이 변해버렸다.

  요즈음은 남학생들도 학교에서 음식 만드는 법을 배운다. 더욱이 현재는 식재료를 거의 만들어 마지막 조리만 하면 되도록 파는 경우도 많다. 이러다 보니, 남성은 음식을 하지 않아야 한다는 말은 곧 전설이 될지 모른다.

  시대가 변하다 보면 어느 기간은 특별한 계층에 더욱 힘든 때가 있다. 한국의 경제가 급속도로 발전하면서 남자들의 가사노동에 대한 입장은 이 특별한 경우에 속하게 되었다. 사회는 특수한 시기를 겪는 이들이 시대의 산물을 감당하는 데 대한 배려가 있어야 할지 모른다.

  남성이든 여성이든 자신이 먹고사는 데 필요한 일을 할 줄 아는 것은 자유를 찾는 일이다. 이제 민주라는 이름으로 기본적인 일은 스스로 해결해야 하는 시간이 왔다. 그것은 자유를 위한 투쟁의 하나일 뿐이다. 요리하는 남자에게는 또 다른 자유가 있음이 틀림없다.

〈매일신문〉 문화칼럼(2011년 10월 7일)

한국인의 셈법

각 사회는 저마다 셈하는 법이 있다. 그것을 잘 읽고 해결하는 사람이 사회생활을 잘하게 된다. 그런데 한국인 사회의 셈법은 융통성과 시간성이라는 특징이 있다.

1874년 프랑스의 달레 신부가 한국을 소개하는 단행본 책을 펴냈다. 『한국천주교회사Histoire de l'Eglise de Corée』라고 하는 이 책은 서슬 퍼런 조선왕조에서 숨어 숨어 조선 사람들과 신앙을 나누었던 프랑스 선교사들의 보고서를 바탕으로 하여 쓰여졌다. 이곳에 "조선인들은 소유권을 보호하고 도둑질을 금하는 도덕률을 거의 모르고 더구나 존중을 하지 않는다"라는 구절이 있다. 참으로 맹랑한 소리이다.

그런데 이 말을 곱씹다 보면 소유 개념에 대한 양국 문화의 차이에 무릎을 치게 된다. 한국인은 커다란 재산은 엄격히 지키지만 작은 물건에 있어서는 융통성이 있다. 우리에게는 '서리'라는 행위가 있었다. 참외나

수박을 주인 몰래 한두 개 훔쳐서 친구들끼리 나누어 먹는 장난 비슷한 놀이(?)였다. 들키면 주인에게 야단맞고 물어 주어야 하지만 그렇다고 한국인들에게 도둑질을 했다는 죄책감이 남는 행위는 아니었다. 가령 어느 부인이 된장국을 끓이다가 자기 집 쪽으로 열린 호박을 하나 따서 국 속에 넣었다 하자. 그때 그 호박 주인이 그것을 파출소에 고발했다면 순경도 두 분이 서로 잘 해결하라고 하고 넘어갈 것이다. 물론 호박 주인은 동네에서 별로 좋은 소리를 못 듣게 된다.

그렇지만, 프랑스인들에게는 이 행위는 엄연히 도둑질이다. 개화기 이후 선교사들이 가꾸던 포도를 서리하러 들어갔다가 서양인 선교사에게 얼마나 혼났는지는 아직도 신자들 사이에 회자되고 있다. '도둑질을 하여 지옥에 떨어질 신자'들을 보고 그 푸른 눈을 껌벅이며 안타까워했을 신부들의 모습이 눈에 선하다.

가까운 일본도 우리와는 다르다. 일본인 가게에서 성실해서 주인의 신임을 얻은 한국인 아르바이트생이 있었다. 이 학생이 하루는 배달 일이 많이 밀려서 주인의 자전거를 이용하여 일을 잘 끝냈다. 저녁에 돌아온 주인은 남의 물건을 함부로 이용했다고 하여 그를 해고시켰다고 한다.

한국인의 계산에는 이런 융통성만 있는 것은 아니다. 이 융통성과 함께 한국인 나름, 정확한 계산법이 있다. 과거와 미래를 합친 계산이다. 지금은 덜하지만, 식당 계산대 앞에서 서로 지불하겠다고 밀치는 모습은 흔한 광경이었다. 이 현상을 돈을 냄으로써 자기를 과시하고 타자들 위에 군림하려는 속성이라고 해석하는 이도 있다.

그러나 여기서 기억해야 할 점은 한국인은 현재만을 계산하지 않는다는 사실이다. 지금 내가 내면 네가 다음에 낸다는 약속이 암묵적으로 이루어진다. 그래서 때로는 밥을 실컷 먹었는데도 다음을 기다리기 힘든 성급한 사람이 2차 자리를 마련한다. 다른 이가 3차 술자리까지 만들기도 한다.

우리 사회는 어림셈하여 자신이 낼 차례를 지켜야 한다. 이것을 못하는 사람은 '얌체'라는 소리를 들을 뿐 아니라 모임에서 제외되기 시작한다. 현재의 계산에 충실한 외국인들은 부득부득 자신이 계산하겠다는 한국인에게 몇 번 얻어먹게 되지만, 그 기회가 줄어들 것은 뻔하다. 축의금이나 조의금을 기록해 두었다가 그에 상응하는 대략의 양을 돌려주어야 하는 것은 한국의 중요한 사회적 코드이다.

한국인은 계산을 정확히 잘하는 사람들이다. 한국식 계산에서는 아주 적은 양은 융통성 있게 양보하거나 찾지 않는다. 그리고 우리의 셈법은 과거, 현재, 미래를 같이 놓고 계산한다.

외국인들이, 한국인들은 곧잘 길에서나 국회의사당에서나 곧 최악으로 치달을 만큼 격렬하면서도 또 언제 그랬냐는 듯이 잘 굴러가는 요인이 무엇이냐고 물었다. 한국인의 셈법에 있는 융통성과 시간성이 우리를 엮어간다고 답하고 싶었다.

그러나 이제는 우리가 다른 문화와 접하고 있으며, 우리 사회 안에서도 다른 문화 영향이 더 큰 한국인들이 함께 살고 있다. 한국 문화의 기본을 잘 알리고, 타 문화와의 차이점을 잘 진단해야 할 때가 이미 다가와 있다.

〈매일신문〉 문화칼럼(2009년 8월 14일)

파리의 지하 보물

파리의 생활은 센강을 중심으로 전개되고 있다. 그런데 파리에는 이 물과 연결되어 파리를 파리답게 만든 비밀을 볼 수 있는 곳이 있다. 이른바 '하수도 박물관'이다. 그 입구는 인상파 그림으로 유명한 오르세 박물관부터 알마 다리가 있는 부근에서 시작된다.

강화도령으로 유명한 철종 임금이 왕위에 오를 시절인 1850년경에는 파리도 진흙탕에 발이 빠지는 도시였다. 모든 생활하수들이 상수원으로 보호되고 있는 센강에 그대로 흘러 들어가고 있었다. 그러면서도 파리의 상하수도 시설은 증가하는 인구에 비해 불충분했다.

이때 나폴레옹 3세가 혁명으로 세워진 프랑스 공화국의 첫 대통령으로 당선되었다. 나폴레옹 3세는 파리 자체를 다시 짓고자 했다. 그 책임자인 오스만 남작은 벨그랑Belgran이란 토목 기술자를 파리 상하수도 책임자로 발탁했다.

벨그랑은 야심 찬 프로젝트를 가동했다. 그는 1852년부터 17년에 걸쳐 약 2천1백㎞에 달하는 4중 복개 하수도를 완성했다. 그는 도시에 신선한 물을 날마다 필요량의 두 배로 공급할 수 있도록 계획했다. 그리고 네 집을 하나로 묶어, 지하 하수도 통로에도 지상과 똑같은 주소를 부여했다. 즉 파리라는 도시를 그대로 뒤집어서 지하에 넣은 것이다.

파리는 하수를 모아서 흘려 보내는 일뿐만 아니라 그곳에서 물을 정화해서 다시 사용하도록 했다. 기본 하수도망은 지름이 1.2m 관으로 깔려있고, 각 건물의 생활하수는 지름이 2m 정도의 보조 하수도로 흘러 모인다. 센강 좌안과 우안에서 나온 하수도뿐만 아니라, 빗물도 모두 지름이 2.8m나 되는 대하수관으로 모여서 서북쪽 아쉐르 하수 종말 처리장으로 보내진다. 처리 공정을 완전히 통과한 물의 약 80%는 센강에 흘려 보내고, 나머지 20%는 파리 시내를 청소하기 위해 각 시내 도로변으로 흘려 보낸다.

또 오늘날 파리 하수도는 각종 발명으로 이어지는 가스관, 전선·전화망, 인터넷망들을 정리하고 있다. 즉, 파리의 하수도는 생활하수와 빗물의 저장 및 처리, 전선과 가스관의 설치가 이루어진 곳이다.

벨그랑의 이러한 사업은 역사 속 다른 토목공사들과는 달리 당시 대중의 압도적인 호응을 받았다. 그는 1867년부터 새 하수도 시스템을 관광으로 공개했고, 자신의 작업 과정을 책으로 펴내 대중과 같이 호흡했다. 또한 당대 사진가 나다르는 이 하수도를 촬영하여 대중화를 뒷받침해 주었다. 당시는 사진술이 막 시작된 때였다. 벨그랑의 꿈은 당시로서는 허황하리만큼 거대했다. 그러나 그 거대함은 하수도에서 일어난 일들을 보태가면서 현대인들에게 물을 이해하게 하는 박물관으로 제공되고 있다.

최근 쏟아지는 집중호우를 보면서 물 폭탄이니 개발이 낳은 인재人災니 하는 소리들을 듣는다. 우리 생활에서 개발은 필요악일지 모른다. 그리고 친환경적인 개발은 대가를 미리 지불해서 앞으로의 재앙을 막아줄 수 있다.

모든 자연과 마찬가지로 물은 제자리를 찾아간다. 그것은 시간이 흘러오면서 환경과 어울려 만든 경험이기 때문이다. 서울 우면산에 있던 대성사 법당이 주변 건물은 다 떠내려갔는데도 기왓장 한 개까지 멀쩡했다는 보도가 있었다. 다른 건물과는 달리, 법당은 전통적으로 있던 위치에 있었다는 점을 생각하면 물이 얼마나 제 길을 찾는지를 알려준다. 물은 이처럼 자신의 길을 잊지 않는다. 그러기에 물은 지하 속으로라도 자신의 길이 트여 있어야 한다.

30분만 비가 내려도 발이 빠지는 도로 위에 서서, 몇 백 년 후에까지 탈 없이 사용할 수 있는 하수도를 설계했던 벨그랑의 배짱이 부러워진다. 파리의 하수도는 파리의 아름다움을 지켜주는 수호자가 되었다. 벨그랑이 탄생시킨 하수도는 프랑스의 숨겨진 저력과 탄탄한 기초를 오늘도 알려주고 있다. 벨그랑과 같은 혜안慧眼을 가진 사람들이 그리워진다.

〈매일신문〉 문화칼럼(2011년 8월 12일)

선물의 창조

"사람들은 왜 부잣집에 갈 때에는 비싼 물건을 사 가지고 가고, 가난한 집에는 아무것이나 사 가지고 가지? 부자라고 해서 자기네들에게 재산을 나누어 주는 것도 아닌데."

학교 교육을 받지 않으신 내 어머니는 늘 생활 속에서의 질문을 직선적으로 뽑아내신다. 어머니 눈에 우리 사회에서 선물을 고르는 관행이 눈에 띈 것이다. 사실 우리는 선물을 고를 때 '내 여유'를 생각하기도 하지만, 그보다는 먼저 고려되는 점이 상대방에게 필요한 물건을 구하고자 하는 배려이다. 그러다 보니, 교수에게 선물을 하려면, 좀 더 돈이 많이 들고, 학과 친구들에게는 비용이 조금 덜 들어도 쓸 만한 물건이 떠오르기도 한다.

또 선물의 실용도를 따지다 보면, 그 단위가 커지기도 한다. 때로는 뇌물과 선물 사이의 구분이 애매할 정도가 되기도 한다. 학위를 마치고 귀국했을 때다. 은사님들께 인사드리러 가겠다고 나서는 나를 어머니가 불러 세우셨다. 아무래도 빈손으로 나가는 내가 걱정스러우셨는지, 선물은 무엇을 준비했느냐고 물으셨다. 열쇠고리와 책상 위에 놓는 마스코트를 하나씩 갖다 드리겠다고 답하자, 어머니는 욕먹는다며 말리셨다. 욕은 몰라도 외국 물 먹었다는 평을 듣게는 될 것이다.

그보다 눈에 두드러지는 우리 사회의 특징은 시대에 따라 선물이 유형화하여 상품화되었다는 점이다. 그래서 해마다 이맘때쯤이면 언론에서는 10년 단위로 유행되었던 명절 선물 품목을 되짚으면서, 재미 삼아 사회 변화를 진단한다. 더욱이 우리 사회에는 개인적인 관계를 중시하는 날의 선물도 상품화되어 있다. 어버이날 선물에는 카네이션, 밸런타인데이에는 초콜릿, 화이트데이에는 사탕 바구니, 스승의 날에는 손수건과 넥타이 등으로 정형화되어 간다. 어버이날 근처나 스승의 날 근처에 백화점을 가 보면 올해 받을 상품이 대략 무엇일는지 짐작할 수 있다.

지난날의 선물에는 일종의 유행이 있기는 했어도 한동안은 쌀, 달걀 한 꾸러미, 쇠고기 등등 본인들이 직접 마련한 물건들을 가지고 가서 인사했다. 그러나 1960년대부터 선물 세트, 80년대부터는 상품권이 일반화되더니, 2000년대 들면서는 또 다른 양상이 나타났다. 인터넷 홈쇼핑을 통해 선물하고 있다. 선물을 골라서 들고 찾아가는 대신, 배송업체를 통해 전달한다. 받는 이도 고맙다고 전화로 인사할 뿐이다.

선물이란 개인 간의 관계 속에서 어떤 계기를 빌려 드러내는 마음의 표시이다. 이것이 유형화되어 있다는 말은 어떤 의미일까? 이는 사회에서 인사를 차린다는 관행이 중요시되고 있으며, 그 인사의 범위가 매우 넓다는 말일 것이다. 한국인들이 외국에 갔다 귀국할 때 선물을 많이 사는 축에 속하는 것도 이러한 사실과 무관하지 않을 것이다. 그러나 무어라 해도 선물이 형식화되어 간다는 점은 부인하기 어렵다.

　제대로 된 선물은 자신의 또 다른 표현이며, 상대방과의 새로운 관계 개선이 될 수 있음은 누구나 잘 알고 있다. 아동문학가 이원수가 추억 속의 선물을 이야기한 적이 있다. 중학교 시절이었단다. 어느 여학생이 손수건에 싸인 사과를 한 개 내밀더란다. 사과 위에는 그의 이름이 새겨져 있었다. 즉 여학생은 사과가 열렸을 때 먹으로 그의 이름을 써서 여름 내내 그 이름 위로 햇빛이 차단되도록 했다. 그 노력으로 사과가 익었을 때, 빨간 사과에 노란색으로 자기가 좋아하는 사람의 이름을 새길 수 있었다. 그 사과를 받아 든 중학생의 감동은 어떠했을지……. 그 아이디어는 오늘날 상품화되고 있을 정도이다.

　선물은 '삶의 덤'이기 때문에 조금은 앙증맞고, 조금은 낭만적이거나 순간적이어도 좋을 듯하다. 선물의 내용보다는 선물을 주고받는 행위 자체를 즐거워하며, 감동에 남는 선물을 만들려는 노력은 새 생활의 창조이리라.

〈매일신문〉 문화칼럼(2009년 9월 11일)

죽음에 이르는 병

내가 대학 다닐 때 학생들은 책을 손에 들고 다녔다. 들고 다니는 근사한 책은 지금의 센스 있는 액세서리와 같은 역할을 했다. 그때 우리들 손에 흔히 들리던 책 중에 하나가 키르케고르의 『죽음에 이르는 병』이었다. 그에 의하면 죽음에 이르는 병은 절망이었다. 그런데 나는 이 시대의 죽음에 이르는 병은 다름 아닌 질투가 아닐까 한다. 마음을 불편하게 하고, 그래서 자신의 몸이 상하게 되고, 가까운 사람을 잃으면서 고립되어 가는 병, 질투야말로 서서히 조여오는 자살이며 죽음의 주범일 것이다.

질투란 가까운 사이에서만 생긴다. 우리는 슈바이처가 노벨 평화상을 받은 일에 대해서는 아무 말도 하지 않는다. 그러나 내가 아는 사람이 노벨상을 받으면, 내가 찾은 흠집을 가지고 그 수상에 반론을 제기한다. 물론 늘 같이 도서관에서 공부하던 단짝 친구가 장학금을 받게 되었을 때, 그 친구 앞에서는 축하해 주지만 돌아서서 혼자 쓸쓸해지는 것은 인지상정일지 모른다.

질투로 가는 지름길은 비교인 듯하다. 비교는 우리 사회에 아주 뿌리 깊게 형성되어 있다. 루스 베네딕트는 『국화와 칼』에서 일본인은 자녀를 타인과 비교해가며 교육시키기 때문에 일본인들이 '체면'과 '명분'에 예민하다고 했다. 이 지적을 남의 일로만 치부해 넘기기가 쉽지 않다. 우리 사회에서도 '옆집 아들은 착한데, 너는…', '누나는 잘하는데, 너는…'이라는 소리를 예사롭게 내뱉는다. 오죽하면 가상의 만능인인 '엄친아'(엄마 친구 아들)가 나왔을까?

우리는 흔히 남과 비교하며 따라 한다. 드라마 홈페이지의 게시판을 보면 그 내용에 대한 의견보다는 드라마에 나온 의복이나 소품을 어디서 샀느냐는 질문들이 다수이다. 어느 누구도 미모를 내세워 생활하는 사람만큼 예뻐야 하고, 맵시로 직장 생활을 하는 사람만큼 늘씬해야 하며, 목소리로 돈을 버는 사람만큼 목소리가 고와야 한다고 생각하지는 않을 것이다. 그러나 생활 현장에서는 내가 남과 다른 처지임을 너무 자주 잊고, 남과 같이 되고자 한다.

유학 시절, 낯선 땅이 어느 정도 익숙해지자 나를 돌아보게 되었다. 특히 내가 진짜 우수한 학생이었는가 하는 의심이 일었다. 남보다 타인의 눈에 민감해서 칭찬받기 위해 노력하다 보니 공부를 한 것은 아닌가 하는 질문이 생겼다.

내가 다닌 중고등학교는 방과 후 전원이 청소를 했다. 60명이 한꺼번에 청소를 하는 일은 늘 번잡했다. 학생들이 제일 싫어하는 일은 바닥 걸레질이었다. 그때 나는 양동이에서 걸레를 빨아 주고 학생들은 발로 그것을 밀고 다녔다. 당시는 고무장갑도 없었다. 나는 그 구정물에 새카만 걸레를 빨아 주는 일을 내 일인 줄 알고 했다. 반장이라는 책임감 때문이었는지, 남에게 칭찬 듣고 싶어서였는지 싫은 줄 모르고 했던 것 같다. 돌이켜 보면, 나도 분명 그 일을 싫어했어야 마땅하다. 어린아이가 남의 칭찬에 익숙해서 그런 일을 싫은 줄 모르고 했다면 너무 가엾지 않은가?

내가 프랑스에서 무엇을 배웠는지는 모르지만 나는 나를 돌아보았다. 그리고 남과 비교하지 않는 나를 형성시켜 나갔다. 혹자는 남과 비교하지 않으면 경쟁이 되지 않아서 좋은 성과를 얻을 수 없다고 할지도 모른다. 그러나 비교 대신에 모든 일을 우선 자기 자신에게 물어보면 된다. 이 일을 하는 데 내 가능한 모든 시간을 투여했는지, 내 신체 에너지는 다 소모되었는지를…….

어머니는 늘 뱁새가 황새 따라가려다가는 가랑이가 찢어진다고 하셨다. 누구나 어느 분야에서는 뱁새이고, 어느 분야에서는 황새이다. 자신이 하는 일 가운데 자신의 분야가 아닌 것부터 골라내어야 죽음에 이르는 병에서 벗어날 수 있다. 이 결단이 죽지 않는, 아니 제 수명을 사는 지름길이다. 하늘이 드높고 코끝에 스치는 가을바람이 신선하다. 올해는 과일도 풍년이다. 그리고 내게는 생각할 수 있는 머리가 있다. 무엇을 더 바라고 남을 곁눈질하랴?

〈매일신문〉 문화칼럼(2009년 10월 16일)

짜깁기 된 이웃

　십 년 전 프랑스로 해외 파견 나갔을 때였다. 어느 날 박사학위 심사가 있다는 연락이 왔다. 그 주제가 나를 놀라게 했다. 서울의 아파트에 대한 연구였다. 연구자는 프랑스인 여성이었다. 그는 1993년 서울에 내리면서 아파트 단지의 거대함에 충격을 받아, 프랑스에서는 아파트가 실패하는데 한국에서는 선호의 대상이 되는 이유를 찾고자 했다고 한다. 하긴, 한국에 처음 발을 디딘 내 논문 지도교수도 공항에서 시내로 들어오면서, "한국은 나무로 집을 짓지 않느냐?"고 물었었다.

　한국인도 처음에는 아파트를 좋아하지 않았다. 내가 대구에 처음 왔을 때만 해도 아파트 가격과 아파트 전세 가격이 거의 비슷했다. 아파트에 전세를 잘못 들면 주인이 행방불명이 되어 그 집을 떠안게 된다고 조심하라고도 했다. 그러나 현재 한국은 아파트 거주 가구의 비율이 전 국민의 반에 이르고 있다. 아파트 세대, 단독주택 세대로 분류하기 시작한

지도 꽤 되었다. 그야말로 아파트라는 거대한 물체가 지난 오십 년간 쉴 새 없이 사람들을 삼켜 왔다.

자기 공간을 확보하려는 성향이 강한 한국인들이 생활의 편리라는 점으로 아파트로 옮겼다. 사람들은 자신이 아파트 한 채라는 공간을 확보했다고 생각하지만 이 공간은 사실 타인으로부터 끝없이 영향을 받는 공간이다. 그뿐 아니라 아파트는 늘 변화하는 생명체이다. 도시 개발 계획과 건축기술의 발전 그리고 자금의 확보, 또한 정부의 정책 등의 영향을 고스란히 투영하는 변화체이다. 그 변화는 한국인의 생활과 사고방식을 규정해 가고 있다.

아파트는 기술의 발달과 함께 진화한다. 우리나라 최초 아파트는 1958년 서울 종암동의 5층짜리 아파트 세 개 동이다. 그때는 아직 연탄난방이었다. 1960년대에도 연탄난방에 승강기가 없는 소형 아파트들이 건설되었다. 1964년 6층의 소형 아파트인 마포아파트 단지가 건설되었다. 이곳에서부터 유치원과 관리사무소 등 단지 시설이 갖추어졌다. 1971년이 되자 3천 세대가 넘는 강북의 동부이촌동 단지가 완공되면서 대단지 모델을 제시했다. 공무원, 외국인들을 겨냥한 맨션형이 위주가 되는 모델을 선보였다. 그리고 3년 후 부유층을 겨냥한 반포단지가 대성공을 거두면서 대단지 아파트 시대의 막이 올랐다. 1977년에는 중간 계층의 젊은 세대를 목표로 2만 세대를 수용하는 잠실 초대형 아파트 단지가 건설되었다.

첫 아파트인 종암아파트 낙성식에서 이승만 대통령은 아파트의 현대성과 수세식 화장실의 편리함을 역설했다. 물론 한때, 와우아파트가 무너져 내려, 아파트는 위험하다는 인식이 들기도 했으나, 이는 곧 불식되었다. 그리고 사람들 머릿속에서 아파트는 서구식이고 편리한 생활공간이라는 인식이 확산되어 갔다.

아파트가 다양화되면서, 아파트는 비슷한 환경을 가진 사람들의 집단으로 분류되어 나갔다. 그야말로 같은 식의 생활을 하는 사람들의 집단이다. 아파트의 편리성이란 생활 동선의 평면화인데, 이는 결국 집 구조를 모두 실내로 들여놓고 수세식 화장실, 평면 부엌, 보일러식 난방을 설치하는 것이다. 그래서 아파트에는 침실, 화장실 등 생활공간이 같은 위치에 있다. 더욱이 고급 아파트일수록 내장된 가구가 많아 주민들이 사용하는 가전제품도 거의 같다.

아파트는 서로에게 크게 영향을 받는다. 한 사람이 규칙을 어기면 그 피해가 고스란히 퍼져나간다. 또한 거대한 주민들의 집합체인 아파트는 관리비의 적립 등으로 돌고 있는 돈이 있다. 그리고 주민의 수를 활용하고자 하는 자본주의의 각종 기회들과의 연결권이 있다. 그러므로 아파트 내부에는 여러 갈등이 일어날 수도 있다.

어느 아파트에 원칙을 고수하는 사람이 있었다. 그는 생활 규칙에 어긋나는 주민들을 살피기 시작했다. 아파트 복도에 자전거나 화분을 내놓는 이, 복도 끝에 자신의 장독을 설치한 이 등등. 이들을 말리다가 듣지 않으면 관에 고발했다. 그러자 이 아파트는 규칙 위반에 불편을 느낀 사람들과 고발을 당한 사람들, 여러 다른 그룹이 생기게 되었다. 시간이 흐르면서 아파트 단지 전체가 과거를 시비하며 사사건건 부딪치게 되었다.

  이 문제는 아파트에 산다는 일이 얼마나 어려운가를 보여준다. 문제는 직장이나 공간을 달리하는 사람들과의 싸움이라면 싸우는 장소와 자기 집이 달라서 싸운 뒤에도 집에서는 쉴 수 있지만, 아파트는 자기가 쉬어야 할 곳에서 싸움이 일어난다는 점이다. 어쩌면 아파트 내의 분쟁은 자기 집 식구들과의 분쟁과 같다. 이곳에서는 양보하지 않아서 잃을 것이 더 많은 특수구역일 수도 있다.

  아파트란 단독주택보다도 상호 간 더 크게 영향을 주고받는 공간일지 모른다. 그러면서도 획일적 구조 안에서 동일한 물건을 사용하면서 서로 다른 독창성을 지닌 사람이 되어야 하고, 그 서로 다른 매력으로 조화를 이루어야 하는 일이 현재 아파트 거주민의 당면 숙제일지 모른다. '짜깁기 된 이웃'이 누대로 형성된 자연촌 이웃과 같이 되었을 때 행복한 아파트가 될 것이다.

(2011년 11월 3일)

손글씨의 숨은 능력

새해 아젠다를 선물로 받았다. 손편지로 쓴 카드도 들어있었다. 반갑기도 하고 놀라웠다. 아마도 이분은 몇 백 장의 카드를 썼을 것이다.

나는 몇 년 전부터 손으로 글씨를 쓰지 않고 있다. 연필 쥐는 손의 엄지손가락 마디가 불편해서이다. 의사는 관절이 많이 닳았다고 하면서, 가능하면 사용하지 않는 것이 해결책이라고 했다. 그 뒤로 편지를 써야할 때는 타자를 쳐서 밑에 사인만 해서 보내고, 웬만하면 문자 메시지로 처리한다. 선물이나 물건은 미리 보내놓고 그것이 도착할 때 맞추어 문자를 보내기 일쑤다.

그런데 올해 그 카드를 받고서 반성이 일었다. 그래서 받는 사람에 맞는 카드를 고르고, 내용을 쓰고, 봉투에 주소를 쓰고, 그리고 겉봉에 풀칠해서 마무리했다. 손이 아프니까 길게 쓰지는 못했다. 그랬는데 카드를 받은 분이, "올해는 손편지가 왔네요."라고 하면서 글씨가 좋다라고 했다. 내가 글씨를 예쁘게 쓰는 편은 아니다. 그러니까 반갑다는 말이지 싶다. 답장한 분은 잡지사 편집장으로 몇 년 전부터 아는 사이지만, 원고만 왔다 갔다 했지 아직까지 만난 적이 없다. 늘 원고를 받았으면서도 손으로 쓴 편지를 보고서야 나를 본 것 같은 느낌이 들었나 보다.

나는 SNS 문자를 보내더라도 거기에 맞는 그림도 넣고, 또 같은 내용이거나 또는 남이 사용하는 표현을 하지 않기 위해서 깊게 생각하는 편이다. 게다가 엄지손가락 때문에, 나는 휴대폰으로 문자를 보낼 경우에도 글을 컴퓨터에서 쳐서 보낸다. 그러므로 메시지 내용이 손으로 쓰는 카드보다는 훨씬 많고 더 정겨웠을 수도 있다. 그럼에도 카드를 준비하는 나도 느낌이 달랐다. 카드를 만들고 선물 포장 안에 넣으면서, 상대편을 좀 더 생각할 시간이 있었다.

거의 모든 인사가 문자 메시지로 이루어지는 지금, 이 작은 행위가 오히려 감동을 주는 것 같다. 법률적으로는 계약서를 쓸 때 자기 글씨로 쓴 사람과 거기에 사인만 한 사람은 나중에 문제가 생겼을 때 무게 중심이 다르다는 얘기도 들은 적이 있다.

우리나라는 전통적으로 연말연시에는 카드와 연하장으로 안부를 했다. 엄청난 양의 인사가 우체통의 불룩한 배 속을 거쳐 돌아다녔다. 그러다 언제부터인가 인쇄된 연하장에 서명만 해서 보내는 지경에 이르렀다. 급기야 1990년대 중반에 들어서면서 이런 형식적인 연하장을 보내지 말자는 운동이 일어났다. 스마트폰이 나오면서부터는 SNS 문자로 연하장, 신년 인사 기능이 대치되었다. 그러나 이제 다시 감사와 축복의 인사는 직접 쓴 카드가 보다 더 효력을 나타내는 시기가 되었다. 손으로 직접 쓰는 글씨가 지닌 저력이다.

    생활하면서 작은 섬세함이 얻을 수 있는 자산資産은 많다. 진정으로 우정을 사고 싶다면 식당에 초대하지 말고 집으로 초대하는 편이 훨씬 친근하고 감동적이다. 배우자나 자녀가 직장에서 잘 지내기를 바란다면 집으로 초대해서 대접하는 편이 훨씬 공감이 클 수 있다. 요즘은 출장 뷔페로 상을 차리기도 하니까 식당에서 지불할 돈이면 집에서도 상을 차릴 수 있다.

    일상적으로 대접을 받고 집에 돌아가면 반드시 즐거웠다는 문자를 보내는 사람이 있다. 또는 초대된 집에 들어서면서, 예쁜 카드에 감사말을 써 가지고 인사를 하기도 한다. 때로는 손님을 초대해놓고, '오셔서 고맙습니다!'라는 앙증맞은 카드를 마련해 놓기도 한다. 작은 행위지만 우정을 벌어오는 커다란 힘, 우리 내부에 숨겨져 있는 실력이다. 다가오는 구정을 기하여 손글씨를 담은 연하장으로 묻혀진 우정을 되살려볼 수도 있을 것이다. 일 년, 혹은 몇 년 묵은 인사까지 겸할 수도 있다.

〈대구일보〉 오피니언(2024년 1월 25일)

단어의 마술

 유학시절, 같이 공부하던 신학생 친구가 드디어 서품을 받아 신부가 되었다. 그리고 어느 날 그는 우리와 함께 공부하던 친구의 혼배미사를 집전하게 되었다. 결혼식은 신랑 집이 있는 아비뇽에서 하게 되었다. 그는 아비뇽 여행을 하지 않았으면 같이 가자고 했다. 교황의 유폐지로 기억되고 있는 아비뇽은 현재는 연극제로 유명하다. 마침 연극제 시즌인 여름이었다. 나는 기회다 싶어 혼인 주례 신부를 철없이 따라나섰다.

 역에 내렸다. 지면으로부터 더운 김이 훅하고 코끝을 스치며, 바로 여름 특유의 냄새를 뿌렸다. 여름의 냄새는 이상하게 한가로움을 품고 있다. 온통 돌로 이루어진 도시가 여름의 정적 속에 시간을 드리우고 있었다. 역에서 조금 떨어진 성 앞 광장에는 온갖 연극 무대가 차려져 있었다. 아마도 해가 빠져나가야 축제는 시작되는 듯했다.
 아기자기한 역 부근을 빠져나와 신랑 집으로 가는 길은 초행인데도 어디선가 본 듯이 정겨운 농촌 길이었다. 키 작은 관목들이 푸근했다. 프랑스 남부의 평화스러움과 향취를 사진으로 찍은 듯이 그려놓은 알퐁스 도데의 작품이 떠오르는 곳이었다. 멀찍멀찍 떨어져 보이는 농가는 더 이상은 존재하지 않는 도데의 물레방아를 그려보게 했다.

신랑 집에 도착했다. 신부는 이미 와서 축하를 받고 있었고, 신랑은 바빴다. 결혼 주례를 할 사제는 중요한 사람이었지만, 신랑과 같이 공부한 여학생은 별로 관심이 없었다. 내 느낌이었는지는 모르지만, 나는 행동이 자유롭지 못한 상황에 있었다. 그래서 축하객들이 서로 인사하고 반가워하는 사이에 나는 혼자 산책을 나갔다. 군중 속에서 받은 내 충만한 휴식이었다.

이튿날은 오후에 혼배미사가 정원에서 이루어졌고, 저녁에는 하객들의 잔치가 이어졌다. 내 친구 신부는 술을 많이 하는 편은 아니었다. 그런데 그날은 유쾌해서인지 술이 술을 부르고 있었다. 시간이 늦어지고 있었다. 그러자 사람들은 내게 신부가 술이 과한 듯하다고 말했다. 그러더니 나중에는 내일 아침에 새벽 미사가 있는데, 술을 저렇게 마시면 어떻게 하느냐고 걱정했다. 드디어는 나보고 말리라고 부탁하기까지 했다. 사실 그 소리를 듣기 전까지는 나도 은근히 걱정이 되던 터였다. 그런데 말리라는 소리를 듣고 내가 내뱉은 소리는 전혀 예상치 못한 방향이었다.

"미사는 본인이 더 잘 알잖아요. 알아서 할 거예요."

뜻밖이었지만, 이 말은 내 마음속에 변화를 일으켰다. 이 단어를 뱉고 난 다음에는 내게 확신이 생기기 시작했다. 그가 알아서 할 거라는 믿음이 생겼다. 그러자 나는 들어가서 자야겠다는 생각이 들었고, 인사하고 자리를 떴다. 그 친구는 새벽 미사 때 제대 앞에 서 있었다.

어쩌면 위대한 우정의 역사도 어느 순간 갑자기 다가오나 보다. "본인이 더 잘 알잖아요"라는 말은 이후 그와 내게 있어 실천강령처럼 되었다. 친구가 모든 일을 알아서 잘할 거라는 믿음이 뿌리내리게 되었다. 그리고 이 변화는 그 친구와의 관계에서뿐만이 아니라 다른 사람들을 대하는 데도 퍼져 나갔다.

선생이어서인지 나는 남에게 참견하고 싶은 경우가 많았다. 길에서 고성방가 하는 사람, 어른에게 자리를 양보하지 않는 학생 등등 눈에 띌 때마다 말하고 싶었다. 그렇지만 이 경험 이후부터 타인의 입장에서 생각해 보게 되었다. 그들 모두는 다 알아서 할 사람들이 아니었던가.

도데의 「별」에서 목동의 어깨에 내려앉은 아가씨의 머리처럼 아무 일도 일어나지 않았으나 평생을 지니는 순간들이 있다. "별들의 결혼에 대해 이야기하려 했을 때, 어깨 위에 무언가 부드러운 것이 가볍게 누르는 듯한 느낌이 들었다. 그것은 잠이 들어 무거워진 아가씨의 머리였다. 아가씨는 리본과 레이스, 꼬불꼬불한 머리를 사랑스럽게 내 어깨에 기대어 별들이 아침 햇살을 받아 사라질 때까지 잠들어 있었다." 이는 아무 말도 오가지 않으나 두 사람 사이의 신뢰가 쌓이는 순간이다. 아침이 올 때까지 꼼짝 못하고 앉아서 만든 목동의 신뢰, 나아가 이 신뢰는 모든 사람에게 미치리라.

　말은 행동이나 성품의 기초가 된다. 해내기 어려운 언어들이라도 한 번 내뱉게 되면 그 말은 행동을 조절할 수 있다. 용서라든가 감사라는 말은 단 한 번의 발음으로 우리의 일생을 바꿀 수 있다. 단어의 마술이다.

〈매일신문〉 문화칼럼(2011년 11월 4일)

혼자 살기, 홀로서기

오래전부터 쓰고 싶은 책이 있었다. 혼자 사는 삶에 대해 철저히 파고들고 싶었다. 나는 그 주제를 아주 실감하며 살고 있다고 생각했다.

한국 사회에서는 미혼율이 높아진다고들 법석이다. 서울 강남에 사는 30대 여성은 거의 두 명 가운데 한 명이 미혼이며, 30대 남성의 미혼율도 10년 전보다 두 배로 뛰어서 열 명 가운데 네 명 정도가 미혼이라고 한다. 머지않아 1인 가구 수가 일본 수준으로 늘어나리라고도 전망한다. 그런데 사람들은 이러한 현상을 새로운 생활 스타일로 보기보다는 사회 문제로 인식하는 편이다.

한국에서는 고아나 노인을 위한 강의뿐 아니라 결혼을 준비하는 사람, 화목한 부부, 심지어는 좋은 부모 되기 같은 강의도 많다. 그러나 정작 늘어나고 있다는 독신 생활에 대해서는 일정한 생활로 가는 중간 형태쯤으로 여긴다. 당사자들도 그렇게 생각하는 경우가 많다. 인생은 길어서 100살까지 산다고 해도 30, 40년 혹은 그보다 더 긴 시간을 미완성이며 임시적 상태로 간주하는 일은 잘못일 듯하다. 하루를 산다 해도 그것이 생활의 한 스타일임을 인지해야 할 것 같다.

이런 현상에 대해 일갈하려던 나는, 준비를 하면서 내가 이런 책을 쓸 자격이 없음을 깨달았다. 나는 내가 혼자라고 생각해 본 적이 없다는 사실을 알았다. 혼자 산다는 것과 혼자라는 말이 서로 다른 의미임을 깨달은 까닭이다. 동서양을 막론하고 흔히들 미혼은 혼자 사는 삶이며, 결혼은 혼자가 아닌 생활 형태로 해석하고 있다. 그러나 미혼이나 기혼이라는 말은 결혼 여부의 차이일 뿐, 혼자 사는 것, 혼자인 것과는 별개의 문제이다. 이 세상에서 우리는 혼자일 수가 없다. 결혼을 하지 않았더라도 우리는 서로 얽혀 지내기 마련이다.

우리나라에서 베네딕도 수녀원은 식민지 시대 북한 지역 원산에서 처음으로 시작되었다. 학교와 병원을 짓고, 예쁜 성당과 수도원을 오가며 한창 일해 나갈 때 해방이 되었다. 그러자 소련군이 들어와서 물건을 앗아 갔다. 이어 공산정권이 서자, 외국인 수도자들을 함경도 옥사덕이라는 곳으로 집단 수용하고, 한국인 수도자들은 수도복을 벗기고 결혼해서 살라고 하며 해산시켰다. 북한에서 신앙생활을 하기가 어렵다고 생각한 수도자들은 월남을 계획했다. 그러나 해산된 이후 그들은 뿔뿔이 흩어져 있고 또 한꺼번에 이동할 수가 없어서 연락이 닿는 대로 떠났다.

알퐁사 수녀는 한 교우를 통하여 서울로 오라는 전갈을 받았다. 그는

1950년 12월 5일 혼자서 길을 떠났다. 북한에서 태어나서 자란 그는 그저 남쪽을 향해 걸었다. 세상이 온통 눈으로 덮여 있어서 길과 물이 구분이 안 되어 물에 빠지기도 하고 가시밭에 들어가기도 했다. 인가를 발견하면 들어가 잘 수 있었지만, 그렇지 못한 날은 눈 위에서 새워야 했다. 물론 공민증도 없고, 피란길이니 드러내놓고 남쪽으로 간다는 소리도 할 수 없었다. 그는 28일 동안 걸어 1·4 후퇴가 시작되기 바로 전날 서울에 도착했다. 그는 '우리 공동체 수녀들이 있는 곳으로 저를 데려다 주소서'라고 기도했다고 한다. 그는 혼자 있었지만 혼자가 아니었다.

한편, 주위를 둘러보면 우리에게는 언제나 누군가가 옆에 있다. 교수 생활 초기에 사고로 병원에 입원한 적이 있었다. 물론 병원에 들어갈 때는 혼자 실려 가서 '보호자'가 사인을 하지 않았다고 응급실에 몇 시간 동안 방치되어 있기도 했다. 그러나 내가 입원했음을 알고는 서로 당번을 짜서 낮이면 여자 졸업생들이 병상을 지켜 주었고, 남학생들은 퇴근하는 길에 들러 그들을 집에 데려다주곤 했다. 공동 병실이었는데 내 자리는 늘 미안하도록 시끄러웠다. 내 개인적 식구가 있었다면 그들이 그런 프로그램을 짜지는 않았을 것이다. 혼자 사는 나에게도 고정된 사람이 아니라서 그렇지 언제나 이웃은 있었다.

뒤집어 말하면, 사람은 누구와 같이 지내거나, 결혼을 해도 각자가 독자적인 개체이며 서로는 혼자이다. 혼자인 사람이 타인을 만나는 것이다. 결혼으로 엮이든, 사회생활을 하면서 고정적으로 만나든, 아니면 마음속으로만 만나든 간에, 그것은 타인을 만나는 여러 다른 스타일의 하나이다. 누구를 어떻게 만나느냐는 것은 주어진 환경과 자신의 선택일 뿐이다.

우리 각자에게는 혼자 살든 여러 명이 살든 홀로서기가 먼저 되어야 한다. 혼자 사는 일이 홀로서기가 아님은 물론이다. 홀로서기가 바로 되어야 가족의 존재를 올바로 느끼고 또 결코 가족과 다르지 않을 이웃을 제대로 만날 수 있을 것이다. 새해에는 내 앞에 있는 사람을 좀 더 진지하게 만나고 깨달았으면 한다.

〈매일신문〉 문화칼럼(2011년 12월 30일)

장미꽃 소동

오월은 장미의 계절이다. 담장 너머로 '와글와글' 피는 덩굴장미는 길 가는 사람을 위해서 피는 꽃 같다. 영남대 명예교수회에서는 지난 5월 2일 원주 뮤지엄산으로 봄나들이 갔다. 42명이나 참석할 정도로 대성황이었는데, 그중에 열세 분의 사모님이 함께했다. 교수는 여교수가 적기 때문에 우리는 적극 사모님들을 모시는 편이고 그것이 일상화되어 가고 있다. 해마다 출발하는 버스에서 사모님들을 위한 이벤트를 하는데, 올해는 '장미'였다.

나는 은사님께서 당신 논문의 3분의 1은 사모님 거다라고 얘기하셨던 말을 서두로 꺼내고 교수님들께서 사모님들께 감사를 드리고 싶지 않느냐고 물었다. 또 어떤 분께서, "처음에는 애틋했는데 자식을 낳고 나서부터 자식에게 온통 신경이 쏠렸다. 이제 그들이 성장해서 독립하자 그동안 남편에게 소홀했구나라고 알게 된다"라고 한 말을 올렸다. 그리고는 남편의 고마운 마음과 아내의 다소 미안한 마음을 서로 전달

할 기회를 만들어 드리겠다고 했다.

　이윽고 숨겨 간 새빨간 장미 한 송이씩을 남편들에게 주었다. 장미 14송이가 시들까 봐 그 전날 밤늦게 꽃집에서 찾았고, 밤 동안에는 차의 창문을 열어놓고 잤다. 출발할 때도 꽃송이가 보일까 봐 내 모자로 덮어서 끝까지 숨겼었다. 남편이 꽃을 들고 있는 동안 내가 들은 농담을 재현했다. 경상도 남자분이 꽃을 주기가 쑥스러워서, "이거 오다 주웠어" 하고 내미니까 받는 부인이 "먹지도 못하는 걸 뭐 하러 가져왔어요"라고 했다는. 모두 웃으며 정식으로 해보자고 했다. 교수 남편께서 아내 사모님께 꽃을 선물했다. 전날 어느 부부에게 '아내에게 바치는 노래'를 불러달라고 부탁했었는데, 그 팀이 노래를 시작하자 모두 다 함께 부르게 되었다. 부부가 대화하는 가운데, 남편이 어렸을 때 가난해서 힘들었던 이야기를 하니까 듣던 부인이 자기도 모르게 "그때 나 좀 부르지 그랬어요."라고 했다는데, 그것이 부부일 거다.

　장미가 온종일 눈앞에서 서서히 피어나고 있었다. 차 안은 장미밭 같았다. 사실 나도 선배 교수들한테 이것저것 하자라고 하기에는 상당한 용기가 필요한데, 분위기는 완전히 달랐다. 더구나 어떤 교수님께서 지나치면서 "내 팔십 평생에 처음 아내에게 꽃을 주어봤어요."라고 하셨다. 또 한 분은 자신이 아내한테 쥐여사는데 구박받을 때 김 교수에게 전화할 테니 아내한테 말 좀 해달라는 우스갯소리도 하셨다.

　5월 21일은 부부의 날이다. 그 날짜도 재미있다. 가정의 달인 5월에 '둘(2)'이 '하나(1)'로 성장한다는 의미가 내포되어 있다. 공휴일은 아니지만, 국가 공인 법정 기념일이다. 부부의 날은 가톨릭교회에서 1981년 ME 미국협의회에 의해 시작해 1983년 '세계결혼기념일'로 확산됐다.

ME 한국협의회는 1990년 '세계결혼기념일'을 도입했으며 서울협의회는 1996년에 5월 마지막 주일을 '서울대교구 부부의 날'로 선언했다. 그런데 이 실천은 가톨릭교회 내에만 있었던 모양이다. 일반적으로 한국에서 부부의 날은 1995년 권재도 목사 부부의 운동에서부터 시작되었다고들 한다. 권 목사는 장미 한 송이씩을 나눠 주었기 때문에 '장미 목사'라고도 불린다. 아마 각 종교들이 따로따로 진행했던 것 같다. 이후 시민 단체까지 포함하여 종교를 초월한 범국민적인 기념일 제정 운동을 벌여 2003년 정부에 건의했고, 2007년 법정 기념일로 승격되었다.

부부의 날은 평등하고 민주적인 부부 문화를 퍼지게 하고 건전한 가족 문화를 정착시키며 가족 해체를 예방하기 위한다고 한다. 그런 거창한 명분은 차치하고 장미를 부인이 먼저 준비하느냐, 남편이 먼저 준비하느냐 따지지도 말고, 그저 장미 한 송이 내미는 날이기를. 직접 주기가 쑥스러우면 식탁 위 투명한 유리잔에 한 송이를 꽂아놓으면 마음이 전달되리라. 그 장미는 무척 비싼 값을 할 것이다. 부부의 날을 축하한다.

<대구일보> 2024년 5월 20일

동물 이야기를 만드는 사회

미국 유타주에 있을 때였다. 어느 날 옷을 갈아입는데 누군가 들여다보는 것 같았다. 창 쪽으로 가서 보니 사슴이었다. 사슴이 기웃거리는 집에 산다는 사실에 종일 들떴다. 갑자기 숲속의 공주라도 된 듯한 우쭐함이 일었다.

내가 살던 곳에서 얼마 멀지 않은 곳에 옐로스톤Yellow stone이라는 국립공원이 있었다. 약 90만ha에 이르는 미국 최대 규모이며, 최초로 지정된 국립공원이다. 뜨거운 지하수를 하늘 높이 내뿜는 간헐 온천들을 비롯한 1만여 개의 갖가지 온천을 보호하기 위해 지정되었다는 이 지역은 유황 성분이 포함된 물 때문에 바위가 누렇고, 냄새도 강하다. 그래서 옐로스톤이라 불리게 되었다. 이곳에는 대자연의 온갖 경이가 그대로 존재한다.

이곳은 겨울 동안은 닫히는데, 나는 벼르고 별러서 5월 초에 그 앞에 도착했다. 그런데 개장은 바로 다음 날이었다. 다행스럽게도 나같이 멍청하게 먼저 온 사람을 위하여 그날은 입장이 허락되었다. 그렇지 않아도 동물들의 세계인 옐로스톤은 긴 겨울 동안 사람의 입장을 금했던 터라 그야말로 별천지였다. 동물들의 한가로운 일상 속을 왼종일 돌아다녔다. 고요 속에 이루어진 그들과의 신선한 대화였다.

그제서야 나는 아기곰 인형을 왜 그렇게 만들었는지 알 수 있을 것 같았다. 물가에 산책 나온 아기곰에게 손을 대어 만지면 코를 벌렁거릴 것만 같았다. 회색 곰보다는 검은색 곰의 털이 윤기가 더 고운 듯 보였다. 역시 여우는 어린 왕자가 반할 만큼 늘씬했다. 버팔로가 물가 놀이를 끝내고 집단 이동을 시작하면, 그 속도가 아무리 느려도 나는 그들이 모두 지나가기를 기다릴 수밖에 없었다. 그 많은 새들의 이름은 잘 알 수 없었다. 그날은 내가 동물이 없는 사회에서 자랐다는 사실을 절감했다.

나를 인도로 불러들인 말이 있다.

"인도에 가니까, 사람과 동물의 구별이 뭘까를 생각하게 하더군요. 하루는 길바닥에 한 여인이 아이에게 젖을 물리고 있었어요. 그런데 그 옆에 개 한 마리가 거의 비슷한 길이로 앉아서 새끼에게 젖을 먹이고 있는 거예요. 사람과 동물이 구별이 안되는 거예요. 인도에서는 사람과 동물이 어울려서 살아요."

꼭 인도에 가고 싶었다.

그 뒤, 나는 인도 중부에서 시작해서 북부로 돌았다. 인도가 소를 숭배하는 나라라든가 소가 길 위를 돌아다닌다는 이야기는 익히 들었다.

그런데, 인도에서는 소만 그냥 돌아다니는 것이 아니었다. 돼지, 닭, 개, 모두 길에서 놀고 있었다. 그들은 그렇게 돌아다니다가 때가 되면 다들 각자의 집으로 들어간다고 했다. 우리는 자기 집 짐승을 자신들의 울안으로 넣으려고 노력한다. 그런데 동물들을 그냥 두면 밥 먹고 자는 자기 집으로 돌아올 수 있다는 사실을 배우는 순간이었다. 어쩌면 인류는 다음 세기 철학을 인도에서 구하려 하지 않을까 싶었다.

우리는 문명의 발달이라는 명분 아래 사람이 본래 가지고 있는 많은 능력을 잃어버리고 사는지 모른다. 나는 인도여행을 통해서 사람은 자신의 능력뿐 아니라 동물 스스로 가지고 있는 본능마저도 잃어버리게 하면서 살고 있다고 생각하게 되었다. 인간은 현재 로봇을 만든다. 어쩌면 이것은 스스로가 잃어버린 많은 본능과 잠재력을 한 가지씩 기계에 얹는 작업일지 모른다.

얼마 전 TV 뉴스에서 병원에 입원해 있는 어린이들에게 치료의 보조수단으로 새끼 동물들과 놀게 한다는 소식을 들었다. 물론 치유에 도움이 될 것이다. 그러나 그때에도 어린이들이 동물을 또 하나의 '움직이는 인형', '반응하는 인형'으로 여기지 않도록 배려해야 한다.

프랑스에서 유학생일 때 한 달간 남의 집에 입주 가정교사를 한 적이 있다. 그 집에서는 식사가 끝나면 식탁보를 접어서 꼬마 여자아이에게 주면서 새에게 모이를 주고 오라고 시켰다. 그러면 그 아이는 식탁보 위에 떨어진 바게트 부스러기를 마당에 가서 털고 왔다. 언젠가 지나갈 새를 위한 엄마와 딸의 공동작업이었다. 이렇게 크는 아이들에게 동물은 살아있는 동반자일 것이다.

　동물과 함께 사는 풍토에서 월터 디즈니는 동물들과 이야기할 수 있었다. 사슴이 창문으로 들여다보는 환경에서 산 사람들에게 월터 디즈니 동물 만화는 만화가 아니고 생활일지 모른다. 그들은 생활에서 사슴을 체험하고 월터 디즈니에게서 그들과의 세계를 만든다.

　인간은 어차피 많은 생물들과 함께 살고 있다. 그런데도 벌레만 보면 질겁을 하는 한국인의 모습이 낯설었다는 어느 독일인의 지적은 음미해 볼 만하다. 국토가 좁고, 또 국민의 반수가 아파트로 들어가는 우리에게는 동물과 접할 기회가 너무나 적다.

　그러나 동물과 함께 삶을 깨닫고, 그들과 소통하여 이야기를 만들려는 노력은 '풍요로운 자연'을 보듬어 안는 일이다. 동물 세계에 대한 이해는 잃어가고 있는 우리 자신의 모습을 돌아보는 지름길일지도 모른다.

《에세이문예》 2012년 여름호

목숨을 바칠 가치, 목숨을 버릴 용기

　아버지는 대전 현충원 사병 묘역에 묻히셨다. 그곳에서는 현충일이나 6·25 당일, 국군의 날 등에는 가족은 가능하면 오지 않도록 부탁했다. 그날은 전우들이 묘를 찾는다고 했다. 그래서 집에서는 주로 설날과 추석, 그것도 당일을 비켜서 성묘를 간다.
　지난 추석이었다. 동생네보다 내가 먼저 도착했다. 그래서 아버지 묘의 꽃을 갈아드리고 그 옆에 앉았다. 그런데 아버지의 묘를 비켜 두 줄 앞에 꽃이 없는 묘가 눈에 띄었다. 주변을 둘러보아도 그곳만 꽃이 없었다. 묘비를 읽었다. 1952년 11월 13일 금화지구에서 전사한 '육군 이등 중사'였다. 아버지가 2003년에 돌아가셨으니 그 정도이면 2002년 쯤 안장된 분이다. 전사한 지 50년 후이다. 6·25 전사자면 결혼 전이었을 수 있다. 부모님은 이제는 아들 보러 오기에 몸이나 시간이 자유롭지 않을 수도 있다. 나는 그날 조화와 생화를 준비했었는데, 아버지 묘에 놓았던 생화를 다시 들었다. 그리고 아버지께 생화는 다음에 드리겠다고 했다. 동생네가 도착했을 때 나는 조카에게 내가 못 오거나 혹은 조카가 꽃을 사게 될 때는 그분 꽃도 사도록 부탁했다. 조카는 당연하다는 듯 약속했다.

금화지구 저격능선 전투는 1952년 10월 14일부터 42일간 국군 제2사단이 중공군 제15군과 맞서 주 저항선 전방의 전초 진지를 빼앗기 위해 공방전을 벌인 전투이다. 특히 중공군의 반격이 끈질기게 이어져 11월 11일부터 1주일 동안에는 세 차례나 주인이 바뀌었다가, 11월 18일을 고비로 이 고지를 국군이 확보하게 되었다. 이 전투는 11월 24일에 종결되었다. 우리가 흔히 듣는 철원-평강-금화로 이어지는 철의 삼각지 전투 중 백마고지와 더불어 엄청난 희생을 치른 격전지이다. 이 육군 이등 중사는 거의 전투 막바지에 전사했다. 그의 가족은 이 전투에 참여한 그를 평생 자랑으로 여기게끔 위로받았는지 묻고 싶다.

현충일이 올해로 61회를 맞이한다. 그러니까 현충일은 6·25전쟁 이후에 전쟁 유공자를 기리는 기념일로 제정된 날이다. 그 후 현충의 범위는 독립지사나 의사까지로 넓혀졌지만, 아직도 전사자만을 기리려는 경향이 강하다. 그리고 우리는 이 현충될 분 모두를 우리 생활 속에서 기억해야 한다. 의병으로 나갔던 분이 살았던 집에는 그 사연을 적은 문패를 달거나, 나라를 위해 희생된 졸업생이나 재학생 명단을 학교 벽에 새겨 기억하는 일도 필요하다. 전쟁 희생자의 탑이 산속이나 외딴 장소에 있는 것도 고려해야 한다. 전쟁 현장에 기념비를 세운다지만 그들을 기념하는 사람들은 살아서 생활하는 우리들이다. 무엇보다도 현충하는 방법으로 원호援護라는 말을 사용하는 일은 재고해야 한다. 국가나 정의를 위해 목숨을 바친 사람들은 원호 대상이 아니다. 그들은 이 사회에서 긍지를 가지고 살아갈 '존경의 대상'이어야 한다.

한편, 전쟁은 외국과의 문제이다. 6·25만 해도 16개국이 참전했다. 외국인 참전 국민들에게 있어서 한국은 사랑하는 사람의 전사지나 불행을 당한 지역이 아니라 그들이 자랑스러운 일을 해낸 장소로 기억되도록 해야 한다. 용산 전쟁기념관 입구에는 UN 참전국과 전사한 용사들의 이름이 새겨져 있다. 그 상단에 있는 "전혀 알지도 못하는 나라, 한 번도 만난 적이 없는 국민을 지키라는 부름에 응했던 그 아들·딸들에게 경의를 표합니다."라는 글은 기념관 표어가 아니라 우리 전체의 마음에 새겨진 글이어야 한다.

목숨을 바친 사람을 기억하는 일은 목숨을 바칠 용기를 얻는 길이다. 또한, 그것은 살아가면서 목숨을 버릴 수 있는 가치를 생각하고 그를 향해 나갈 수 있는 훈련이다.

〈가톨릭평화신문〉 시사 진단 (2016년 6월 8일)

명동성당에서 광화문, 그 외침의 확장

　토요일마다 광화문이 사람의 파도를 이루고 있다. 그러나 일요일이 되면 일상으로 돌아간다. 광화문은 임진왜란과 6·25 때 불탔으나 2010년 원형대로 복구됐다. 2000년대부터는 한국의 중요 이슈가 전개되는 상징적 장소로 자리 잡았다.

　명동성당은 1960년대 제3공화정이 들어선 이후 오랫동안 인권의 상징이었다. 1970년대 유신 헌법 철폐와 1980년대 개헌 요구 등의 굵직한 정치사 외에도 명동성당은 인권의 보루였다. 1970년대는 탄압받는 인권의 신장을 위해 주로 학생들이 교문을 경계로 교내에서 시위했다. 학생들은 시내로 나올 때에 산발적으로 모여 바람을 외치고 달아났다. 그들은 대자보를 통해 의사를 표명했다. 시간이 지나면서 학생들은 화염병을 던졌고 경찰은 최루탄을 쏘았다. 시위대는 경찰의 손에 닿는 대로 체포됐다.

　이때 명동성당은 그들의 피난처였다. 때로는 상계동 철거민 등 교회가 보호해야 하는 사람, 사형수의 모친처럼 일의 해결을 원하는 사람들이 모이기도 했다. 교회는 인권을 위협하는 '국가 보위에 관한 특별법', '학원안정법' 등 여러 제도에 맞서야 했고, '인권 회복을 위한 기도회' 등에 앞장섰다. 당대 이 일을 하는 사람들은 서늘한 사명 의식이 있었다.

1980년 초 유학 중 프랑스 TV에서는 연일 한국의 시위 장면을 방영하면서 한국을 불안정한 사회로 규정했다. 학위가 끝나고 귀국할 때쯤 그들은 내게, 한국은 곧 큰일이 날 것같이 격렬한데도 망하지 않는 이유가 무엇이냐고 묻기도 했다. 당시 교회는 '사회 정의'의 두 기둥인 인간의 존엄성과 공동선에 깨어 있고자 노력했고, 또 울부짖는 약자들의 목소리가 밖으로 알려지지 않는 동안 정확한 정보를 빨리 얻을 수 있었다.

그러나 현대는 인터넷을 통해 정보의 대중화가 급속도로 이루어진다. 이제는 난무하는 정보의 홍수 속에 정확한 사실을 찾는 일이 힘들게 됐다. 인터넷 공간은 편집되기 쉬운 공간이다. 그러나 편집된 언론에 사람들이 길들여지고 있다 해도 그리 중요하지 않다. 대중은 끝내는 자신들이 읽어내야 할 것을 알아낸다.

물론 광화문에 몇 명이 모였는가도 크게 중요하지 않을지 모른다. 주최 측은 시위 현장에 참여한 사람들을 헤아리지만, 경찰 측은 시위 현장의 넓이를 기준으로 일시에 운집하는 사람들을 계산한다고 한다. 아무튼, 헤아려지는 숫자보다는 사람들이 광장을 가득 메웠다는 사실에 주목한다.

명동성당에서 광화문으로의 이동은 대중 의식의 성장과 참여 범위의 확산이다. 대학 다닐 때는 유신 헌법을 반대하는 시위가 봇물을 이뤘다.

그러나 정년을 앞둔 교수인 지금 시위의 주제는 개인에 대한 존중의 요구로 변했다. 광화문에는 행사 전 공연이 있고, 토론하고 자유 발언을 한다. 이 집회는 허가를 받았을 뿐 아니라 청와대 가까이 행진도 한다. 이제는 부모가 자식을 데리고 시위에 참여하기도 한다. 축제 같다. 외국 언론은 광화문 시위를 가리켜 최고 권력의 부정을, 평화적이고 규율을 지키면서 바로잡을 수 있는지 보여 주는 본보기라고 했다. 물론 반탄핵 시위도 같은 방법으로 진행되고 있다. 사회가 변하고 있다.

 광화문의 함성은 우리의 일상생활로 뻗쳐갈 것이다. 이제 우리 사회에서 모든 사람은 자신이 맡은 일을 제대로 하더라도 얼마나 사람을 존중하면서 일을 수행했느냐는 질문을 듣는다. 이 질문은 일상생활, 개인생활의 민주화에 대한 요구이다.

 이번 성탄, 우리가 마구간에 태어난 아기 예수의 마음을 선물로 얻는다면 교회는 밝은 미래를 향해 가는 새로운 길을 보여 주게 될 것이다. 그리고 교회의 오랜 경험은 그 길을 단단히 다질 것이다.

〈가톨릭평화신문〉 시사 진단 (2016년 12월 21일)

여섯 번의 김장 김치

아무래도 내가 기도를 너무 세게 한 것 같다. 한국인은 밥하고 김치, 그리고 김만 있으면 식사할 수 있다고 한다. 그러나 나는 지금까지 그 기본인 김치를 담가 본 적이 없다. 근무할 때는 점심과 저녁을 학교 식당에서 먹었으므로 문제가 없었다. 그런데 퇴직을 하고 코로나로 묶여 있자 김치를 사 먹어야 했다. 값도 만만치 않았다. 이번 겨울 들어서면서 동생이 김치 좀 한 통 해서 보내 줬으면 하는 마음이 들었다.

그리고 며칠 안 되어 봉헌회 회장이 전화를 했다. 집에 김장을 하는 날인데, 같은 회원인 부인이 김치를 한 통 주고 싶어 한다는 것이었다. 너무 반가워서 냉큼 가서 받아 왔다. 굴이 많이 들어간 신선한 김치였다. 마치 엄마가 김치를 싸 주시던 것처럼 작고 연한 배추김치를 가지런히 쌓아 한 통 가득 담아 주셨다. 내가 대구에 처음 부임했던 약 40년 전에는 집에서 김치를 받아 왔었다. 엄마가 아시면 많이 기뻐하시겠다는 생각이 들었다.

그 뒤 며칠 후 집에 정말 무거운 택배가 도착했다. 팔십이 다 된 외삼촌과 외숙모가 김치를 해서 보냈다. 아마 겨울 내내 먹으라고 부쳤는지 양이 엄청났다. 전화를 했더니, 들다가 허리 다칠 수 있으니 조심해서 옮기라고 하셨다. 삼촌 댁은 충청도식이어서 김치에 아무것도 넣지 않아 산뜻하다. 나는 부자가 된 것 같았다.

12월 한 모임에서, 어떤 분이 김장을 했다며 식사 자리를 위해 김치를 싸 왔다. 갈치젓으로 담갔다고 했다. 모두들 맛있다며 식당 반찬을 제치고 그 김치를 먹었다. 그리고 남은 김치는 그릇째 나를 주었다. 또 하루는 고성수도원에 피정을 다녀오면서 지인에게 선물할 일이 있어서 올리브유를 한 병 사 왔다. 그걸 갖다주던 날, 나는 그 집에서 시원한 백김치를 한 통 받아 왔다. 아삭아삭하니 샐러드처럼 먹어도 좋다고 했다. 대구는 동치미를 하지 않는데, 나는 갑자기 동치미 국물에 냉면을 말던 생각이 났다. 국수를 해서 김치 국물을 부어보아야지 하는 야무진 꿈도 키웠다.

주께서 시키신 건지, 나는 그즈음 우연히 김치 냉장고를 바꿨다. 어느 날 유튜브에서 아파트 발코니에 놓은 김치냉장고 파열로 불이 난 보도를 보았다. 그런데 바로 내 김치 냉장고가 해당 상표, 해당 연도에 속하는 것이었다. 2006년쯤 산 '딤채'이기 때문에, 놀라서 전자 대리점으로 뛰어갔다. 그곳에서 김치냉장고는 정부의 법정 보장 기간이 7년이라고 들었다. 나는 그 기간의 두 배 이상을 사용한 셈이었다. 또 동생은 김치냉장고 뒤의 전선 있는 부분이 노출되어 있는데 오래되면 그곳에

먼지가 쌓여서 전기 충돌을 일으킬 수 있다며, 가끔은 그곳도 청소하면서 사용하는 거라고 했다. 더 물을 것 없이 냉장고를 바꾸었다. 그렇게 새 냉장고를 맛있는 김치로 채워놓았다. 김장을 하고 겨울 채비를 든든히 마친 기분이었다.

그런데 연말에 서울에서 택배가 왔다. 국민학교 3학년 때 담임선생님의 사모님께서 배추김치와 총각김치를 한 묶음씩 보내셨다. 선생님께서 돌아가신 지가 벌써 14년이나 지났다. 그 선생님은 오늘의 나를 있게 하신 분이다. 선생님께서 지금까지도 나를 챙기시는구나 싶었다. 더욱이 사모님께서는 수녀님들이 농사지으신 유기농 배추와 유기농 무로 담근 김치라서 김 선생에게 보낸다고 하셨다. 내가 어떻게 건강하지 않을 수가 있겠나?

2021년 새해 첫날은 매우 추웠다. 저녁 무렵, 휴대폰에 문자가 떴다. 학교 강사를 하던 윤 선생이 집에서 떡국을 끓이다가 생각이 나서, 멸치 다시물이랑 끓일 떡을 문 앞에 갖다 놓았다는 것이었다. 골고루 담은 전 한 접시, 떡국을 끓일 때 넣으라는 고르게 썬 야채와 고명이 들어 있었다. 그리고 같이 먹으라는 듯 김치도 있었다. 올해 여섯 번째의 김치였다.

떡국 포장을 여니 국물이 그때까지 따뜻했다. 왔다 간 지 얼마 안 된 것 같아 다시 오라고 전화를 했다. 윤 선생은 버스 타고 가는 중이라고 했다. 내 아파트는 학교 근처에 자리 잡았기 때문에 대중교통이 불편하다. 국물을 들고 버스를 갈아타면서 그 추운데 왔다 갔다는 얘기다. 국을 끓이다 나온 엄마가 너무 늦게 집에 들어간 건 아닌지 모르겠다. 윤 선생이 그날 집에서 곰국을 끓였는데, 아직 기름을 걷어낼 만큼 식지 않아서 멸치 국물을 만들었다고 하는 걸 보면 아마도 내게 오기 위해 국물을 따로 끓인 것 같다. 설 음식을 하다 내가 생각났다는 윤 선생은 내 직접 제자가 아니다. 내가 신임 교수로 부임했을 때 같은 층에 있는 다른 과 교수 연구실에 있던 대학원생이었다.

사실 1월 1일 아침에 일어나서 떡국을 할까 하는 생각을 했었다. 그런데 국물이 없었다. 그래서 라면을 끓여 떡을 넣을까 하다 그만두었었다. 윤 선생이 포장해 준 것을 그대로 넣고 끓이니 깔끔한 설 '저녁' 밥상이 되었다. 골고루 갖춘 식재료를 담아서 정갈하게, 정식으로 음식을 해서 먹은 지가 정말 오래되었다는 걸 생각해 냈다.

올해는 아마 김장을 한 집보다 내가 김치가 더 많을지도 모른다. 내 기도가 너무나 절실했는지, 주께서 참으로 풍부하게 들어주셨다. 나보고 다른 것으로 갚으라는 명이시기도 하리라. 몇 사람 몫을 살아내라는 말씀이신지.

내가 김치 냉장고를 샀던 해는 박약회 여성부 회장을 하고 있을 때였다. 그때 회원들은 내가 자신들 삶의 가치를 발견해 주었다며 엄청 많은 것을 주었다. 냉장고를 새로 사야할 만큼……. 물론 나도 그때 행복했다. 그런데 올해 나는 사람들에게 무엇을 했던가?

올해는 코로나19로 사람들을 만날 수도 없었기 때문에 한 것도 없다. 다만 정년 하고 달라진 것은 나 스스로 주변 사람들을 따뜻하게 느낀다는 것뿐이다. 그러나 그것은 내 안에서만 일어난 일이다. 그래도 억지로 상황을 한 번 더 꺼내어 본다면, 올해는 책을 많이 선물했다. 《분도》나 《영성생활》과 같은 잡지, 내 논문이나 글이 실린 책 등 약 150 여권 나간 것 같다. 책이 나가서 김치를 벌어 왔나 보다. 물론 김치를 준 사람들이 다 내 책을 받은 것은 아니다. 그들은 내가 김치를 할 줄 모른다는 걸 아는 이들일 뿐, 아마 내게 김치를 준 이는 다른 이에게서 다른 것을 받았을 것이다. 우리는 이렇게 자신이 줄 수 있는 것으로 자신의 앞에 있는 사람과 나눈다. 그리고 그 나눔이 돌고 돈다.

나는 여섯 번씩이나 김치를 받으면서도 한 번도 집에 충분히 있다며 거절하지 않았다. 그것은 그들이 찾은 나와 나누는 방법이고, 또 다른 방법으로 다른 시기에 나누자는 '우리 간의 대화'라고 생각했기 때문이다. 실제로 김치통마다 다른 우정들을 담고 왔다.

성경에 물고기 두 마리와 빵 다섯 개의 비유가 있다. 장정만 5천 명, 그러니 아마도 만 명 가까운 사람이 빵 5개와 물고기 2마리로 모두 배불리 먹었고, 그 남은 빵 조각과 물고기를 모으니 열두 광주리에 가득 찼다고 한다. (마르코 6;42-44) 나누어 먹는 것은 그런 잔치를 낳게 한다.

나는 오늘도 든든한 응원을 느낀다. 그리고 나도 사람들에게 보낼 힘찬 응원을 기른다. 이렇게 우리는 주께로부터 엄청난 기도 응답을 받으며 산다.

《에세이문예》 2021년 봄호

'내 꺼, 우리 꺼'

최근, '조은산의 시무 7조'라는 글이 다양한 반응을 달고 인구에 회자되고 있다. 그중 '인간의 욕구를 인정하시옵소서'에 이르면, 사람들의 되풀이되는 잘못의 기조가 여기에 있나 싶어 멈추게 된다. 조은산은 큰 엿과 작은 엿을 양손에 쥔 아이에게 작은 엿 대신 큰 엿을 버리라고 어떻게 설득할지, 또한 양손에 멀쩡히 들고 있는 제 엿을 어떤 이유를 들어 버리게 할지를 물었다. 결국, 경제적 이득을 취하려고 하는 인간의 기본적이고 상식적인 욕구를 막으면, 혹은 그렇게 하리라고 스스로를 속인 사람들은 어쩔 수 없이 머리와 손과 입이 각기 따로 놀아나게 된다는 말이다.

요즘은 법조계 인사들만 정치판에 모여 있는지, 마치 내가 법원에 들어와 있는 것 같다. 전직 판사·검사·변호사·법학과 교수…… 그러면서도 유난히 법이 지켜지지 않음은 머리와 행동이 따로 움직이기 때문인가 보다. 법조계 인물들이어서 법을 어기는 것이 더 눈에 띄는 건지도 모르지만.

처음 교수로 부임하던 1987년에는 개헌을 주장하는 학생들 시위가 한창이었다. 그리고 바로 노태우 후보의 6·29 선언이 있었고, 학생들은 등록금 투쟁 등 교내 문제로 들어갔다. 중앙도서관 앞에 붙은 벽보를 읽고 있는 초임 교수인 내게 학생들이 말했다. "교수님, 다 같이 모여서, 자기 일하고 싶은 만큼 일하고 자기 필요한 만큼 쓰면 얼마나 좋습니까?" 내가 물었다. "그거, 굉장히 근사하네! 그런데 일하기는 싫고 쓰기는 많이 써야 하면 어떡하지요?" 그랬더니, 그 학생은 조금도 망설임 없이 그런 사람은 교육을 통해 정신을 개조해야 한다고 힘주어 말했다. 그 또래가 지금 대표적 활동 세대이다.

개구리 세 마리가 늘 서로 '내 꺼야'를 외치며 싸우고 있었다. 먼저 발견한 풀 한 포기, 지렁이 한 마리 등 눈에 띄는 모든 것이 분쟁 거리였다. 그런데 하루는 천둥 번개가 치고 태풍이 불어닥쳐 연못이 온통 흙탕물이 되었다. 그리고 차츰 연못에 있는 섬들이 물에 잠겨갔다. 결국 겁에 질린 개구리들은 마지막 한 개 남은 바위에 올라가 함께 웅크리고 앉아 있었다. 그들은 춥고 겁이 났지만, 그래도 함께 같은 무서움을 맞고 있어 든든했다. 이윽고, 비가 완전히 멈추고 물이 빠졌다. 이튿날 아침에는 물이 맑아졌다. 개구리들은 물속으로 뛰어들어 나란히 헤엄치며 섬 둘레를 온통 돌아다녔다. 그들은 전에 느껴보지 못했던 행복감을 맛보았다. 셋이서 평화와 아름다움을 보았다. 마지막 개구리가 평화와 아름다움의 이유는 '우리 꺼!'라고 느낄 수 있어서라고 설명했다.(리오 레

오니, 『내 꺼야!』 분도출판사, 1987)

이 '우리 꺼'의 유토피아는 구성원 모두가 똑같이 '우리'일 수 있어야 한다. 그런데 일상생활이나 직접적 소유는 공동으로 누릴 수 있는 것과 개인의 것이 일치하지 않는다. 그럼에도 이 유토피아에 대한 '기대'를 모든 사안에 적용시키려 한다면 또 다른 '폭력'이 된다. 이 기대에 '함몰'된 사람이 많아서 선동이나 포퓰리즘을 휘두를 수 있게 되면, '우리 꺼'의 유토피아가 내 편에만 적용하게 될 여지가 높다.

본래 똑같이 일하고 함께 쓴다 함은 수도원의 생활 방식이다. 내 친구는 평복 수녀이다. 그가 수도원에 들어간 이듬해 겨울에 머플러를 하나 선물했다. 그랬더니 친구는 그걸 수녀원장께 갖다 드리고, 필요한 사람이 먼저 신청해서 쓰는 거라고 했다. 함께 식사를 하고 그 친구가 식사비를 내면, 영수증을 들고 가서 수녀원에 청구한다는 말을 들었다. 그리고 십여 년도 더 지나서였다. 그날은 ATM 기계에서 현금을 인출할 일이 있어 잠깐 기다려달라고 했더니, 친구는 부스booth에 같이 들어가 봐도 되겠냐고 물었다. 한 번도 해 본 적이 없다는 것이다. 그는 평생 은행 통장이 없었다.

수도원에는 하느님을 향한 공동의 목표가 있고, 또 그것을 향해 새로 출발한 사람들이 모인다. 목표가 분명하고 어떤 의미에서는 정형화된 생활 패턴을 가지고 있다. 그러니까 불만이나 충돌이 생겨도 조정할 기준이 분명하다. 또한 수도원은 청렴으로부터 시작하고, 각자의 필요도 주로 기본 생활을 위한 것이므로 그 사용에 대한 구성원 설득도 상대적으로 쉬운 편이다. 수도원은 일반 생활에서 보면 이미 생활을 단순화시킨 특수 집단이다. 그런 수도원 안에서도 실제로는 소소한 문제들이 그치지 않는다.

우리가 건강 검진 결과서를 보면, 엄청 많은 종목에 끝없이 다양한 숫자들이 적혀 있다. 스스로도 모르는 사이에 이 많은 항목에 유지 대처하고 있었구나를 새삼 기특해하게 된다. 그러나 사람들이 아무리 몸을 세부적으로 나누어 수치로 표시하고, 온갖 과학을 다 동원해도 몸이 자정自淨하고 적응해 나가는 것을 다 계산해 낼 수는 없다. 하물며 5천만, 7천만 국민의 일상생활 전체를 계산해서 조정하겠다고 계획한다면 이는 분명 무모한 도전이다.

'우리 것'을 설파한 작가는 '잠잠이'의 이야기도 함께 한다. 들쥐 식구 다섯 마리가 농부네 흙담 구멍에 살고 있었다. 그런데 집주인인 농부가 이사를 가버려 스스로들 일해서 겨울 준비를 해야만 했다. 온 식구가 나서서 들판에 떨어진 곡식알들을 주워 모으는데, '잠잠이'만 앉아 있었다. 바쁜 들쥐 식구들이 왜 일을 안 하냐고 재촉하면 자기도 일하고 있다면서, 춥고 어두운 겨울날을 위해 햇빛을 모으고 있는 중이라고 했다. 그는 눈총을 받으면서도 앉아서 빛깔을 모으고 있다고도 했다. 또 때로는 말을 모으고 있다고 했다.

겨울이 닥쳐 들쥐 다섯 마리는 돌담 안 그들의 집에 꼭꼭 숨었다. 얼마 동안은 먹고 이야기하며 즐겼다. 그러다가 양식은 동이 나고 집 안은 썰렁하고 다정한 수다는 없어졌다. 그때 잠잠이가 돌멩이 위에 올라앉아 그가 모았던 햇빛을 시로 읊어 모두에게 따뜻함을 선사했다. 또 그들은 잠잠이를 통해서 잿빛 한겨울에 새파란 넝쿨 꽃이며 빨간 양귀비 등의 빛깔을 볼 수 있었다.

조은산은 건의를 하기 위해 굳이 전통시대 상소문 형식을 택했다. 그 형식이 더욱 사람들에게 다가왔다. 마치 과거, 현재, 미래를 함께 품는다는 상징 같다. 역사란 공유되어야 할 사회의 기준점을 시간을 이어 찾아내는 학문이다. 그렇게 공평과 다양성을 품는다. 한편, '잠잠이의 문학'은 인간의 독자성과 창작성을 존중한다. 이들은 우리를 '만들어지는 인간'으로부터 벗어나는 길을 제시할 것이다. 우리는 인간을 인간으로 보면서 인간의 품격을 찾고, '내 것'이나 '우리의 것' 등의 기본을 중시하면서 각자의 세상으로 타인과 조화를 이룰 것이다. 내 편이 아닌 이들도 '우리 것'의 주인임을 알게 될 것이다. 그렇게 인간은 자연에 안길 것이다. 그리고 그 끝에는 우주 질서를 주관하시는 분이 기다리신다. 시간이 많이 걸리는 지름길이다.

『대구가톨릭문학』 30(2020년)

100년의 기다림

전통이 전무한 곳에서 혼자 세계적 왕국을 짓는 소녀가 있다. 그녀가 확 퍼지는 음률에 맞추어 스파이럴 팔을 벌리면 마치 빙상 위에서 꽃이 피어나는 것 같다. 그런데 이 여왕은 우승의 첫 번째 기쁨을 자신의 코치 브라이언 오서라는 외국인과 같이 듣는다. 물론 우리가 지금 즐기고 있는 스포츠들은 거의 우리 전통의 경기가 아니다.

피겨스케이팅이 한국에 처음 소개된 것은 1890년대였다.

1950년대 이승만 대통령과 프란체스카 여사는 한강에서 열리는 스케이트 대회를 참관했다. 그때 대통령 내외는 의자를 놓고 앉아서 무릎에 담요를 덮고 있었다. 선수들 중에는 평상복으로 스케이트를 신고 나온 이들도 많았다. 그 뒤 또 50년, 애호가들에 의해 맥을 이어오던 우리의 피겨스케이팅이 김연아를 따라 세계의 주목을 끌어들이고 있다.

지금 우리는 새로운 전통이 창출되는 현장에 있다. 이 전통은 아직은

무르익지 않은 세계이다. 피겨스케이팅에 대한 인터넷 동영상을 찾다보면 한국인 해설보다는 일본어나 러시아어 해설 동영상이 많다. 게다가 한국 해설은 우리가 보고 있는 것을 다시 되뇌고 있는 수준이다. 그러나 외국은 작품 해설에 있어 우리보다는 한 단계 앞선다.

김연아가 본드걸 쇼트프로그램을 처음 연기할 때 일본 해설자는 그가 자신의 최고점에 근접하리라는 예상을 했다. 해설하면서 점수를 매길 수 있는 수준이다. 러시아 해설자들은 시합에서 아름다움을 보고 즐기는 경지에 있다. 지난번 프랑스에서 치러진 프리스케이팅 연기를 보면서 한 러시아 해설위원이, "나는 오드리 헵번이 생각납니다"라고 하자, 상대편이 대답했다. "김연아는, '아니예요. 이게 바로 나예요'라고 연기하고 있는데요."라고 덧붙였다. 이 해설을 들으면서 우리의 피겨스케이팅이 얼마나 척박한 땅에서 이루어지고 있는지를 실감하게 된다.

그런데 우리 모두가 새로운 현대 세계를 찾아다닐 때 또 다른 100년의 기다림을 산 사람들이 있다. 이들은 전통을 이고, 모든 사람들이 떠나가는 동네에서, 모두가 속도감과 편리성을 찾아 사고방식까지 전환하고 있을 때, 묵묵히 400여 년 된 집을 지키고 살고 있었다. 김연아가 피겨 스케이트 날 위에 서서 온몸을 긴장하듯, 하늘과 역사를 이고 절제와 격조를 위해 긴장해 온 사람들이다. 바로 종가宗家의 사람들이다. 우리의 '준비된 전통'이다.

종가 문화가 가장 잘 보존되어 있는 곳이 영남 지역이다. 이곳에는 약 260여 종가들이 있다. 올해 경상북도 도청에서는 이곳에 기울였던 관심을 '종가문화 르네상스 원년 선포'로 표출했다. 봄, 가을, 두 차례

종가 포럼을 했다. 종가도 이 관심에 응답하며 그동안의 침묵을 털고 일어서기 시작했다.

어느 종손이 말했다. "60년대, 70·80년대는 산업화하느라고 아무도 거들떠보지 않았잖아요. 그동안 늘 안사람에게 미안했어요. 그랬는데, 요즈음 종가포럼 등으로 집사람 입꼬리에 웃음이 달린 것이 고마워요."

지금, 관官과 학계, 사회에서는 각종 종가문화 관련 모임이 활발하게 전개되고 있다. 근대 100년을 지킨 종부들, 문밖을 나서는 반가 음식, 종가 브랜드화, 종가별 문장 제작 등 다양한 사업들이 전개된다. 물론, 스포츠 선수가 외국까지 전지 훈련을 나가듯, 이 모든 사업은 준비된 계획과 차분한 실천이 필요하다.

창조란 그 사회의 여력이 한 사람을 통해서 표출되는 것을 말한다. 따라서 피겨스케이팅의 우아하고 종합적인 경기는 대한민국의 삶이 이제 그 수준에 왔다는 얘기가 된다. 그리고 이제 대한민국 국민들도 양반 문화의 여유를 누릴 경제적 여력도 있다.

100년에 걸친 근대화 건설과정에서 종부 문화는 100년간의 고독으로 다져져 왔다. 이 근대 문화에 전통문화를 입히면 한국이 뿜어내는 신비는 어느 누구도 입 다물지 못하게 할 것이다. 그리 하면 자연과 조화되는 삶, 인간애가 살아있는 삶, 품격 높은 예술을 지향하는 우리의 새로운 문화는 미래의 삶에 대한 대안으로 온 인류에 답하는 문화가 되리라.

〈매일신문〉 문화칼럼(2009년 12월 11일)

3
절제 / 자유, 그리고 하느님

자신을 깨닫고, 자존의 세계를 세우기 위해 힘들어 본 사람이라면
대화는 더 쉽게 열린다. 버리지 못하면 듣지 못한다. 듣지를 못하고
자기 말만 하는 것은 소통이 아니다.

숨어 죽는 호랑이

　민자民資로 개발된 수원역에는 지하철역, 기차역과 함께 백화점이 있다. 내가 시간에 쫓겨서 절절매는 것 같으니까 그는 역으로 나를 만나러 나오겠다고 했다. 대구에서 기차를 타고 수원역에 내리니 그는 바로 역이 마주 보이는 길가 난간에 기대어 서 계셨다. 자리를 옮기려고 할 때, 나는 그를 역으로 나오라고 했던 일 자체가 무리였음을 알았다. 그는 한쪽 다리를 끌고 있었다. 그런데 다리가 아니라 허리가 잘못되어서라고 했다.

　우리는 전처럼 역 주변 화단 턱을 찾아 이리저리 걸었다. 이미 좋은 자리는 홈리스나 청년 데이트족들이 차지하고 있었다. 그래도 우리는 다행히 햇빛을 반쯤은 가린 화단 턱을 찾을 수 있었다. 이렇게 한 노인과 중늙은이 여자가 어쩌면 마지막이 될 인사를 나누는 자리가 마련되었다.

　그는 나보다 한국어를 더 일찍 배우기 시작했고, 한국식 이름을 나보다 먼저 가졌다. 그는 6·25사변 직후 한국 땅을 밟고, 한국인과 더불어 세월을 보낸 파리외방전교회 소속 가톨릭 선교사다. 17세기 프랑스에서 창설된 파리외방전교회는 수도회가 아니라 교구 신부들의 선교단체이다. 이들은 일정한 지역에 파견되어 종신토록 머무르면서 그곳의 언어와 풍습을 배워 포교 활동을 해왔다. 그러므로 그의 한국어 구사 실력은 완벽하고 한국 사회를 보는 눈도 정확하다. 그의 '우리나라'는 언제나 한국을 일컫는 단어였다.

지난주였다. 느닷없이 그가 프랑스로 돌아간다고 연락해 왔다. 그래서 부리나케 그를 뵈러 왔던 것이다.

"신부님, 왜 가세요. 한국이 좋은 나라잖아요."

"나도 한국이 좋아요. 그런데 이젠 몸이 아파…… 짐이 될 때가 되었으니 가야지."

그는 차분히 답하였다. 20대 전반의 젊은 청년이 한국에 와서 그 나이가 80을 넘겼는데, 자신의 몸마저 제대로 움직이지 못하게 되었으니 간다는 말이었다. 그는 평생을 한국에서 살았으니, 프랑스에는 아는 사람이 오히려 더 적을 수도 있다.

"선교사는 선교지에서 죽는 거라매요."

갑자기 나는 삐질삐질 울고 싶었다. 머릿속에는 금단의 나라 조선에 입국해서 뼈를 묻으려고 그렇게들 애쓰던 우리 역사 속의 선교사들이 떠올랐다.

특히 내가 그 전기를 번역했던, 깔래 신부의 입국 노력이 생각났다. 대원군의 천주교 박해 때 신자들은 그 선교사를 문경 골짜기에 숨겨주었다. 신부는 어느 날 더 이상은 신자들에게 피해를 주지 않으려고 잠시 중국으로 피신을 가기로 했다. 작은 고기잡이배로 꼬박 사흘이나 걸려 중국 산둥 지방에 도착했다. 선교사는 끝내 다시 조선에 돌아오지 못했다. 오페르트의 남연군 묘 도굴사건 등 상황은 더욱 나빠졌고, 신자들은 체포되어 죽어갔다. 이미 건강을 상한 그는 그래도 조선의 신자들 곁에 있고 싶어 백방으로 노력했었다. 재입국이 불가능하자 그는 프랑스의 트라피스트회에 들어가서 조선 신자들을 위해 평생을 기도하며 살았다. 그렇게 맺어진 선교사와 신자들이었다.

"그랬지. 우리 선배들은…… 그러나 내 시대에는 3년에 한 번씩 한 달 휴가를 다녀올 수 있었는데도 가지 않았었지."

그 못 쓴 휴가를 한꺼번에 가시려는 듯한 말이었다.

"한국은 많이 성장했어."

20여 년 전 내가 그를 처음 만났을 때, 그는 이미 일반 신자들에게 선교하는 본당사목을 떠나 부천 성가병원에 원목으로 있었다. 그리고 몇 년 뒤에는 수원의 경로수녀원에서 운영하던 양로원의 할머니 할아버지들을 돌보기 위해 자리를 옮겼다. 이렇게 그는 벌써 20년 이상이나 일반 신자가 아닌 환자, 노인들 속에서만 살아왔다.

그는 1953년 배로 프랑스를 떠나서 7개월 만에 서울에 도착했다고 한다. 서울에서 한국말을 배우고 나서 그는 곧 대전교구에서 사목생활을 시작했다. 그런데 대전교구가 한국인 교구장을 갖게 되면서 그는 이곳저곳으로 옮겨 한국교회가 필요로 하는 일들을 해 왔다. 그러다가 이번에는 양로원을 수리하게 되어 집을 비워야했다. 그는 이를 떠날 기회로 삼았다.

 선교지에서 그의 방랑은 파리외방전교회의 설립 목적에서 오는 것일 수도 있다. 본래 파리외방전교회는 파견된 선교 지역에서 교회를 조직하고, 현지인現地人 성직자를 양성하여 현지인들이 교회를 운영할 수 있도록 하는 것을 목표로 삼고 있기 때문이다.

 그가 자신의 선교지에 온 이후 한국은 정말 많이 변했다. 선교사들은 자신이 처음 사목했던 본당을 사람들이 첫사랑을 그리워하듯 추억한다고 들었다. 그래서 나는 얼마 전 그분이 처음 사목을 하던 충청남도 합덕 신리공소를 보여드리려고 했다.

 신리는 1866년 대원군의 박해 때에 프랑스 선교사들이 체포되어 순교의 길을 걸었던 곳이다. 거기에서 그는 선교생활을 시작했다. 그는 40여 년 만에 그곳을 다시 가본다며 기뻐했다. 그런데, 목적지에 도착하자 난감한 일이 생겼다. 신리는 예전의 신리가 아니었다. 그는 자신의 선교지에서 체포당해 순교한 선배 선교사들과 순교자들이 로마 교황청에서 복자로 선언되자 신리에 복자 기념비를 세웠었다. 그는 1968년 당신이 세웠던 그 복자 기념비를 찾아 이리저리 기웃거렸다. 당신과 연관된 흔적이 사라진 땅, 모든 추억이 마음속으로만 파고 들어가는 순간이었다. 차라리 모시고 오지 말 것을 싶었다. 그렇게 한국은 커갔고, 그는 늙어갔다. 그리고 이 땅에는 자신들이 남겼던 흔적조차 사라지고 있다.

 "350년 전에 선배들이 우리 선교회를 만들었지. 그때 그 목적이 한국에서는 어느 정도 이루어진 거야. 지난번에 김수환 추기경이 돌아가셨을 때, 정말 많은 사람이 추모했잖아? 나는 그들이 전부 신자라고 생각하지는 않아, 그 불이 꺼지지 않았으면 좋겠어."

그때 당시 100만 조문객 인파는 물론 신자만이 아니었다. 신자들은 보통 본당에서 추모를 하기 때문에 굳이 서울까지 갈 필요가 없었다. 추기경을 추모하던 그 인파는 그만큼 한국 사회에 가톨릭 정신이 뿌리내렸음을 말하는지도 모른다. 또는 한국가톨릭이 사회가 필요로 하는 일을 실천하고 있었다는 말이기도 할 것이다.

나는 신부님께 잠깐 다녀오겠다고 하고 백화점으로 뛰어갔다. 가장 가볍고 가장 예쁘게 생긴 빨간색 지팡이를 샀다. 옛날 천주교 신자들이 죽임을 당할 때, 그들은 선교사를 절대적으로 신뢰했고, 그리고 이 신뢰가 선교사들을 버티게 해주었다. 이 빨간 지팡이를 짚을 때마다 그분 자신이나 그분 선배들과 맺었던 한국인의 우정이 생각나기를 빌었다.

지팡이를 보고 있는 신부님께 물었다.

"신부님, 다시 태어나도 선교사를 하시겠어요?"

그분은 그저 "세상이 많이 변했어요."라고만 하셨다.

그는 20년 전에 내가 처음 만났을 때 입고 있었던 잠바를 그날도 입고 있었다. 인터넷을 한 적이 없고, 핸드폰도 없었지만, 그의 삶은 분명 아주 잘 살은 삶이었다. 그분을 뵈러 가는 내내 잘 산 생이 왜 끝날 이렇게 쓸쓸해지는 것일까라는 질문을 나는 지울 수가 없었다. 그러나 그의 표정을 보면서 문득 호랑이는 숨어서 죽는다는 말이 생각났다. 이곳에서 고생했고, 그러니까 그분이 어려울 때 같이 견딜 의지가 있는 우리를 떠난다는 것은 그가 이루고 싶어 하는 또 다른 목표인 듯했다. 그는 이제 우리를 피해 가면서 또 그 속에서 행복해 하고 계신 것 같았다.

기차 시간에 쫓겨 일어나면서 나는 이렇게 내뱉었다. 쓸데없는 말인 줄 알면서도.

"신부님, 이곳에서 사신 일을 자랑스럽게 생각하셨으면 좋겠어요. 신부님을 자랑스럽게 생각하셨으면 좋겠어요."

《에세이문예》 2010년 가을호

매 맞는 할아버지들

나를 울리는 사람들이 있다. 오늘 새벽도 조선 조정에서 천주교인들을 재판한 기록인 『추안급국안』과 『사학징의』를 들고 있었다. 아들, 며느리를 둔 점잖은 학자들이 줄줄이 묶여 와 매를 맞게 되었다. 꽤나 대접받고 살던 사람들이 새파랗게 젊은 포졸들의 호통을 참으며 시키는 대로 따랐다. 생전 그런 모욕은 당해본 적이 없으나 모욕이라고 느낄 틈도 없다.

1801년 최창현 43세, 이승훈 46세, 정약용 40세, 이존창 43세, 권철신 66세, 조동섬 62세, 홍교만 64세…. 지금의 나이로 치면 60대, 80대의 할아버지들이다. 신문관은 원하는 답을 들을 때까지 그들에게 곤장을 쳤다. '죄인 권철신'은 얼버무리며 둘러대는 짓이 마땅히 매질하며 신문해야 한다는 말을 들었다. 그러나 그가 너무 늙고 병들어 고문을 중지할 수밖에 없었다. 40대의 '죄인'들도 청년 때 시작한 천주교 때문에 중늙은이가 되어 고문을 받고 있었다.

　더욱 가관인 것은 이 점잖은 할아버지들이 뻔히 보이는 거짓말을 한다. 금방 들통이 나서 불호령이 떨어지는데도 말이다. 42세인 정약종은 박해가 심해지자 자신의 집에 있던 책과 성물 등을 궤짝에 넣어서 다른 곳으로 옮기려 했다. 그런데 이 짐을 지고 가던 임대인이 붙들렸다. 그는 더 이상 아무것도 부인할 수 없는 처지가 되었다. 조정에서는 그가 제대로 불어만 준다면 쳐놓은 그물이 고기로 가득 찰 판이었다.

　정약종은 교주로 지목받았다. 소굴과 패거리, 요사스런 책의 유통과정을 대라고 추궁당했다. 이에 그는 자신이 문자를 이해했기 때문에 따로 배운 스승은 없고, 혼자뿐이라고 버텼다. 그러나 조정의 관리들은 이미 정약종의 궤짝에 있던 편지나 책들을 읽었기 때문에 그 질문도 깊고 날카로웠다. 관리들은 천주학을 섬겼던 방법과 첨례 때 무얼 걸어놓았느냐고 물었다. 그는 천주를 모시는 일은 어디서나 가능하고, 천주는 형체가 없기 때문에 화상을 만들어 첨례 때 걸어놓고 의지하며 사모하는 정성을 드린다고 했다. '신부'가 누구냐는 질문에 그는 서양과 중국에는 신부가 있는데 우리나라에는 아직 없다고 했다. 이 순간 중국인 선교사 주문모 신부는 이 교우 집, 저 교우 집을 전전하며 피신하고 있었다.

　분통이 터진 관리들은 역으로 천주교인들의 진실성을 꼬집었다. 천주학은 진실하다고 하면서 왜 사실대로 말하지 않느냐고 몰아붙였다. 정약종은 진실하라고 배웠지만, 죽을 때는 혼자 죽지 어떻게 다른 사람을 끌어들일 수 있냐고 대답했다. 관리들은 천주학은 죽음도 두려워하지 않던데, 도대체 무엇이 두려워서 다른 사람을 대지 않느냐고 꼬집었다. 그는 단호하게 답했다.

"같은 무리를 꼭 집어 말한다면 나라에서 올바른 가르침을 행한 현인으로 인정하여 관직을 주고 상을 준다면 모를까, 지금은 그렇지 않고 번번이 형벌을 내려 죽이니 어찌 말할 수 있겠습니까?"

그러자 관리는 바로 정약종에게 최창현을 아느냐고 물었다. 그는 모른다고 했다. 교회의 두 기둥 중 하나인 정약종이 또 다른 기둥인 최창현을 모른다는 것은 그야말로 어불성설이었다. 관리는 흰 무명에 비단 테두리를 한 휘장을 만들어 가지고 온 사람이 최창현이 아니냐고 따졌다. 정약종은 그제서야 "다시 생각해보니 최창현은 아는 사람입니다. 또한 천주학을 한 사람입니다."라고 했다. 최창현이란 이름을 조정이 파악하고 있음을 알고서야 인정했다. 그들이 탄로날 때까지 버틴 것은 자신이 천주교를 믿었다는 사실이 아니고 천주교와 연관된 다른 이들의 이름이었다.

신유박해 때 체포된 초창기 교회 선비들은 신문 과정에서 그 대답이 천편일률적이다. 그들은 전에는 천주학을 했으나 윤지충과 권상연이 제사를 지내지 않아 처형된 진산사건 이후에는 천주학을 중단했다고 했다. 천주교는 혼자 했기 때문에 아는 이는 없다고 했다. 정부에서 다른 이의 이름을 집어내어야만 인정했다. 속으로 이미 잡힌 사람들을 짐작해서 그들만을 대주려는 궁리는 눈물겹다. 신유박해 때에는 신자들끼리 미리 대답할 내용을 약속했던 것 같다. 그들은 그렇게 동료를 보호하고자 했다. 신문 과정에서의 그들의 답이 순교자로서의 답이었는지, 배교의 말이었는지는 차후의 일이었다. 그들은 교회를 보호할 방법을 미리 논의하고 체포된 후에는 그렇게 지켜갔다.

최근 교회 내 일부 신자들이 정의평화를 위한 사회 활동에 대해 의사를 표시했다. 사회의 정의와 평화 구현을 위해 노력하는 이들은 하느님께서 창조하신 모든 사람이 하느님의 자녀라는 입장에서 소외된 이웃을 챙긴다. 그러나 정의평화 활동을 하는 분들이 같은 울타리 내에 있는 사람들과 다 함께 공명하려는 노력을 조금 더 기울였으면 하는 바람이 있다. 물론 그들에 반대하는 분들도 일정 '명목'을 가지고 그들을 남의 그룹으로 만들지 않았으면 한다. 한 번 더 그 이야기를 경청했으면 싶다.

우리끼리도 소통이 되지 않는다면 교회를 보호하기 위해 동료의 이름을 대지 않으려고 이리저리 머리 굴려가며 거짓말했던 그 할아버지들이 울어버릴지도 모른다. 매 맞고 목숨 내놓으면서까지, 또 배교자로 지탄받을 각오를 하면서도, 보호하고 싶었던 교회와 교우들이 있었기에 할아버지들은 행복했다.

〈가톨릭신문〉 방주의 창(2013년 11월 24일)

'천주교인이시오?'

질문 한마디가 인생을 바꾸고, 또 역사를 새로 여는 경우가 있다. 특히 2021년 올해는 이 체험을 가까이 느끼며 한 해를 지낸다.

김대건이란 젊은이가 태어났다. 그는 1821년 8월 21일생으로 알려져 있다. 예수의 생애처럼 김대건 신부도 공적인 활동 이전의 유소년기에 대해서는 확실치 않다. 그렇지만, 공적인 생활 자료는 풍부한 편인데, 특히 자신의 편지가 중심 자료이다. 현재까지 보존되어 오는 그의 서한 19번째 편지에서 "천주교인이시오?"라고 묻는 대반전의 사건이 세 번 나온다.

1842년 말, 김대건 신학생이 장차 알게 될 김 프란치스코에게 무턱대고 당신이 천주교인이냐고 묻는다. 그리고 1844년 페레올 주교가 경원 쪽 입국로를 개척하라고 해서 경원 후시後市에 맞추어 훈춘에 온 김대건 신학생이 약속된 밀사들을 찾기 위해 '예수의 제자요?'라고 물었다.

또 한 번은 김대건 신부가 백령도 부근에 해양 입국로를 모색하러 나갔다가 체포되었을 때 관장으로부터 "당신이 천주교인이오?"라는 질문을 받고 자신의 신앙을 고백하는 것이다. 이 질문들은 짧지만, 해당 사건을 교회의 역사 안으로 끌어들이는 거대한 힘을 가졌다.

특히 신학생 김대건과 밀사 김 프란치스코의 만남은 절묘하다. 1842년 당시 신학생과 선교사, 한국 교회는 힘든 수렁에 빠져 있었다. 1839년부터 조선으로부터의 소식이 끊어졌다. 그때 마침 아편전쟁 상황을 관찰하러 온 프랑스 전함 에리곤호가 중국 정세를 살핀 다음 조선으로 갈 계획을 세웠다. 이에 김대건 신학생이 통역을 맡게 되었다. 그리고 매스트르 신부와 김대건은 이 기회를 이용하여 조선에 입국한다는 계획을 세우고 탑선했다. 그러나 에리곤호는 조선으로의 항해를 포기했다. 그들은 전사戰士보다 강한 선교사에게는 신앙과 조그만 쪽배 정도만 있으면 된다고 스스로들 위로하며 전함에서 내렸다.

그렇지만, 아편전쟁으로 서양인에 대한 거부감이 최고조로 달한 때여서 매스트르 신부를 모시고 여행하는 김대건은 곳곳에서 냉대를 받았다. 게다가 조선 상인들로부터 외국인들과 수백 명의 조선인이 사형을 받았다는 풍문도 떠돌았다. 매스트르 신부와 김대건은 동지사 일행이 오는 때를 맞추어 조선으로 입국할 계획을 세웠다. 그들은 거지로 위장하여 국경을 넘을 예정이었다. 그러나 매스트르 신부가 동행하는 것이 더 위험하다는 중론에 밀려, 결국 김대건 혼자 국경으로 출발했다.

1842년 12월 23일, 신학생 김대건은 변문 근처에 이르렀다. 그는 막막한 벌판에서 조선 입국로를 찾아야 했다. 그때 북경으로 들어가는 조선 사신단의 대규모 행렬이 눈에 띄었다. 그는 한 사람을 짚어 그에게 "천주교인이오?"라고 물었다. 상대방은 "프란치스코"라고 답했다. 조선교회에서 보낸 연락원을 찾은 것이다. 당시 교회 밀사들은 마부나 짐꾼 등의 자리를 얻어 사절단에 포함되어 조선을 떠났다. 그렇게 해서 변문까지 오면, 중국인 심부름꾼이 외방전교회 대표부의 전달 사항과 물건들을 가지고 와서 찾았다. 얼굴 모르는 사람들이 믿음으로 만나는 체제였다.

그러나 조선교회에서는 기해박해가 일어난 1839년에는 배교자들의 음모가 무서워서 밀사를 파견할 엄두도 못 냈고, 다음 해에는 연락원이 도중에서 객사했고, 1841년의 밀사는 변문까지 왔지만, 중국인 안내자를 만나지 못해서 그대로 되돌아갔다.

그해 프란치스코는 벌써부터 변문에 도착했으나, 중국인 연락원들이 없었다. 그는 아예 북경으로 들어가 성당으로 찾아갈 요량을 세웠다. 그는 외교인 친구들의 도움으로 중국까지 들어갈 허가를 얻어 사신 일행의 명단에 올라 북경으로 향하고 있는 중이었다. 그때 김대건이 다가온 것이다.

그러나 프란치스코는 이제 외교인 동료들이 수상하게 여길까 봐 북경행을 중지할 수가 없었다. 그래서 김대건은 사절단 꽁무니에서 그를 따라가면서 기해박해의 참상을 들었다. 그리고 순교자들이 쓴 편지들을 전달 받았다.

김대건 신학생은 나중에 이렇게 썼다. "하느님의 안배로 그 일행 중에 김 프란치스코라는 조선 연락원이 저에게 다가오고 있었는데, 저도 그를 모르고 그 역시 저를 알아보지 못하였습니다. 우리는 8년 전에 한

번 만난 적이 있었습니다."

　김대건은 김 프란치스코를 '콕 짚어' 선택할 수 있었다. 자연과학을 하는 동료가 말했었다. "소리는 공기를 구성하는 분자들이 진동하면서 파동을 만들어내는 것이다. 그보다는 늦게 알려졌지만, 빛도 전기를 띤 입자가 가속도 운동으로 파장을 일으켜 우리 눈에 닿는다. 그런데, 이렇게 소리나 빛이 형체가 없는 작은 분자들이듯이 생각도 작은 분자들이 운동하는 것이리라고 믿어진다"고 했다. 즉, 어떤 사람이 열심히 생각을 하고 있으면 그 생각 분자가 운동을 일으켜 그 파장이 상대편에 가 닿아 공감을 일으킬 거라는 이야기였다. 실제로 우리는 우연히 생각하고 있었는데, 바로 상대편에게서 연락이 오는 일들을 경험한다. 김대건의 기도 입자가 김 프란치스코에 닿았을까? 김 프란치스코와 김대건의 바람 입자가 중간에서 마주쳤을까? 그렇게 공중에서 만난 입자는 선교사들이 조선에 입국할 수 있는 견고한 다리가 되었다.

　김 프란치스코는 1812년 경상도 포항에서 태어나 1834년부터 조선교회 밀사로 여러 차례 북경을 왕래했다. 1836년 1월에 조신철, 정하상 등과 함께 변문에서 모방 신부를 영접했다. 기해박해 이후 앵베르 주교, 모방, 샤스탕 신부의 시신을 삼성산으로 이장할 때도 참여했다. 변문 근처에서 김대건과 만난 이후 김대건 부제가 조선에 입국할 때까지 밀사로서 오갔다. 그는 1884년 시복재판 당시 72세였다. 프란치스코는 이 재판에서 교회 순교자들 대부분에 대해 증언할 만큼 교회 일에 깊숙이 관여한 인물이었다.

　한편, 파리외방전교회 문서고에 갔을 때였다. 1839년 앵베르 주교는 신자들을 보호하기 위해 선교사들에게 와서 자수하라는 편지를 띄웠다. 샤스탕 신부는 주교께 합류하러 가기 전에 편지로 동료와 가족에게 마지막 인사를 했다. 그런데, 그 편지의 수신 일자를 보니 1846년, 7년 후였다. 처음 그 날짜를 볼 때 얼마나 많은 손이 박해의 두려움을 피하며 간직했던 편지일까를 상상했었다. 그런데 이 편지가 김대건 신학생이 김 프란치스코에게서 받았던 편지들 중에 하나였던 것 같다.

'천주교인이오?' 이 한마디는 수많은 과거와 셀 수 없는 미래의 역사를 이어놓는 방점이 되었다. 김대건과 프란치스코와의 만남은 어쩌면 드라마보다 더 드라마틱하다. 만약에 내가 이렇게 일화를 구성했다면, 사람들은 너무 작위적이라고 충고해 주었을 것이다. 하느님이 쓰셨기 때문에 우리는 '놀랍다'라고 읽는다. 그 놀램은 하느님이 우리 교회를 사랑하고 계시다는 증언이기도 하다.

김대건의 행로는 '무서운 우연'의 점철이었다. 혼자 변문을 넘을 때, 한겨울에 요동 무인지대를 통과하여 훈춘에 갈 때, 페레올 주교를 모시러 상해로 항해할 때…… 하느님은 섭리를 준비하셨고, 김대건은 그의 대담함으로 그것을 낚아챘다.

김대건이 하느님의 사랑을 독차지하게 된 그 대담함은 물론 그의 절제적 사랑에서 나오는 것 같다. 김대건 신부는 매 순간을 그렇게 살았다. 예를 들어, 그는 부제副祭로 서울에 도착하여 페레올 주교와 다블뤼 신부를 모시러 상해로 나가는 준비를 하는 3개월 동안 모친에게도 연락하지 않았다. 만 15살 소년이 고국을 떠난 지 8년 만에 귀국했다. 또

노독路毒인지 그는 입국하자마자 앓아누워서 근 20여 일을 고생했다. 모친은 박해 이후 이리저리 떠돌고 있다고 들었다. 그러나 김대건은 다시 상해로 떠났다. 그는 다시 온다고 확신했겠지만, 자신의 입국 경우만 보아도 계획한 뒤 꼬박 3년이 걸렸었다.

나중에라도 이 사실을 알았을 어머니 고 우르슬라도 아들의 사명을 함께 공유했을 것이다. 그리고 그 아들은 결국 어머니보다 먼저, 그것도 사람들 앞에서 공개처형으로 '목숨을 잃었다'. 그래도 '엄마'는 아들이 먼저 죽은 것이 아니라 먼저 천국에 가서 기다리고 있음을 잘 알고 평생을 살았던 것 같다. 고 우르슬라가 살던 마을에서는 성직자가 많이 배출되었는데 이것이 우르슬라의 삶을 보증한다고 하겠다.

1864년 우르슬라가 선종하자 신부의 동생 김난식은 어머니를 형님 곁에 모셨다. 부인조차 일찍 사별한 그는 병인박해를 피해 부안에 살던 장조카와 함께 전북 정읍 회문산 먹구니로 피했다. 그들은 벌을 치며 살다 죽었다. 이렇게 김대건 신부 댁 직계가족은 신부의 절제적 희생을 따라 살다가 욕심 없이 하늘로 옮겨 갔다.

김대건 신부는 기해박해 이후 무너진 교회를 재건했고, 해양로를 개척했다. 그렇게 그는 선교사와 조선교회를 연결했고, 선교사와 한국인 신자를 연결했으며, 조선 조정에 서양 문물을 알렸다. 무엇보다도 그는 한국인에게 사제가 되리라는 희망을 심어주었고, 꿈을 열어놓았다. 김대건 신부를 1번으로 하는 한국 신부의 번호가 2017년 9월 현재 6189번이다. 그는 25년의 삶을 살았다. 그리고 그의 집안도 멸절했다. 그러나 그의 삶이 남긴 메시지는 강하고 군더더기가 없다. 그것은 하느님께서 완성시킨 드라마였다. 그는 한국 교회에 대한 주님 사랑을 끌어내었다.

　질문 한마디가 얼마나 많은 역사를 창출하는지는 김대건이 남긴 또 다른 메시지이다. 정확히 묻고, 명확히 답하면서 우리는 무궁한 세계를 열어간다. 그런데 그 짧은 답을 하려면 평소에 엄청난 절제와 긴장으로 무장되어 있어야 한다고 젊은 김대건은 말한다. 그렇게 주님의 또 다른 메시지를 볼 수 있다.

『대구가톨릭문학』 31(2021년)

프랑스와 한국, 우리들의 기적

지난 11월 13일, 올해 2월 23일 개막 미사로 시작한 병인 순교 150주년이 폐막 미사를 올렸다. 이 기간에 큰 선물 중 하나는 프랑스 순례단의 한국 방문이었다. 10월 14일부터 열흘간 장 피에르 리카르(프랑스 보르도대교구장) 추기경 및 주교 6명, 신부와 평신도 등 총 66명의 순례자들이 한국 곳곳을 누볐다.

순례단은 순교자의 후손과 그 교구의 교구장, 소속 신자들이었다. 그들은 9,000㎞를 날아왔다. 하루 걸렸다. 박해 시대 선교사들은 프랑스를 떠나 조선에 들어오는 데 1~2년, 길게는 10년이나 걸렸다. 이렇게 많이 변한 오늘, 순례단은 초대 교구장 브뤼기에르 주교로부터 쌓여 온 한불韓佛 교회의 메시지를 들으러 왔고, 동시에 그들 각자가 메시지가 되어 나타났다.

올해 5월 나는 파리외방전교회에서 병인년에 순교한 선교사들에 대해 강연을 하게 되었다. 언어란 쓰지 않으면 잊는다. 막상 프랑스어로 강의를 시작하려니 부담스러웠다. 나는 화살기도를 했다. 그런데 강의실 한가운데서 매번 진지하게 내 강의에 반응을 보여 주는 분이 있었다. 그분 덕에 강의를 옆에 앉은 이에게 말하듯 할 수 있었다. 다블뤼 주교에 대해 세세히 알고 있는 그분은 다블뤼 주교의 후손이었다. 더욱이 그분 이름이 안토니오였다. 다블뤼 주교의 이름도 안토니오였다. 그 이름을 듣는 순간 다블뤼 주교께서 내 어려운 시간에 함께해 주셨구나 싶었다.

이번 순례단이 경북 신나무골에 왔을 때였다. 순례 팀에는 지난 5월에 만났던 분이 있었다. 그와 신부 한 분을 포함하여 다블뤼 주교의 후손 다섯 분이 함께 왔다. 우리가 식구처럼 익숙한 것은 우리 사이에 다블뤼 주교가 있기 때문이었다. 순례단에는 프랑스로 입양되어 간 한국인도 양부모와 동행했다. 박해 시대 선교사와 신자들은 이 모든 것의 다리가 되고 있다.

파리외방전교회에서 지금까지 파견된 172명 선교사 중 12분은 박해 시기에, 12분이 6·25 전쟁 중에 순교했다. 박해 시기 조선인 순교자는 2만여 명으로 헤아린다. 그들은 서로가 격려가 되어 순교를 일궈냈다. 서양에 전혀 알려지지 않은 조선어를 쓰는 신자들과 프랑스어를 사용하는 선교사가 얼마나 대화했겠는가. 어쩌면 내가 한국 교회사를 프랑스어로 설명하고자 하는 정도였으리라. 그래도 선교사들은 드문드문 끊어지는 토막말로 신자들에게 누구보다 아름답게 교리를 이해시켰다. 그 시절 조선 신자들은 교부신학에서나 나올 수 있던 신앙 고백을 죽음

앞에서 해냈다.

　순례단의 르망 교구장은 프랑스는 더 이상 그리스도교 국가가 아니라 이제는 다종교 상태에서 가톨릭을 선택하며 사는 나라라고 했다. 그래서 프랑스에서는 이제 선교사적 자세로 복음 생활을 해야 한다고 덧붙였다. 다종교 안에서 가톨릭을 선택하는 경험은 우리가 더 오래 했다. 반면에 프랑스 사회가 가지고 있는 가톨릭적 영성의 풍성함은 의심할 나위가 없다. 그러니 우리는 가톨릭을 선택하는 용기를, 그들은 복음을 사는 방법을 보여 줄 수 있다.

　더구나 지금의 프랑스인들은 우리에게서 150년 전 융성하던 자신의 교회를 읽는다. 그리고 그들은 한국 초기 교회사에서 사도들이 살았던 초대 교회 모습을 세심하게 찾아낸다. 박해 시기에는 그리스도교 국가에서 자칫 소홀해지던 주님의 메시지를 우리가 읽어내었다. 이제는 그들이 우리가 가끔은 잊기도 하는 우리 교회사 속의 메시지를 새로 읽는다.

　순례단은 순교자들 고향의 흙을 가져왔다. 이 땅에서 순교한 선교사들은 돌아갈 수 없는 여행을 떠나왔다. 그들은 섬세한 후손의 배려로 고국의 흙내음을 다시 대하게 되었다. 이처럼 우린 신앙 선조들을 다시 살려내고 선조들과 함께 아름다운 이야기를 계속 쓸 수 있다.

　지구 반대편에 공동의 기억을 나눌 친구가 있음은 축복이다. 그것은 오로지 주님을 택하고 주님 안에서 만남을 이룬 선교사와 신앙 선조가 마련해 준 선물이다. 이를 적극적으로 가꾼다면 큰 기적이 될 것이다.

〈가톨릭평화신문〉 시사 진단(2016년 11월 16일)

순교자, 삶 안에서 그리스도를 만난 사람들
—"일상에서 하느님 증거하는 것이 곧 오늘날 순교"

"그들 집안은 전멸했고, 그 집안사람이 아무도 남아 있지 않다는 것은 이상한 일이 아닙니다." 몇 고을에 걸쳐 농토를 가지고 있었다는 유중철·이순이 집안이 모든 재산을 적몰당하고 집터는 연못이 되었다. 또 남녀가 동료로서 함께 일하면서 주문모 신부를 6년이나 모시며 교회 발전에 노력했던 강완숙과 그 여성 동료들의 신앙 공동체도 사라졌다. 그들은 조선 사회에서 여성이 일을 할 수 있음을 드러내며 가히 '혁명적' 생활을 했다. 물론 박해는 교우촌도 쓸어갔다. 교우촌은 신자들의 신앙·경제 생활 공동체였고, 박해로 거처를 잃은 이가 찾아들 지붕이었다. 유력한 회장들도 나란히 형장에서 스러졌다. 한국 교회사에는 이러한 박해가 100년간 지속되었고 엄청난 순교자를 냈다.

순교자의 얼, 사회가 함께 기억하고

사라진 이들은 시간 속에서 거대한 함성으로 살아났다. 그건 다만 신자들만의 감동은 아니다. 2014년에는 천주교 때문에 집안이 몰락하고 거제도에 관비로 보내졌던 유 처자가 70평생 동정을 지켰음을 기리는 거제 부사의 기록이 발견되었다. 관비는 동정으로 살 수 있는 결정을 할 처지가 아니었다. 그래도 그는 스스로 동정을 결심하여 움집 속에서 지냈고 지역 사회가 이를 존중해 주었다. 유 처자는 동정 부부 이순이의 시누이 유섬이로 추정된다. 한국 교회사에는 동정부부로 4년을 산 이순이와 유중철, 그리고 15년을 동정 부부로 살았던 이순이의 외가 쪽 친척인 권천례와 조숙 부부가 있다. 이외에도 동정녀들은 역사 속에서 많은 일을 했다. 계산성당의 동정녀들을 비롯하여 각 성당이나 공소에 있던 동정녀들이나 예수성심시녀회의 뿌리가 된 여섯 정녀들은 활발히 활동했다. 동정녀들의 활동은 사회가 함께 공감했다. 교회의 덕이 사회의 덕과 일치할 때 큰 힘을 냈다.

순교자들은 전통 사회에서 근대 정신을 살아냈다. 그것이 미래의 변화를 예고하고 또 끌고 가는 힘이 되었다. 예를 들면 과부가 재혼할 수 없던 조선 시대에 가톨릭교회는 재혼을 허용했다. 그러나 사회적으로 과부 재가를 주장한 것은 훨씬 뒤 동학혁명 때이다. 이에 반해 순교자들은 교회의 가르침을 조용히 실천하고 살았다. 그리고 요구된 순간에 자신들의 신앙을 증거했다.

순교의 실천적 힘은 평소 신앙생활을 게을리 하지 않은 데서 나왔다. 1801년 신유박해 때 배교하여 경상도 흥해로 귀양 간 최해두는 『자책』에서 "평일에 열심 봉사하여 신공을 세우는 이는 오주 예수를 효칙하여 치명대은으로 다 돌아가시고"라며 공로 없는 자신은 목숨을 붙이고 살아있다고 한탄했다. 순교자들이 평소 생활에서 지킨 것은 무엇인가?

박해 시대 신자가 된다는 일은 이 세상과 자신을 구별하는 삶이었다. 순교자들은 모든 것을 떠났다. 그들은 버림으로써 주님과 세상으로부터 완벽한 자유와 해방을 누렸다. 그들은 박해자들에게서조차 인격을 볼 수 있었고 어떤 대항이나 불평도 하지 않았고, 오히려 행복해했다.

2016년 9월 4일에 시성 된 마더 데레사의 가난에 대한 태도, 주께 대한 절대적 의지는 바로 우리 순교자들의 모습이었다. 아직 사회에는 마더 데레사의 얼굴을 아는 사람이 많고, 많은 이들이 그를 만났다. 자신의 당대에 살았던 사람이 시성 되는 일을 보는 것은 귀중한 '선물'이다. 그는 마치 한국 순교자들의 가난에 대한 개념을 우리에게 보여주러 온 것 같다. 순교자들은 살아서 주님을 따랐고 죽음으로써 이를 완성했다.

매 순간 그리스도와의 일치가 순교

순교란 예수 그리스도에 대한 주관적인 고백이 예수 그리스도 곁에 도달하는 객관적인 사건이 되는 것이다. 토마스 아퀴나스는 "세례는 그리스도의 죽음을 재현하는 형식으로 그 죽음에 동참하게 하지만, 순교는 그 일 자체로서 우리를 그리스도와 동일하게 만든다"고 말했다.

그런데 우리가 기억해야 하는 것은 우리는 박해 시대 신자들과는 다른 처지에 있다는 점이다. 신앙의 자유를 얻은 이후 신앙생활 환경이 어떤 의미에서는 더 어려워졌다. 종교의 자유를 맞으면서 신자들끼리만 살던 생활에서 비신자들과 어울려 살며 사회생활에 참여하게 되었다. 교회는 대중의 교회가 되었고, 처음에 있었던 감격과 열정이 식어 가면서 이제는 교회 내부에서 자주 위협이 대두되고 있다. 이제는 피 흘릴 시기가 아니나 반대로 훨씬 더 다양한 '박해'가 이뤄지고 있다.

이제 우리는 매 순간 그리스도와의 일치가 바로 순교임을 의심할 나위 없다. 최해두는 도끼 밑에서 목을 잘리는 일은 순간적 순교이며, 은수자隱修者나 고수자苦修者는 사는 순간순간에 치명한다고 밝혔다. 순간마다 바른 응답을 선택해야 한다는 말이다. 게다가 오늘날의 순교는 하느님의 존재를 필요로 하지 않는 세상 안에 존재하는 살아계신 하느님의 증인이며, 동시에 하느님으로부터 모든 인간에게 주어지는 존엄성을 증명하는 일이 되었다. 사회의 다양성에서 우리의 순교는 더욱 어려운 처지에 놓여 있는지도 모른다. 또한 현재의 가난은 마더 데레사가 구하려 했던 물질적 가난과는 다르다. 고독이나 사랑받지 못한다는 느낌을 가진 넓고 황량한 새로운 들판인 것이다.

우리가 박해 시대 순교자와 가장 큰 차이는 베드로와 자캐오의 차이이다. 베드로는 모든 것을 두고 예수님을 따라나섰고 자캐오는 예수님을 자신의 집에 모셨다. 박해 시대 순교자들을 베드로에 비한다면, 세상일에 다 참여하면서 사는 현대 신자들은 자캐오에 가깝다. 더구나 현대 사회는 진리를 위해 목숨을 바치는 순교는 바라지 않고, 타협과 정치적인 술책들이 난무하게 된다. 제대로 정리하면서 살아야 한다. 그래도 '순교자들에 대한 기억은 피로 쓰인 그리스도교적 진리의 문서고'이다. 순교자들의 삶이 우리의 정체성을 깨닫게 하고, 우리가 갈 길을 말해준다. 순교자들의 모범과 기도, 그리고 그들과의 통공은 4차 혁명 시대라는 급변하는 사회에서 인간이 무엇을 해야 하는지를 가르치는 열쇠가 될 것이다.

〈가톨릭신문〉(2017년 9월 5일)

성모님 치맛자락을 붙잡고…

처음 천주교를 받아들인 조선 사람들은 세계 교회와 접촉해야 했다. 그리고 신부를 모셔와야 했다. 이 일을 나서서 하는 이들의 경비는 신자들이 성의를 모아 충당했다. 신부를 모셔오지는 못하고 소식만 듣고 오는 이들은 묵주나 십자고상, 상본들을 갖고 와서 경비를 부담한 신자들에게 주었다. 그들의 교회 건설 의지에 대한 보답이었다. 얼마 지나지 않아 박해 시대에 이미 우리 신자들은 묵주를 잘 만들었다. 성물을 모두 외국에서 들여와야 했던 시절, 최양업 신부는 묵주는 더 이상 보내지 않아도 된다고 편지를 썼다.

병인박해 시기, 소백산 산골의 한실 마을은 깔래 신부를 숨겨주고 있었다. 신부가 마침 신자들의 안전을 생각해 잠시 피신처를 옮겼는데, 그때 마을에 포졸들이 들이닥쳤다. 성물이나 책을 내놓으면 목숨을 살려주겠다고 하는 포졸들에게 신입 교우 몇몇이 묵주와 교리서를 갖다 바쳤다. 신부가 돌아왔을 때 그들은 울면서 보속했다. 이 무렵 영천에서 어떤 여인이 길에 떨어져 있는 저고리를 주웠다. 여인은 저고리 안에서 진주 목걸이를 발견했다. 그 여인은 집에다 잘 감춰 뒀다. 이십여 년이 지난 어느 날, 마을에서 사람들이 자기 목걸이 같은 것을 들고 중얼거리는 광경을 목격했다. 신앙의 자유가 오자 신자들이 모여서 묵주 신공을 하고 있었던 것이다. 그 여인은 신자가 되었다.

나는 역사 속의 살아 움직이는 묵주 이야기들을 해 왔다. 그러나 내 묵주 기도의 체험은 퍽 늦다. 소리 기도(염경 기도)가 거의 없는 개신교에서 개종한 지 30년이나 지나도 정해진 기도문을 되풀이하는 묵주 기도의 의미를 알 수가 없었다. 시골 할머니들이 묵주 기도를 하다가 온갖 참견을 다 하고 나서도 또 이어서 계속하는 것이 이상해 보이기도 했다.

내가 갑상선암으로 입원했을 때 은사님이 묵주와 9일 기도 책자를 갖다주셨다. 물론 세 번의 9일 청원 기도를 다 마치지 못하고 퇴원했다. 그 후 나는 밤이고 새벽이고 아파트 구석구석을 돌면서 묵주 기도를 이었다. 기도문을 외우고 있으니, 깜깜해도 기도할 수 있어서 편리했다. 그로부터 얼마 되지 않은 날, 한밤중이었는데 묵주 기도를 시작하자 몸에 전율이 일었다. 몸이 따뜻해지며 행복한 느낌이 있었다. 그 뒤 묵주 기도는 몸으로 확인하는 성모님께 말 걸기가 되었다.

그러면서 되풀이하며 외우는 기도문이 자기를 비우는 방법임을 알게 됐다. 즉 끝없이 되풀이되는 묵주 기도는 결국 관상에 이르는 길이었다. 이렇게 자신을 비우고는 환희의 신비, 빛의 신비, 고통의 신비, 영광의 신비 즉 예수님 일생을 체험해 들어가게 된다. 묵주 기도는 성모님 치맛자락을 붙들고 예수님의 생애를 묵상하는 기도이다. 그러면서 예수님의 뜻으로 이 세상을 보는 것이다.

　많은 이들이 묵주 기도를 하면 꼭 이뤄진다거나, 성모님께서 특별히 전구해 주신다고 한다. 응답을 받았다고도 한다. 그런데 예수님의 눈으로 보면 우리 인생에 이뤄지지 않은 것이 있을까? 실제로 모든 것이 그때그때 이뤄졌기 때문에 오늘에 내가 있는 것이 아닌가 싶다. 다만, 묵주 기도를 통해서 주신 것을 더 잘 깨닫는다는 이야기일지도 모른다. 묵주는 손으로 쥘 수 있도록, 눈으로 볼 수 있도록 부여하신 배려이다.
　나를 통제해야 할 때 주머니 안에 있는 묵주에 손을 대 본다. 나의 불완전함이 기억된다. 이렇게 역사 속 그 많은 이들과 함께 오늘도 나는 내 묵주를 짓고 있다. 묵주 기도 고리가 이어진다.

〈가톨릭평화신문〉 나의 묵주 이야기 39(2013년 4월 24일)

사라진 건물

나는 건축설계사를 인터뷰하고 나오던 날 무슨 일이 있어도 내 인생에 대해 불평하지 않겠다고 다짐했다. 적어도 내 분야의 연구는 내가 구상한 대로 드러내 보일 수는 있다. 물론 그 연구주제의 결론에 도달하기까지는 무척 힘들지만, 그 결과가 나타난다. 그런데 설계란 건축주가 짓지 않으면 태어나지 못하는 작품이었다. 또한 짓는다 하더라도 설계대로 한다는 법도 없다. 게다가 기술적인 면이 설계자의 디자인을 따라 주지 않는다면 그 또한 이루어질 수 없는 작품이다. 이런 과정을 거쳐서 태어난 건축물은 분명 당시 사회의 문화적 결집체이며 공감을 일으킨 합의의 산물이다.

1960, 70년대 교회 건물의 대부 '알빈 신부'
성당은 '성스러운 하느님의 집'만이 아니라 만남의 장소이다. 신자가 하느님을 만나고, 교우들끼리 만나고, 또 교회와 사회가 마주하는 곳이다. 그리하여 성당은 신자들이 하느님 면전에서 갖게 되는 기쁨, 고통, 경제적 여건 등 모든 인간적 관심사를 반영해 왔다. 영남지역을 다니다 보면 외관은 뭉툭하나 내부로 들어가면 밝은 빛이 집중되는 성당들이 있다. 대부분은 베네딕도수도회 알빈 신부의 작품이다. 그는 1958년부터 20년 동안 한국에 122개소의 성당과 공소를 포함, 무려 185개소에 달하는 교회 건물을 설계했다.

뮌헨대학에서 미술을 전공한 알빈 신부는 사제서품 1년 후인 1937년 한국인이 많이 살았던 만주 연길교구로 파견돼 선교사로 일했다. 거기서 그는 당시 한국인 신자들을 위해 한옥 모양의 상여마차를 만들었고, 연길성당 등 성당도 설계했다. 그는 광복 이듬해 공산당에 체포돼 수용소 생활을 하다 1949년 독일로 추방됐다. 이후 독일에서 교회건축을 공부했다. 그가 독일에서 설계한 김천 평화동성당과 점촌성당 등이 호평을 받자 1961년 한국으로 왔다.

알빈 신부는 성당에서 전례공간의 본질적 요소에 충실했다. 그리고 열린 교회, 사람들을 압도하지 않는 교회, 도시환경과 대지에 순응하는 건물을 설계하되 건축주의 경제력을 고려해가며 설계했다. 이는 제2차 바티칸 공의회 이후 일어난 전례운동의 지향과 맞아떨어졌다. 그리하여 부산 해운대성당, 청주 보은성당, 대구 복자성당, 서울 구로3동성당, 전주 복자성당 및 수원 장호원성당 등 전국에 그가 설계한 건물들이 분포되었다.

건축이란 설계자의 마음을 말하고, 건축주의 꿈을 품으며, 보는 이의 희망을 담는다. 그래서 오래가는 건물일수록 많은 이야기를 한다. 그러나 베네딕도회 왜관수도원 옛 성당처럼 화재를 만났거나, 전주의 덕진성당, 대구의 효목성당처럼 건물의 증개축은 살면서 피할 수 없는 일일지 모른다. 인천 산곡동성당, 대구의 봉덕동성당 등과 같이 새 건물의 신축으로 사라진 작품들도 적지 않다.

특히 알빈 신부가 벽화를 그린 건물들도 헐리고 있다. 그는 단순한 그의 건축물에서 내부 벽화로써 따뜻함을 보완하려고 했다. 벽화가 있는 건물은 그가 더 심혈을 기울인 곳이라고 하겠다. 그러나 베네딕도수녀회 옛 신암동 본원은 파티마병원 증축으로 없어졌다. 왜관수도원 성당에도 새 건물이 섰다.

매번 짓고 다시 정리했던 성당

한국엔 천주교가 전래된 지 100여 년 동안 정식 교회 건물이 없었다. 박해 시대에는 고정적인 전례 공간을 지니기도 어려웠다. 9월에 판공성사가 시작되면 회장들이 모임이 있게 될 집을 결정하고 신자들에게 날짜를 알려 주었다.

신자들은 살던 집 내부를 치장하여 전례 공간을 만들었다. 구석구석 청소하고, 벽지도 새로 바르고 벽에 장막이나 휘장을 치고 예수상이나 수난상이 그려진 족자를 걸어 놓았다. 한옥 벽장이 미사 제대로 이용되기도 했다. 한 번 쓰고 사라질 제대였지만 신자들은 설레며 정성껏 준비했다.

신앙의 자유가 온 뒤에도 한동안 주교는 전북 용안군 안대동공소, 경북 의성의 쌍호공소 등에서처럼 견진성사 예절을 마당에서 하곤 했다.

거제도 저산공소를 방문한 드망즈 주교는 "공소 마당에서 많은 외교인들이 지켜보는 가운데 바다에서 해가 떠오를 때 주교가 목장을 짚고 주교관을 쓰고 한 예절은 그림과 같았다."고 했다. 그러나 실제로는 공소 방의 천장이 주교관을 쓰고 있기에는 너무 낮아서 밖에서 행해진 의식이었다. 이러한 때에 신자들은 민망하고 조급해진다.

현재 영남대학교에는 캠퍼스 미사를 정착시키려는 젊은 사제가 오고 있다. 매주 가톨릭학생회 행사용 장소를 빌리면서, 매번 제대를 차리고 허물어서 다른 용도로 쓰던 박해기 신자들을 생각한다. 신자들이 선교사에게 안타까워했던 마음도 그려진다. 지어진 모든 성당에 감사하게 된다. 이와 함께 사라진 교회 건물들도 신앙을 매개로 한 물질적 협력과 정신적 유대감의 산물이었음을 기억하며 감사하고 싶다. 성당은 과거, 현재, 미래 신자의 대를 잇는 협력이며 혜택이다.

〈가톨릭신문〉 방주의 창(2013년 10월 27일)

대문에 '교회사연구소' 간판을 단 사람

역사는 시간 앞에 모두를 객관화시키는 하느님의 또 다른 메시지를 전해 준다. 하느님은 역사를 통해 정의로우심을 드러낸다. 그리고 그 일을 겪은 사람들을 징검다리 삼아 그들의 지혜를 우리에게 전해 주려 한다. 역사연구는 이것을 알아듣기 위한 노력이다.

역사, 하느님의 정의

8월 16일, 17일 대전교구 대철회관에서 한국교회사 연구자들이 모였다. 각 교구에 소속된 10여 개 교회사연구소 소장 신부 및 교회사 연구자들 35명이 머리를 맞댔다. 이처럼 적지 않은 연구자들이 모인 광경을 본다면 감회에 젖을, 먼저 간 선배들이 있다.

아직 이 자리에 나올 수 있는 은총을 입은 김진소 신부는 옛날을 말한다. 그는 1976년 어느 곰탕집에서 있었던 일을 소회했다. "최석우 신부님, 신부님, 저, 이렇게 셋이 있으면 교회사 연구는 해냅니다."라고 젊은 교수가 했던 말을 되뇌었다. 교회사연구소를 존재하게 한 초석들의 이야기다. 이 셋 중 한 명은 서울 한복판에서 교회사연구소를 세워 죽기까지 힘차게 유지해 나갔다. 다른 한 명은 산속에서 평생 교회사 자료를 정리하며 연구했다. 그때의 젊은 교수 조광은 학계와 교계를 연결하고 연구자 발굴을 위해 노력했다.

물론, 그 이전부터 교회사 연구가 중요하다고 느꼈던 사람들이 있다. 식민지 시대를 살았던 최정복, 장면 등과 사학계에서 연구를 하던 유홍렬, 이원순 등도 교회사의 중요성을 간파한 초기 멤버들이다. 오죽 답답했으면 윤광선은 자기 집 대문에다 '영남교회사연구소'라는 간판을 걸기까지 했다. 그 밖에도 김구정, 마백락, 오기선, 변기영, 김옥희 등 여러 성직자와 수도자, 평신도들이 교회사에 목이 말라 스스로 우물을 파고자 했다.

닦을수록 빛나는 진주

빛나는 과거에 대한 기록은 이미 교회가 시작되면서 작성됐다. 황사영의 백서, 이순이의 편지, 다블뤼 문서 등이 그 예이다. 선교사들이 매년 본국으로 띄웠던 서한도 한국 신자들의 믿음살이를 정리한 기록이었다. 김대건 신부, 최양업 신부도 해외에서 조선입국을 애타게 기다리며 신앙인들의 순교 사실을 번역했다. 달레, 르네, 뻬송 신부 등도 이 진주에 매혹된 사람들이었다.

역사에는 빛과 그림자가 있다. 그러나 한국교회사의 시작 부분은 파내면 파낼수록 아름다운 진주로 드러난다. 새로운 소망을 품었던 조선인들과 모든 것을 버리고 이 땅을 밟았던 선교사들은 그들 스스로 하느님 사랑을 실증하는 작품이 됐다. 그들이 이루어낸 떨림은 세계 어느 교회라도 덮힐 힘이 됐다. 한국교회사 연구는 이러한 보물을 캐고 실어 나르는 작업이다. 게다가 한국교회는 전혀 다른 가톨릭 문화가 유교사회에 뿌린내린 교회이다. 또한 그 사회의 변화 속도가 빨라 본인이 익힌 기도문이나 전례 용어들이 살아생전에도 몇 번씩 바뀌는 교회이다. 이런 상황에서 교회사를 아는 일은 서로 간의 소통을 위해서도 필수적이다.

교회사 연구, 봉사직인가?

역사 연구는 과거에서 현재에 걸친 모든 사건들의 관계를 밝히고 자리매김하는 작업이다. 이는 자신을 비우고 찾아내는 지엄한 판단이며, 오늘의 사람들에게 재체험을 촉구하는 전문 학문 분야이다. 그리고 이 전문분야를 위해서는 치열한 수련 과정을 거치면서 방법론과 그 철학을 익혀가야 한다. 이처럼 교회사 연구가 많은 일을 해내는 전문분야임에도 불구하고 그 연구 환경은 열악했다. 이제는 젊은 연구자들이 교회사 연구를 필생의 업으로 결단할 수 있도록 되어야 한다.

아울러 한국 교회사 연구도 한 단계 도약해야 한다. 즉 교회사는 사회를 품는 해석을 해내야 한다. 교회사는 민족사의 큰 줄기 안에 함께 흘러가는 흐름이다. 열 명 중 아홉 명이 비신자인 나라에서 아홉 명이 이해 못하는 교회만의 역사 서술은 극복되어야 한다. 미래 신자를 포함한 인류 전체를 끌어안고 해석해 내어야 한다. 이야말로 사회 복음화의 지름길일 것이다. 그리스도인은 현재를 사는 사람들이다. 그러나 그 현재는 전체를 꿰뚫은 현재여야 한다. 오늘의 우리는 이 교회사의 중요성을 인정하고 그 연구자들을 좀 더 아껴주어야 할 것이다.

〈가톨릭신문〉 방주의 창(2013년 8월 25일)

떠나는 마음, 버리는 진실

김유신은 우리 역사가 증언하는 명장名將 중의 명장이다. 『삼국사기』에는 역사 인물을 소개하는 열전이 10권 있는데, 이 10권 가운데 세 권이 오직 한 사람을 위해 쓰여 있다. 그가 바로 김유신이다.

삼국통일을 이룩한 그의 칼날에 수없이 많은 병사들이 쓰러져갔다. 그 많은 칼날 중 김유신이 가장 내리치기 힘들었던 칼은 어느 것이었을까? 사랑을 베어내는 칼날이 아니었을까?

경주시 내남면, 혁거세왕 사당인 숭덕전 맞은편, 작은 집 몇 채가 모여 있는 마을을 지나면 산 밑으로 논이 펼쳐져 있다. 이 논 가운데 탑의 기단부와 몇 개의 옥개석이 나뒹구는 천관사 터가 있다.

천관녀는 기녀였는데 소년 김유신과 서로 좋아하였다. 그러나 이를 안 유신의 어머니 만명 부인이 "나는 이미 늙어서 밤낮으로 오직 네가 성장하여 가문을 빛내기만 바라고 있는데 너는 기생집에나 드나들고 있느냐"며 책망했다. 유신은 다시는 기방에 출입하지 않겠다고 어머니에게 서약했다. 하루는 유신이 나갔다가 술에 취해 집으로 돌아오는데 말이 옛길을 따라 천관의 집으로 가버린 것이다. 천관이 얼마나 반가웠겠는가? 그러나 천관을 보고 놀라 술이 깬 김유신은 타고 온 말의 목을 베고 안장도 버린 채 돌아가 버렸다는 이야기는 많이 회자되어 왔다.

말의 목을 베고 돌아서는 김유신을 본 천관녀는 무엇을 했을까? 난 어렸을 때 이 이야기를 들으면서, 유신이 잘못하는 것 같았다. 내려서 '나 이제는 못 온다'고 하고 돌아가야 할 것 같았다. 그런데 이번 가을, '얼마나 그가 마음이 약하면 그 말조차 못하고 돌아섰을까' 하는 생각이 들기 시작했다. 말 한마디만 더 해도 무너져 버릴 것 같은 이기지 못할 결심이었나 보다. 김유신은 이후 차츰 더 결심을 굳혀 갔을 것이다.

그 어린 유신의 애절한 행위가 천관녀에게 통했을까? 천관녀의 사랑이 진정일진대 어찌 그 마음을 읽지 못하겠는가? 그 힘든 칼질은 천관의 가슴을 벤 것이 아니고 천관이 자신의 삶을 승화시키는 힘이 되었을 것이다. 아무리 짙은 사랑도 영원히 갈 수는 없는 것인지 모른다. 불타올랐던 '진실의 순간'으로 평생을 따뜻이 데우며 험난한 세상을 정화하며 살도록 하는 기억이 사랑일 것이다. 천관녀는 김유신의 뜻을 읽을 수 있었던 복 많은 여인이었으리라.

무슨 이유에서인지 천관녀는 김유신보다 일찍 죽었나 보다. 그리하여 김유신은 그 집터에 천관사를 지었고, 참마항이라고 하여 말 목을 벤 장소를 기억했다. 사실 김유신의 집터와 천관의 집터는 걸어서 20여 분 거리가 안 되는 곳이다. 김유신은 평생 그 자리를 가까이에서 보며 살았다.

 후세 이 이야기를 하는 사람들은 유신의 마음을 이해한 것이리라. 더욱이 김유신의 이 칼이 필요한 시간에 사람들은 그 앞에 섰으리라. 유신의 이러한 칼질이면 어찌 삼국통일의 원동력을 얻지 않을 수 있었겠는가?

 어느새, 유혹이란 말을 배우는 시절에 왔다. 난 어려서 유혹이란 마귀같이 생긴 것인 줄 알았다. 그렇기 때문에 나는 당연히 피해 갈 것이고, 절대로 내게 유혹이란 말은 없을 것 같았다. 그런데 그게 아니었다. 유혹이란 결코 흉측한 모습이거나 나쁜 일이 아니었다. 자기 길이 정해진 사람이 그 본질을 수행하는 데 들여야 할 시간이나 노력, 정신을 덜 가게 하는 것들을 모두 포함하여 일컫는 말이었다. 그렇기에 내 길에서의 유혹이 다른 사람에게는 유익한 것이 되고 사회에 공헌이 될 수도 있다. 단지 길이 정해진 사람 그 자신이 가면 안 되는 길이라는 것일 뿐…….

 그러므로 정해진 것이 많은 사람일수록 뿌리쳐야 할 유혹의 수가 많으리라. 공자가 나이 사십에 불혹不惑이라고 한 것은 바로 사십부터는 다른 것을 선택할 여지가 없다는 말일지도 모른다. 그러나 유신이 말 머리를 벨 때의 마음을 배워야 하는 순간이 인생을 살면서 어찌 한 번뿐이겠는가? 가을, 이제 내년을 준비하며 털어버려야 할 것을 다시 생각한다. 버리되 진지하게 고뇌하며 버려야 '선택'이 된다.

〈매일신문〉 문화칼럼(2009년 11월 13일)

교구장을 낸 마을

힐러리 클린턴은 1980년대 초 『온 마을이 필요합니다』라는 책을 썼다. 한 아이를 기르기 위해서는 온 마을이 영향을 미친다는 외침이다. 우리 교우촌은 인간생활이 사회와 더불어 형성됨을 보이는 전형이었다. 그리고 함께하는 사회의 저력을 드러냈다.

첨례표와 수도원 시간표

초기 교회 천주교 신자들은 교우촌을 이루고 살았다. 그들은 첨례표를 벽에 붙여 놓고 일상을 오로지 교회의 전례 주기에 맞추어 생활했다. 아침저녁이면 조과와 만과를 바치는 기도 소리가 집집마다 들렸고, 만과는 마을 공동으로 바치기도 했다. 주일에는 회장의 지도 아래 함께 파공을 지키며 주일 공소를 보고, 각종 기도문을 바쳤다. 이들이 매일 기도드리는 시간은 오늘의 수도 공동체와 별다름이 없었다. 교우촌의 신자들은 이러한 생활을 자발적으로 해나갔다.

교우촌의 아이들은 일상생활과 신앙활동에 큰 구별이 없이 성장했다. 쌍호공소 출신 어느 수녀는 "사랑하는 예수님, 십자가에 못 박혀 죽으심을 당하여 사흘 만에 살아나셨네"라는 성가를 부르며 뛰놀았던 고무줄놀이를 기억한다. 놀이는 비신자 어린이들에게도 영향을 미쳤다. 쌍호마을의 어린이들은 신자 비신자 불문하고 뱀을 죽이면 마귀를 죽이는 것이라고 하여, 뱀만 보면, '예수 마리아'를 외치며 쫓아다녔다고 한다. 신자들과 어울린 외교인 아이들도 가톨릭은 몰라도 신자인 또래 아이들의 행동을 따라 하며 성장했다. 계산성당 근처에 살던 한 어린이도 자라서 수녀가 되었는데, 신자가 되어서야 어려서 부르던 놀이용 노래들이 성가였음을 알고 새삼스러워했다.

교우촌 신자들은 물질과 정신에서 소통이 이루어졌다. 그들은 오늘 남은 찌개를 이웃과 나누면, 내일에는 그것이 감자가 되어서 돌아옴을 알았다. 지식이나 재주가 좀 더 많은 사람은 이웃을 위해 이를 제공할 줄 알았다. 그들은 이렇게 하느님의 말씀을 함께 익히고 더불어 실천했다. 이 교우촌 생활의 힘은 엄청났다. 교우촌과 공소들은 이웃에게 신앙을 퍼 주는 무진장한 창고였다.

지금도 교우마을을 유지하고 있는 경북 상주시 물미공소는 지난 60여 년간 사제 14명, 수도자 16명을 배출했다. 경북 의성군 쌍호공소에서는 주교 1명, 사제 15명, 수녀 11명이 나왔다. 교회의 수장인 교구장들도 이런 곳에서 태어났다. 현임 교구장 중에서 대구대교구의 조환길 대주교는 강림공소, 안동교구의 권혁주 주교는 쌍호공소, 수원교구의 이용훈 주교는 느지지공소의 열매들이다. 은퇴하신 주교들 가운데에도 교우촌 출신인 분들이 적지 않았다.

공소마을이나 교우촌은 사회적 잣대로 보았을 때 뛰어난 힘을 지닌 곳은 아니었다. 대개는 외딴곳에 있는 작은 시골에 불과했다. 쌍호공소는 신유박해부터 신자들이 모였지만, 1890년이 되어서야 공소가 차려졌다. 대구시 달서구의 강림공소는 1928년 계산성당 앞을 지나던 강림 주민이 영세를 받고 나서 전교가 된 마을이다. 수원 화성군의 느지지 공소는 장주기 성인의 탄생지였는데 병인박해가 지난 후에는 달성서 씨들이 이 교우촌을 유지해 왔다.

그러나 마을 주민 전체가 교우였던 교우촌은 외교인들 다수가 들어와 함께 사는 공소촌으로 바뀌어 갔다. 공소 예절은 성당의 미사로 바뀌어 갔다. 지난날의 공소신자들은 이제는 본당의 신자들이 되었다. 신앙의 은행인 공소는 이렇게 사라져가고 있다.

성직 수도자들의 못자리

교우촌 출신인 한 어른을 모시고 유적을 답사할 때였다. 유적지 입구에서 할머니들이 사과를 팔고 있었다. 현지 물건을 사는 재미도 있고 사과도 한입 베어 물고 싶었다. 한 무더기에 만 원이었다. 한 할머니께 날은 덥고 들고 다니기도 힘드니, 5천 원에 반만 달라고 흥정을 했다. 어찌어찌하여 사정이 통했다. 할머니가 사과를 네 개째 봉투에 넣으려 하자, 아직 멀었는데도 그 어른은 그만 담으라고 했다.

나는 너무 많으면 들고 다니기가 힘드니 반만 달라고 흥정했지만, 그래도 돈대로는 다 받을 생각이었다. 내심 한 개쯤 더 얻을까 궁리하고 있던 중이었다. 그래서 순간 나는 당황했다. 좌판을 벌인 할머니들도 낯설어했다. 그러나 나의 당황함, 그 할머니들의 낯섦 속으로 무언가 일어나고 있었다. 그 어른의 한마디 말에서 오는 신선한 충격이 교우촌을 사회로 실어나르고 있었다. 교우촌은 그렇게 부활을 꿈꾸는지 모른다.

우리는 살면서 조그만 이익에 망설일 때가 있다. 사소한 일을 참기 어려운 순간도 있다. 그러나 이를 넘어서는 '작은 배려'는 우리 사회를 덥혀준다. 그 따뜻함은 가톨릭 정신을 사회에 떨구는 씨앗으로 변할 수 있다. 내일의 가톨릭신자, 성직자와 수도자, 주교를 기르는 힘이 될 수도 있다. 우리의 작은 정의 실천이 사회 전체를 교우촌으로 되살릴 수도 있다.

〈가톨릭신문〉 방주의 창(2013년 9월 29일)

포옹

밤이 늦어 사람들이 다 돌아갔다. 상주喪主의 사정을 배려한다는 요즈음의 병원 빈소 풍경이다. '엄마'의 영정 앞에 앉아 있는데 남동생이 옆으로 왔다. 엄마와 우리 남매만의 공간이 되었다. 난 동생을 돌아보며 물었다.

"엄마 안아 드린 적 있니?"

"아마 없을걸."

그보다 보름쯤 전에 연재 원고에 관련된 자료를 찾으러 급히 서울에 가게 되었다. 그날은 자료 조사를 끝내고 잠깐이라도 집에 들르기로 마음먹었다. 죽 파는 곳에 들러 여러 종류의 죽을 싸 들고 집에 갔다. 혼자 육체의 고통을 견디며 빈집을 지키고 있는 엄마께 딸은 언제 어떤 모습으로 나타나도 '새로운 에너지'였다. 엄마는 늘 내가 와 있는 동안은 아픈 것도 모르겠다라고 하셨었다. 그날은 엄마가 이렇게 덧붙이셨다.

"연락도 안 하고 오는 걸 보니 내가 죽을 때가 되는 걸 아는가 보구나."

식사 때가 지난 뒤 들어갔기 때문에 따뜻한 죽은 그대로 냉장고에 들어갔다. 나는 다음 날 새벽에 출발해야 했다. 엄마는 나보고 몇 시에 아침을 먹으면 되느냐고 묻곤 하셨다. 이튿날도 엄마는 꼭두새벽부터 차 시간에 맞추어 상을 차리셨다. 연락을 드리지 않고 집에 들어갔기 때문에 내가 사 간 죽이 우리 둘의 아침 식사가 됐다. 엄마는 다리가 아파서 혼자 시장에 갈 수 없었다. 그래도 딸이 간다고 말씀드리면 남의 도움을 빌려서라도 그 딸이 좋아하는 음식을 준비해 놓으셨다. 물론 집 청소도 다시 하고 머리도 다듬으셨다.

새벽밥을 먹고 집을 나와야 했다. 나는 그날 왜 그랬는지 모른다. "엄마, 우리도 한번 안아 봐." 엄마는 내 말이 끝나기도 전에 안겨 왔다. 엄마의 몸은 내가 어려서 안겼을 때 그 품이 아니었다. 엄마는 내 팔이 많이 남을 정도로 작아지셨다. 아주 많이 남을 정도로. 사람은 작게 태어나서 점점 커나간다. 그러다가 어느 날부터인가는 점점 작아진다. 아마 손안에 들 만큼 작아지고 깃털처럼 가벼워져서 귀천歸天하는 건지도 모르겠다.

엄마는 문을 열고 발코니 턱에 나와 서서 어서 가라고 손짓했다. 나는 들어가시라고 소리 지르면서 집 앞 비탈길을 뛰어 내려왔다. 아버지도 그 장소에 꼭 그렇게 서 계셨던 것이 마지막 모습이었다.

택시를 탔다. 늘 엄마를 혼자 두고 오는 마음이 무겁지만 그날은 택시 안에서 울어버렸다. 운전기사가 딸은 어머니를 모시지 못한다고 했다. 엄마와 너무 친해서 같이 살기는 힘들다며 위로 겸 말을 붙였다. 보름 뒤 엄마는 홀로 세상을 떠났다.

2013년 섣달그믐날, 그분은 몇 곳 둘러볼 곳을 지정하셨고 내가 안내했다. 시간이 늦어지자 집에 내려 주겠다고 하셨다. 마침 정초를 코앞에 두어서인지 그분은 집 앞까지 왔으니, 모친께 인사하겠다고 하셨다. 초인종을 눌렀다. 그리고 나는 언제나와 같이 소리 질렀다. "엄마, 나야!" 엄마도 역시 전과 같이, "그래, 어서 와라. 수고했다."라고 답하셨다. 엄마가 다리를 끌면서 문을 여는 동안 나는 혹시나 당황하실까 싶어 또 소리쳤다. "엄마, 내가 모시고 일하는 분도 오셨어." 엄마는 문을 열면서, "어이구, 어서 오세요."라고 하셨다. 아주 전부터 아는 사이처럼 인사하셨다.

그분은 어머니가 참 고우시다며 인사를 하고는 팔을 벌려서 엄마를 안아 드렸다. 엄마는 그분께 편안하게 안겼다. 엄마가 안기는 모습을 처음 보았다. 그분이 가시고 나서, "그 높은 분이 나를 세 번이나 안아 주셨어!"라며 기뻐하셨다. 나는 그 순간 내가 엄마를 안아 드린 적이 있었나를 속으로 묻고 있었다. 그 '충격' 뒤로도 엄마를 직접 안아 드리지 못했다. 너무 익숙하고 너무 친하고 너무 쑥스러워서 못하고 있었다. 그러나 엄마가 안아 드리면 좋아할 거라는 사실만은 깊이 새기고 있었다. 그리고 엄마 살아생전에 마지막 인사를 그렇게 하게 되었다.

나는 프랑스인들이 비주bisou라고 하는 인사를 할 줄 안다. 이 인사는 뺨을 번갈아 마주 대는 방식이다. 물론 그들도 처음 만난 사이에서 이런 인사를 하지는 않는다. 친한 사람들 사이의 인사이다. 비주는 나라나 사람마다 다르다. 독일이나 영국, 미국 등 켈트어족에서는 비주가 어색하다. 내가 비주로 하는 인사를 어색해할 때, 친구들은 프랑스에서는 뺨을 두 번 대는 비주를 하지만, 남미 대륙에서는 네 번 뺨을 댄다고 설명하기도 했다. 이 인사는 라틴어를 근본으로 하는 언어 사회의 문화이다.

몸이 닿는 인사는 따뜻함이 있다. 아주 오랜만에 프랑스에 갔어도, 함께 공부하던 친구들과 나누는 비주는 우리를 금방 학창 시절로 돌아오게 한다. 그러나 우리 사회 인사는 몸이 닿지 않는 인사이다. 최근에는 미국식 악수를 하기도 하지만 그나마도 사람에 따라 다르다. 제자가 취직했다고 인사하러 오면, 남자 교수들은 악수를 하는 편인데, 여자인 나는 축하한다고 말로 인사하는 편이다.

신체를 접촉하는 인사는 사람을 빨리 친숙하게 한다. 엄마는 그 '포옹'을 오래 기억하고 감사하셨다. 그 모습을 뵈면서 나는 그분께 편지를 쓴 적이 있다. 사회에서 어느 일정한 지위에 올라가는 일은 만나는 사람, 특히 약하고 위로해 주어야 할 사람을 망설임 없이 안아 주라는 명령일지 모른다고 말씀드렸다. 아마 특정 지위에 있는 사람들이 약자를 위해 돈을 주거나 그들을 위해서 청소해 주기는 어려울지 모른다. 그런데 안아 주는 일은 그들이 할 수 있고 하라고 부여 받은 특권이며 의무일 수도 있다. 얼마나 많은 노인들이 엄마처럼 위로받고 자기 삶의 가치를 다시 생각할 것인가? 엄마는 그분의 성함도 제대로 모르시면서 그분을 위해 매일 기도하셨다. '오늘도 건강하시고 그리고 하시는 일마다 다 이루어 주소서!'라고 기도하셨을 게다.

나는 이제 매일 아침, "예수님, 우리 엄마를 오늘도 한 번 안아 주셔요."라고 기도한다. 예수님께 안아 주십사고 청하는 사람이 매일 늘기도 한다. 너그러운 포옹은 소통의 구체적 표현임을 믿는다.

『대구가톨릭문학』 27(2017년)

목수

어머니는 그 면에서 나를 못마땅해하셨다. 도저히 이해할 수 없는 당신의 딸은 비싼 돈을 들여서 외국 여행은 다녀오면서도 집에는 장이 없다. 여행 갈 돈 한 번만 안 쓰면 번듯한 장을 하나 들여놓고 평생을 편리하게 쓸 텐데, 도대체 배웠다는 사람이 어찌 저리 소견이 없는가 싶어 하셨다.

나는 가구를 사지 않는 편이다. 대구에 와서 생활한 지 24년이 지났는데, 내가 가구에 들인 돈은 책장과 장지문을 짠 것뿐이었다. 게다가 최근 이사 온 아파트는 벽장이 잘 갖추어져 생활에 불편함이 없었고, 어머니도 드디어 걱정을 멈추셨다.

그런데 시간이 지나다 보니, 작은 물건들이 쌓여 가서 나도 장식장을 짜기로 계획하기에 이르렀다. 실내 디자인을 하는 제자가 있어 문의를 했더니 답은 간단했다. 장을 짜면 그리 예쁘지도 않고 비용도 많이 드니 가구점에 가서 만들어 놓은 장 중에서 마음에 드는 것을 골라 보라는 의견이었다. 찾다가 정 발견하지 못하면 그때 와서 보고 짜 넣자고 했다. 그렇게 시간이 또 흘러갔다.

어느 날, 인쇄할 일이 있어 출판사와 연락하고 있었는데, 그 사장은 화가였다. 아는 목수가 있느냐고 물었더니 아주 참한 사람이 있다고 했다. 나는 문간방에 넣을 장식장을 부탁했다. 장을 한 개 짜서 모든 것을 해결하고자 하는 욕심에서 네모 칸을 쳐서 중간중간에는 문을 달고, 적당한 사이사이는 문 없이 책꽂이처럼 비워달라고 부탁했다. 문이 없는 곳에는 장식품을 넣고 문이 달린 곳에는 옛날 오래된 편지나 사진들, 보이기에는 거북한 것들을 넣고 감추어 집을 깨끗이 정리할 요량이었다.

부탁받은 화가는 내 의도를 십분 이해하여 자신이 직접 디자인을 해주었다. 그리고 역사 선생네 집이니, 그 특징을 살린다고 하면서 닫히는 문들에 이어서 솟대를 장식하여 붙였다. 살결이 하얀 자작나무를 가지고 원색을 살려 구성했다.

장이 들어오는 날에는 장을 도안한 화가, 목수, 그리고 부목수 두 사람, 출판사 일을 하는 실장까지 해서 한 부대가 동원되었다. 이렇게 연장 든 사람들 여럿이 오자 나는 그동안 미루었던 집 손질을 부탁하게 되었다.

아파트 벽은 내가 못도 박을 수 없도록 단단히 지어졌다. 게다가 집은 덩치가 커서 내가 감히 손을 댈 수 없으리라고 생각해왔다. 무슨 일만 일어나면 관리실로 연락하곤 했는데, 관리실에서는 잘 오지 않았다. 그런 것은 관리실에서 해주는 일이 아니라던가, 워낙 세대가 많아서 손이 가지 않는다고 대답하곤 했다. 그렇다고 사람을 부르기에는 너무 사소한 공사(?)여서 미루어 두었던 것이 여러 곳 되었다.

나는 벽에 못도 박고, 그림도 걸고, 또 이사 올 때 대충 세워 두었던 물건들을 손보아달라고 했다. 요즈음은 신기한 접착제도 있어서 작은 액자는 못을 박지 않고도 접착제로 고정시켜 주었다. 수도꼭지가 잘 안 잠기어 늘 찜찜하던 숙제도 풀었다. 손 한 번 닿으면 물건들이 살아났다. 손대는 곳마다 따라다니며 '목수의 손은 요술이네!'라며 감탄했다.

집이 한결 달라졌다. 그림 하나 자리를 옮겨 달았는데도 다른 집 같았다. 장이 들어온 것만큼이나 흐뭇했다. 사람들은 머리카락 한 올의 방향만 바꾸어도 인상이 달라 보인다고 한다. 그런데 그렇게 덩치 큰 집도 조금만 손대면 사실 다른 분위기가 완연했다. 그런 큰 집에 못과 망치를 들고 몇 번 손을 대자 너무나도 달라짐을 보면서, 나는 집이 이럴진대 안 될 것이 무엇이랴 하는 생각이 들었다. 옷이나 그 외 물건들도 산 대로 쓰지 말고, 손을 조금만 대서 방향 하나만 바꾸어도 새로운 기분이 든다는 사실을 깨달았다. 변화였다.

저녁에 새 장을 보며 커피를 한 잔 들고 앉았다. 오늘 장식장의 입하를 축하하느라 했던 떡을 한입 물고 즐거워했다. 그때 문득 생각나는 사람이 있었다. 늘 그의 직업은 들어 왔는데, 이제야 그가 한 일을 느끼게 되었다.

예수의 아버지 요셉은 목수였다. 기원전 1세기 유대 나라의 목수는 무엇을 했는가? 유대는 더운 나라이므로 일반 백성들의 집은 목수의 손이 그리 많이 가지 않는 흙집이었으리라. 특히 예수가 어린 시절을 보낸 이집트의 시골은 지금도 흙으로 사방 벽을 쌓고, 지붕에 대추야자 잎을 덮는 그런 형태의 집들이 주종을 이루고 있다. 집이 이렇게 단순한 형태의 마을이었을 터이니 목수 요셉은 평상시에 가구나 창틀, 살림도구 등을 만들었을 것이다. 그 당시라면 목수는 일종의 제조업을 하는 사람이다. 그가 비록 큰 궁궐을 짓는 공사에 불림을 받지 못하고 마을 사람들이 요구하는 일만 하는 소목이었다 하더라도 그는 목수였다.

요셉네 가족은 동네 사람이 부탁하는 작은 물건들을 고쳐주면서, 동네 사람들과 보다 친근하게 관계를 맺었을 것이다. 특히 요셉은 손 한 번 대어서 그들의 못 쓰는 물건을 소용에 닿도록 해주고, 또 편리하게 고쳐주는 사람이었다. 아버지 밑에서 예수는 그 일을 거들며 배웠다. 그러니 요셉네 가족은 동네 사람들에게 예민하고 두루 소통하며 서로 원만한 관계를 갖고 사는 사람들이었다. 그렇게 요셉은 가사도구며 집을 고치는 동네 살림의 의사였다. 그리고 그의 아들 예수는 나중에 사람의 영혼을 고치는 의사가 되었다.

목수는 나무의 성질을 알아야 하는 사람이다. 흔히 한옥을 짓는 사람들은 나무를 자기 생명처럼 여긴다. 적송은 육송보다 향이 짙고, 더 단단하다는 사실을 안다. 또 박달나무는 참나무보다 더 단단해서 숯을 만들면 참나무숯보다 더 오래간다는 사실도 알고 있다. 미루나무는 곧게 뻗어 올라가며 아무데나 꺾어서 꽂아도 잘 산다는 성격도 꿰고 있다. 그들은 나뭇결을 살리고, 굽은 나무는 그 부위를 제대로 쓸 곳을 골라야 목재의 효용성을 높인다는 점을 잊지 않는다. 잘라 놓은 나무에서 어디가 뿌리 부분인지도 안다.

요셉도 목수로서 나무와 대화할 수 있는 사람이었다. 요셉은 이스라

엘에서 자라는 감람나무(올리브나무), 무화과나무, 대추야자, 감귤나무, 포도나무 등과 대화하며 지냈음에 틀림없다. 그리고 그 나무가 형성되는 과정을 통해 자연이 말하는 오묘한 진리를 터득하고 있었을 것이다. 그래서 요셉은 그 어려운 많은 일들을 감당할 수 있었나 보다.

정혼만 한 아내가 아기를 가졌단다. 그 기막힐 사연에 요셉은 그저 조용히 파혼하고자 했다. 이처럼 그는 일 처리를 상당히 온화하게 할 사람이었다. 그러나 그마저도 뜻대로 할 수 없었다. 하느님의 뜻이라며 받아들이라고 했다. 펠리니는 「나자렛의 예수」라는 영화에서 요셉이 밤을 새워 고민하다가 마리아가 돌에 맞아 죽는 꿈을 꾸면서 마리아를 위해서 결혼하기로 결심하는 장면을 그렸다. 그러나 성경에 의하면 그는 조용히 하느님의 뜻을 받아들인 사람이었다.

요셉은 아기 예수 때문에 이집트로 도망했고, 그리고 그곳에서 살았다. 온갖 일을 다 해서 자식을 길렀고 마리아를 보호했다. 그러나 예수의 공생활에서 요셉은 나타나지 않는다. 꼭 아낌없이 주는 나무같이 살아온 사람이다. 어쩌면 올리브나무들은 이 일을 기억하고 있을지 모른다.

식물학자들에 따르면 갈릴리에 있는 한 올리브나무는 알렉산더 대왕이 페르시아 정복 전쟁에 나섰던 때 심겨져 지금까지 살아 있다고 한다. 2,300년이 훨씬 넘었다는 말이다. 겟세마네 동산의 올리브나무들은 수령이 천 년이 넘는다고도 한다. 올리브나무는 독특한 면역체계를 가지고 있어 벌레로부터 공격을 당하면 고유한 화학 성분을 합성하여 냄새를 분비한다. 이것이 바람에 날려 옆의 나무에게 옮겨져 벌레들의 공격을 막는 화학 물질을 합성한다. 그러면 먼저 공격당한 나무는 죽지만 이웃한 나무들은 살게 된다. 어찌 되었건 이렇게 살아온 나무들은 요셉의 마음을 전할 것이다.

  장식장을 들임으로써 목수라는 직업의 위력을 다시 보게 되었다. 그뿐 아니라, 이 장을 도안한 사람, 작품으로 만든 사람, 설치하러 왔던 사람들의 우정이 장식장과 함께 머무르고 있지 않은가? 어머니가 노래 부르던 내 집의 장은 그렇게 큰 역할을 하며 나와 더불어 시간을 나누기 시작한다. 그 속에 목수 요셉 성인이 살아났다. 그의 지혜가 함께 묻어왔다. 그리고 그의 아들 예수의 어린 시절도 그 장과 함께 되풀이되고 있다.

『대구가톨릭문학』 21(2021년)

침묵이라는 언어

예수는 부활하고 제자들 앞에 나타났다. 그 예수는 성모 마리아를 언제 찾아갔을까?

부활절 새벽 무덤은 이미 비어 있었다. 예수는 그 시간 더 이상은 무덤에 있는 주검이 아니었다. 성모 마리아는 그 아침, 식사를 준비해야 하는 새벽, 부엌으로 나가 아마 식구들의 식탁을 보면서 예수를 그리고 있었을 게다.

바로 그 순간 예수는 늘 앉던 자리에 와 앉았다. 감사와 그리움을 가득 담은 눈으로 어머니를 바라보았다. 어머니는 "오, 예수!" 한마디를 발음했다. 그리고 둘은 앉은 채로, 선 채로 서로를 응시했다. 잠시 후 예수는 돌아서면서, "나는 머지않아 하늘 아버지께로 올라갑니다."라고 했다. 그리고는 눈앞에서 떠났다. 어머니는 그 자리에 주저앉으면서, "주님!" 하고 외쳤다. 그때 어머니 마리아가 느꼈던 희열과 위로……. 그 둘은 단 두 마디로 몇 세기를 이어 내려오는 사랑과 신뢰를 담은 그 모든 메시지를 꿰뚫어 엮어냈으리라.

　천주교에서 신자들이 일상생활을 떠나 자신을 돌아보며, 기도 속에 머무르는 행위를 피정이라고 한다. 올해 봄, 나는 운 좋게도 30일 피정(영신수련)의 기회를 가질 수 있었다. 시작 당일 우리는 오후 2시부터 4시 사이에 도착하기로 되어 있었다. 4시 10분 전에 도착했지만 나는 이미 끝 사람이었다. 각자 사인을 하고 그 종이 위에 적힌 방 번호를 보고 들어가 짐을 풀었다.

　5시에 성당으로 모였다. 피정 책임 신부는, 예수께서 기도하시려고 따로 산에 올라 저녁때가 되었는데도 혼자 거기에 머물렀다는 마태복음 14장의 말씀을 읽는 것으로 인사를 했다. 그리고는 바로 "피정은 물론 침묵으로 이루어집니다. 외적 침묵뿐 아니라 내적 침묵도 중요합니다. 눈인사도 해서는 안 됩니다."라고 했다. 서로 모르는 사람들인데 이 모임의 목적만 그렇게 짧게 시詩처럼 설명하고는 바로 수련이 시작되었다.

　지도신부들 세 명 외에 피정에 참여한 수녀 14명, 평신도 2명, 그리고 식사 등을 준비하는 관계자들까지 모두 합쳐서 스무 명이 넘는 사람들이 4층짜리 건물을 소유하고 한 달 동안 함께 생활하는 것이다. 물론 신문, 라디오, 컴퓨터, 전화 등도 없다. 그 많은 사람이 자신만의 목적을 향해서 침묵으로 모든 생활이 가능하다는 진기한 체험이었다. 식사는 전체 인원이 같이 하고, 또 그룹마다 시간을 달리해서 미사와 강의가 이루어지는데 한 치의 어그러짐도 없었다.

물론 뒷동산 산책도 가능했다. 본래 뒷동산에는 세 명 이상이 가도록 되어 있다. 그래서 우리는 쪽지에 '산?' 이렇게 써서 보이면, 원하는 사람들이 현관 앞에 모인다. 그러면 한 사람이 앞서고 계속 코스대로 따라갔다 돌아온다. 물론 말을 하지 않으므로 한 시간 이상을 함께 걸었어도 말없이 헤어진다.

말소리가 없으니 집 전체는 그야말로 조용하다, 그러니 점점 더 모든 동작을 극도로 조용히 하게 된다. 방문을 여닫을 때에도 소리가 나지 않도록 문고리를 끝까지 돌려야 했다. 고요를 깨지 않기 위해 수저도 그릇에 부딪치지 않도록 주의했다. 나중에는 기침이 나와도 미안한 형편이어서 감기 걸리지 않도록 조심했다. 걷는 데도 소리가 나지 않게 하려니 자연히 품격 있는 그림자 걸음이 될 수밖에 없었다. 입구의 풍경 소리가 건물 전체에 울렸다. 처마 끝에 떨어지는 빗소리가 3층 내 방에서도 마음으로 젖어 드는 시간들이었다.

침묵은 모르는 사람들이 모였는데도 불구하고 다른 구성원을 위해 배려를 기울이도록 했다. 누군지 어떤 인생 역사를 가지고 있는지 잘 모르지만 현재 내 앞에 있는 그 사람의 환경과 그 사람을 존중해 주었다. 물론 나도 존중받고 있었다. 산다는 것은 내 앞에 있는 사람의 현재 상황에 대한 세심한 배려가 가장 중요한 일일지 모른다. 침묵 속에 흐르는 현재 사랑이었다.

침묵으로 햇살이 속삭이는 소리를 듣는다. 침묵으로 시냇물이 땅을 부딪치며 내는 외침을 듣는다. 침묵 속에서는 나와 부적응하는 사람들의 소리까지 선명하다. 오관의 모든 언어들이 침묵 속에서 베일을 벗는다. 입으로 발음하면 할수록 사라지는 언어들이다. 헛되이 발음하여 놓치고 싶지 않은 진실들이다.

　침묵은 어쩌면 배려로 이루어진 새로운 언어 체계에 들어가는 행위인지 모른다. 지금까지 쓰던 단어들이 전혀 다른 의미가 된다. 그리고 그 언어로 대화하고 함께 새로운 세계를 연다. 새로운 세계로 들어선 듯한 느낌…… 그 세계의 문을 여는 열쇠는 침묵이었다.

『에세이문예』 2013년 가을호
『대구가톨릭문학』 24(2014년)

정의가 요구하는 시간

내가 갑상선암 수술을 받았다는 소식은 드디어 같이 공부하던 외국인 친구들에게까지 퍼져나갔다. 미국에 선교사로 있는 친구와 아프리카 차드에서 선교하는 친구가 약속해서 함께 병문안 오는 데 근 1년이 걸렸다. 2008년 봄에 수술했는데, 친구들은 2009년 1월 한겨울에 문병을 목적으로 한국에 도착했다.

이십 년도 넘어서 젊은 날의 학생들이 다시 만나게 되었다. 머리 색이 변했고, 건강 상태도 전과 달랐다. 미국에 있는 친구는 이미 암수술을 했고, 차드에 있는 친구는 정기적으로 의사와 상담해가며 생활하고 있었다. 나는 물론 평생 약을 복용해야 하는 건강 조건이었다. 그러나 우리는 셋이 함께 모이는 순간, 삽시간에 젊은 시절의 청년으로 되돌아갔다.

낮에는 한국 문화를 외국 문화와 비교하며 탐방하고, 밤에는 살아온 체험들을 나누느라 정신없이 바빴다. 나는 파리에서 공부를 마치고 돌아와, 돈 없던 시절 취직하느라 이곳저곳 서류 들고 다닌 일이나 대학생활의 어려움 등을 기억해 냈다. 그들은 타지에 정착하게 되면서 겪었던 문화적 충격 등을 말했다. 그동안 사회에서 쌓아온 경력을 어느 날 갑자기 젊은 청년 시절의 자신에게 이야기한다는 일은 신비에 가까울 정도로 새로운 느낌이 되고 있었다. 젊은 날의 친구들은 나의 젊은 시절 거울이었다.

우리나라 대학은 여름과 겨울에 학기를 끝내고 성적을 산출한다. 그들이 나를 찾았던 당시는 1월 초라 나의 마음을 상하게 하는 연례행사가 있던 때였다. 즉 학생들이 제기하는 성적수정에 대한 요구들이다. 교양과목과 인터넷 과목이 많은 나로서는 성적만 산출하고 나면 거의 일주일은 몸살을 하기 마련이었다. 한 학기 동안 한 번도 수업에 들어오지 않았는데도 취업 준비를 하느라 수업에 참석하지 못했으나 취직이 되었으니 성적을 달라는 학생도 있다. 이런 예비 졸업생들의 경우는 부모까지도 자식의 성적 때문에 전화하거나 찾아오기도 했다. 교양과목인데 성적 좀 주면 어떠냐든가, 요즈음같이 취직하기 힘든 때에 취직했으면 대학은 고마워해야지, 이 과목 때문에 졸업을 못하면 아이의 평생을 책임지라는 등 거친 항의도 서슴지 않았다.

이 과목 성적이 나빠서 장학금을 못 받으면 학교를 더 이상 다닐 수 없다는 학생, 학군단에 지원했는데 성적이 모자라니 올려달라는 학생, 대학원에 진학하려고 하니 점수 좀 올려달라는 학생 등 그 형태도 천태만상이다. 때로는 한번 말해서 되면 좋고, 안되더라도 본전 아닌가라는 생각으로 메일을 보내오는 학생도 있었다. 이런 답하지 않아도 될 질문에 답을 안 하면 같은 내용을 몇 번씩 메일로 보내놓기 때문에 학기 말에는 내 메일함이 막히기도 한다.

    교수들 사이에서는 성적 산출만 다른 사람이 해주면 교수 생활은 정말 편하겠다고 말하기도 한다. 연구하고 교육하는 일은 교수 되는 사람들이 원하던 일이다. 그러나 교육은 반드시 평가를 하게 되어 있다. 그런데 이 평가에 정말 어려움이 따른다. 오늘날 사회나 학생이 교수의 평가를 신뢰하고 동의하지 않기 때문인지도 모른다. 그들은 성적이 나쁘면 교수가 자기를 밉게 보았다고 생각한다. 성적은 사정하면 교수가 아량을 베풀 수 있는 문제라고 여기는 듯도 하다.

    교수 생활의 변화는 이 성적 산출에서 적나라하게 드러난다. 우리 은사들은 그런 적이 없었지만 우리는 대학교수들이 선풍기를 틀어놓고 답안지를 날려서 채점한다는 이야기를 우스개처럼 들었다. 내가 학생이던 70년대에는 영화 「바보들의 행진」에서 '영자'가 교수를 찾아가 울면서 성적을 달라고 사정하는 장면들이 있었다. 그때 교수는 남성이고 학생은 여성이어서 애교를 부리거나 사정하면 성적을 줄 수 있다는 설정이었다. 그런 일들은 대학에서 일어날 수 있는 낭만적인 가상 세계로 여겨졌다. 지금 생각해 보면 그때는 사회에서 학생의 대학 성적은 중요하지 않았던 듯하다. 단지 대학을 졸업했다는 사실에 주목했을 뿐이었다.

    내가 교수로 임용되었을 초기에는 대학 성적은 교수 재량으로 판단하는 절대 평가가 주류를 이루고 있었다. 그러나 얼마 가지 않아 대학에서는 교육의 질을 높이고 폭넓은 교육을 시킨다는 취지로 학생들이 한 전공만이 아니라 복수 전공 내지는 부전공 등 두세 개의 전공을 할 수 있게 되었다. 개설 과목은 많아지고, 학생들은 과목을 선택해서 수강할 수 있었다. 그러자 교수의 성적 재량권에 대한 제한이 뒤따랐다. 즉 점수가 후한 교수와 박한 교수의 판단 근거를 인정하지 않게 된 것이다. 모든 성적은 상대 평가를 하게 되었다. 얼마 후에는 A, B, C, D, E의 각 학점의 분포율이 공시되었다. 대학마다 그 분포율이 약간씩 차이가 나기는 하지만 현재 적용되고 있는 학점 평가 제도이다.

그러는 동안 사회에서는 대학생이 많아져서 대학을 졸업했다는 자격으로는 취직과 같은 '큰일'을 하지 못하게 되었다. 그러자 학생들은 성적을 잘 받아야 했다. 한편, 이 사이에 대학에서 학생들은 민주 항쟁으로 단련된 조직과 힘을 가지고, 대학으로부터 복지 대책을 얻어내려고 노력했다. 그중 하나가 성적 열람 제도이다. 학생들 사이에서는 '성적 이의 신청 기간'으로 불리고 있다. 즉 교수도 사람이다 보니, 성적을 채점하거나 합산, 이기移記하는 과정에서 오류를 범할 수 있다는 것이다. 그래서 그렇게 된 학생 성적을 구제해야 한다는 제도이다. 그런데 이것이 변질되어 학생이 자기 성적에 만족하지 않으면 이 기간 동안에 교수와 상담해서 성적을 조정하거나 수정할 수 있다고 여기고 있다. 이제 대학 성적을 전화나 방문을 통해 고칠 수 있다고 믿게 된 모양이다.

교육에서 평가란 공정해야 하며 이를 흔드는 일은 사회 정의를 흔드는 행위라고 설명해도 그들은 듣지 않는다. 또 상대 평가인 성적을 수정하는 일은 타 학생에게 피해를 주는 일이라고 해도 소용이 없다. 더욱이 이것은 교수와 학생이 사적인 일로 사회에 부정을 저지르는 일이라고 설명해도 막무가내이다. 학생뿐만 아니라 부모까지 나서서, 성적이라는 것이 사정을 봐줄 수 있는 게 아니냐고 주장한다.

자신들 사정만 사정이라고 생각하는 학생들, 자식들을 올바로 가르치려 하지 않고 자신들 입장에서 자식의 성적을 해결하려는 부모 앞에 서면 나는 극도로 흥분하게 된다. 그리고 체력이 소모된다.

서서히 다른 생각이 들기 시작하기도 한다. 내 눈앞에 나타난 사람의 사정을 들어주면 그 사람은 내게 고마워하고 나를 좋은 사람이라고 생각할 수도 있다. 내가 그들에게 정의를 설명하며 다른 학생들을 위해 기준을 지키고 있다고 해도, 그 다른 학생들은 잘 모른다. 내가 지켜내야 하는 학생들은 멀리 있고, 내가 거절해야 할 학생은 눈앞에 있다. 피곤에 지치면, '다 그렇게 한다고 하잖아'라고 자포자기하려는 유혹마저 느끼기도 한다.

그런데 나는 한국 사회를 전혀 모르는 외국인 친구들에게 내 직장 생활에서 겪는 어려움을 설명하는 사이에 내게 있는 커다란 빈틈을 보았다. 내가 성적 수정을 거절할 때 해당 학생에게 이렇게 길게 우리의 제도를 설명해 본 적이 없다는 사실이다. 자신이 받아야 할 점수만을 고집하는 학생들이 적지 않다 보니 그만한 시간을 부여 받지 못하기도 했지만, 어쨌든 나는 학생들에게 끝까지 다 설명하지 못했다. 그러나 그 점은 내게 과실 사유가 될 수 있다.

학생들은 교육 평가를 하는 사람들이 아니다. 그 때문에 성적 평가의 기준이나 의미를 학기 초에 설명해주더라도 다 알지는 못하게 마련이다. 물론 현실적으로 내게는 다시 일일이 설명해 줄 만한 시간이 허락되지도 않는다. 이는 천 명 넘는 수강생들의 성적을 산출한 후, 일주일

내에 처리해야 하는 일이기 때문이다. 그러나 성적평가 후 한 주간이 너무 짧다면, 학기 초뿐만 아니라 평소에도 자주 설명해야 했다. 그들이 평가 행위에 대해 알도록 해야 할 책임은 내게 있다. 모르고 함부로 주장하는 일을 그들이 하지 않을 때까지 나는 설명해야 한다. 해결책을 발견했다는 생각에 갑자기 행복해졌다.

정의란 반드시 지켜져야 한다. 그리고 불의를 용납하지 말아야 한다. 그러나 그들이 불의인지를 알 수 있도록 충분히 설명할 의무는 정의를 지키겠다는 사람이 반드시 지녀야 할 덕목일지도 모른다. 그래서 어쩌면 정의 수호는 시간과 노력이 드는 지난한 일일지도 모른다. 상대편을 도외시하면서 나만 정의로운 것은 정의를 실천하는 방법이 아닐 수도 있다.

나는 내 학창 시절 친구들의 어려움에 귀를 기울일 뿐 아무런 유용한 정보나 해결책을 내지 못했다. 나처럼 그들도 내 이야기에 관심을 가지고 들을 뿐이었다. 그러나 이야기를 하는 동안 우리에게는 큰 깨달음이 왔다. 값진 문병 선물이었다. 사실 올해는 성적 이의 신청 때문에 그다지 시달리지 않았다.

《에세이문예》 2011년 봄호
『대구가톨릭문학』 23(2013년)

어떤 안녕

그의 은경축 축하 잔치가 끝나고 우리는 각각 한 사람씩 따로 떠나게 되었다. 로스앤젤레스에서 온 데이비드 신부는 일요일에 떠나는지 미처 몰라서 토요일 파티 후에 안녕이라고 말하지 못했다. 차드에서 온 다비드 신부는 월요일 새벽 4시에 출발이었다. 3시까지 잠들지 못했던 나는 막상 그 4시에는 잠들어 있어서 안녕이라고 하지 못했다.

내 비행기 시간은 아침 10시였다. 간밤 늦게서야 잠든 나는 7시쯤 다시 일어날 수 있었다. 샤워하고 짐을 다시 싸고……. 출발하기로 한 8시까지는 그래도 10분쯤 남아 있었다. 마지막으로 고맙다는 메일이라도 한 통 쓰고 가려고 했는데, 그가 문을 두드렸다. 20분 거리의 공항으로 가면서 나는 그 친구에게 자신의 사제 서품 은경축 파티를 준비해 준 성당 신자들에게 감사의 파티를 베풀면 좋으리라고 이야기하는 것이 고작이었다. 2박 3일의 체류 기간 동안 단둘이 이야기한 시간은 공항으로 나를 마중 나왔을 때와 지금 공항으로 가는 길뿐이었지만, 그 짧은 시간을 행사 정리에 관한 이야기로 채웠다.

　공항에 도착했다. 바로 티켓팅을 마치고 출국 수속하는 데까지 왔다. 내가 그렇게 커피를 좋아하는 줄 알면서도, 또 자신의 집에서 커피 한 잔도 못하고 바로 나온 줄 알면서도, 그리고 탑승 시간이 두 시간 넘게 남은 줄 알면서도, 그는 커피 한 잔 하자는 소리를 하지 않았다. 나는 돌아섰다. "서로 연락하자."라고 그가 말했다. 또 언제 만날지 모르는 사람들의 인사였다.

　학창을 같이했던 여러 친구들이 그의 서품 25주년을 축하하는 은경축 미사에 참여하러 왔었다. 그는 마침 새로 부임한 성당에서 은경축과 부임 축하 미사를 함께 하게 되었다. 아직 학기가 끝나지 않은 때여서 내게는 다소 무리인 일정이었지만, 나는 미국에서 무슨 큰일이라도 난 듯이 준비해서 떠났다.

　25년 전, 그가 신부로 서품되던 때 나는 함께하지 못했다. 그때는 돈이 없었다. 다만, 그가 제대 가까운 곳에 나를 위해 자리를 하나 비워놓기를 부탁했었다. 자리가 비어 있었는지는 모르지만 나는 마음으로 참여했다. 유학 시절에 만난 그 친구와는 프랑스에 도착한 시기가 비슷했고 공부가 거의 같은 시기에 끝났기 때문에, 그의 서품식은 내가 귀국한 직후였다. 귀국 직후에는 유학 기간 중의 학비를 대느라 어머니가 얻어 댄 빚이 적지 않았다. 또 그때 나는 언제 취직될지 모르는 시간강사였기 때문에 친구의 서품식으로 외국까지 나갈 수가 없었다.

　이번 은경축 미사를 위해 나는 한복을 마련했다. 마침 프로그램에는 미사 때 봉헌 순서에 꽃을 봉헌하는 사람으로 나를 넣어 놓았다. 흰 백합과 흰 장미로 꾸며 준비해 준 꽃바구니는 내 아이보리 빛깔 저고리와 잘 어울렸다. 그런데 그보다 더 눈에 띄는 일은 나에게 친구 신부에 대해서 한마디 하라는 순서가 주어진 것이었다. 내 친구의 특별 주문이었던 듯하다. 어쩌면 그가 할 답사 시간을 덜어서 나에게 준 기회였는지 모른다.

그는 멕시코 과달라하라에 속하는 작은 농촌 농부의 아들이었다. 10남매 중 4번째인 아이는 공부를 하고 싶어 어렸을 때 과달라하라라는 도시에 있는 외할머니 손에서 크게 되었다. 그러나 그가 학교 들어갈 나이가 되어서는 어느 돈 있는 친척집에서 그의 교육을 담당했다. 거기에 있는 동안 그는 자신이 학비를 벌어 중고등학교를 마쳤고, 대학 들어갈 나이에 수도 멕시코시티에 있는 꼼보니엔 수도원으로 들어갔다. 그리고 파리에서 신학을 공부했다. 서품 받은 뒤 그는 이집트에서 선교사로 9년간 있었다. 이후 로마에서 다시 3년 동안 공부했다. 그는 교구 신부로 소속을 옮겨서 미국에서 교구 사제로서 일하고 있다.

그를 파리에 도착한 첫 프랑스어 개강 클래스에서 만났다. 그리고 29년이나 지났다. 미사 중에 주어진 짧은 시간에 무엇을 이야기할 수 있을지, 어느 이야기를 해야 가장 '그다움'을 드러낼 수 있을지 염려되었다. 잘하고 싶었던 만큼, 그 순간은 힘겨운 순간이었다.

     가브리엘 신부님은 고향 멕시코를 아주 오래전에 떠났습니다. 늘 새로운 나라에 가서 새로운 관계를 만들었습니다. 자신의 고향을 떠나고,

익숙한 사람들을 떠난다는 것은 쉬운 일이 아닙니다. 그러나 그는 늘 이를 용기 있게 해내었고, 현재는 이 Half Moon Bay에서 행복해하고 있습니다.

그는 경험이 풍부하고, 지혜로우며, 그리고 여러분 모두가 아시는 바와 같이 여러 언어를 합니다. 이것은 그가 여러 다른 문화를 융합시킬 수 있는 능력을 지녔음을 보여줍니다. 그의 이러한 힘은 이 교회에 커다란 장점이 될 것입니다.

특별히 그는 그의 길에서 부딪히는 어떠한 상황이나 문제에도 열려 있습니다. 그는 모든 이들의 말을 들을 줄 알고 그리고 모든 이를 인정합니다. 그는 서로 차이가 나는 것은 바로 풍부함이 된다고 믿고 있습니다. 그리고 이 풍부함은 서로 나눌 수 있으며, 새로운 것을 창조해 낼 자산資産이라고 여기고 있습니다.

저를 보시면서, 여러분은 우리가 얼마나 지구 다른 편에서 태어났는지를 아십니다. 그렇지만 신부님 덕에 우리의 차이는 문제가 되지 않았을 뿐 아니라, 오히려 매우 다채로운 우정으로 성장해 왔습니다. 저는 여기 계시는 여러분 모두 역시 저처럼 신부님과 아름다운 우정을 쌓아 가게 되리라 믿습니다.

오늘 여기에는 신부님의 식구들이 와 있습니다. 저는 신부님이 자신이 알고 있는 모든 사람들이 자신의 친구들과 자신의 친척들과 다 함께 연결되어 좋은 친구가 되기를 원하고 있다는 것을 잘 압니다. 그를 통해서 우리 모두는 보다 더 많은 친구들을 얻을 수 있습니다. 그가 살았던 서로 다른 장소에서 얻은 친구들도 다 우리의 친구들이 될 것입니다. 신부님을 통해서는 그것이 가능합니다. 우리가 모두 예수님 팔 안으로 들어가는 하나의 길이기 때문입니다.

약 5분 정도 걸친 짧은 인사였지만 그가 만난 새 교구민에 대한 나의 바람이었다. 그리고 우리의 우정에 대한 내 감사였다.

어쩌면 내 이 인사가 큰 파장을 몰고 올지도 모른다. 신부의 학창 시절 여자 친구가 25주년 은경축에 인사를 했다. 그가 나를 불러 세운 것 자체가 만용蠻勇이었을지 모른다. 그러나 거의 공개적으로 표시한 이 우정에 대한 감사가 우리 사이에 가장 긴 우정에 대한 소회였다는 사실을 사람들은 모를 것이다.

지구 끝과 또 다른 지구 끝에 사는 사람들. 한 번 만나는 데도 너무나 돈이 많이 드는 친구들. 그래서 몇 번 만나지 못한 친구들. 그런 줄 뻔히 알면서도, "서로 연락하자"라는 말 한마디로 안녕에 대신하는 사람들. 꼭 내일 다시 만날 수 있다고 믿고 싶어서인지, 아니면 안녕이라고 발음할 용기가 없어서일지……. 어쨌든 우리는 늘 그랬다.

우리들이 지킨 그 절제가 우리의 우정을 오늘날까지 이어올 수 있게 한 줄이었을까? 그 한계 속에 묻힌 우리의 숨은 언어들은 우리를 지구 끝 편까지 이어주고 있다. 그리고 그 한계를 설정해 온 노력이 우리의 우정을 자랑스럽게 드러낼 수 있게 하는 것 같다.

(2012. 12. 12)

'우리는 가슴에 희망을 심는 데 성공했습니다'

아프리카 차드에서 일하는 선교사가 한국 방문을 마치고 돌아가는 길이었다. 나는 그를 배웅하러 공항까지 갔다. 출국을 안내하는 전광판 위에는 세계의 시간을 나타내는 지도가 있었다. 물끄러미 바라보던 그가 왜 아프리카시간은 없냐고 물었다. 나는 한국 비행기가 가는 곳만 표시하기 때문이라고 궁색하게 답했다. 그는 한국에 있는 동안 아프리카 소식은 전혀 듣지 못했다고 덧붙였다. 그런데 지금 한국 언론들이 아프리카의 만델라에 대해 말하고 있다. 만델라는 그만큼 철벽같은 세계도 뚫고 들어갈 삶을 살았다.

자유 없이 살던 이, 자유의 상징이 되다

1993년 넬슨 만델라와 당시 백인 대통령 드 클레르크가 공동으로 노벨평화상을 받았다. 검은 손과 흰 손이 잡고 있는 모습, 이것이 만델라의 업적이었다. 만델라는 10년을 금지령 아래, 27년을 감옥에 있었다.

드 클레르크는 만델라의 활동을 제약하고 감옥에 넣었던 체제의 대표가 되었다. 이들이 평화적 방법으로 남아프리카공화국을 새로 태어나게 한 공로자가 되었다.

만델라는 1918년 남아프리카 템부족 족장의 아들로 태어났다. 그는 정규 교육을 받아 왕의 자문이 될 준비를 했다. 그러나 그는 포트헤어 대학에 진학하면서 흑인 차별에 대해 눈떴고, 자신은 단순히 코사부족의 한 사람이 아니라 아프리카인임을 자각했다. 만델라는 학교를 졸업하고 흑인법률상담소를 운영하며, 비폭력 인권운동을 하는 아프리카민족회의에 전념했다.

그는 인종 차별이 더 심해져 가자 전술을 바꾸어 아프리카민족회의 아래 행동단체를 결성하고 전국적인 파업을 주도했다. 이로써 그는 금지령을 받았다. 금지령은 여행, 공공장소 출입 등을 제한하고, 금지령을 받은 이들끼리의 대화까지도 막았다. 그러나 그는 1962년 에티오피아에서 열린 '범아프리카 자유 운동' 회의에 참가했다. 그리고 또 파업들을 사주했다고 하여 종신형에 처해졌다.

만델라는 감옥 안에서도 자유에 대한 투쟁을 이어갔다. 사람들은 갇혀있는 자유의 투사를 잊지 않았다. 그의 이름은 구호가 되었고, 경찰의 가혹한 공격이 일상사처럼 되어도 흑인 주거 지역은 통치가 불가능해졌다. 정부는 이 상황을 해결할 이는 감옥에 무기수로 앉아 있는 만델라뿐이라는 것을 알았다. 결국 드 클레르크 대통령은 1989년 인종 분리 정책을 폐지했다. 만델라는 이듬해 27년 감옥 생활을 끝냈다. 그는 무혈로 정치범을 전원 석방토록 했고, 흑인의 투표권을 받아냈다. 그는 흑인들 모두가 투표할 수 있던 날, '국민의 겸허한 하인'으로서 남아프리카공화국의 대통령이 되었다.

감옥에서의 이상, 세계가 공명하고

만델라는 감옥 한편에서 30년 가까이 살았다. 그런 그가 세계의 주목을 받고 자유의 상징이 되었다. 이는 그가 자존감을 잃지 않고, 아프리카인 전체와 일체감을 느끼고 있었기 때문에 가능한 일이었다. 그리고 아프리카인들의 단결이 그를 있게 했다. 당시까지 국가 조직을 이끌던 백인들은 그에게 실권을 넘겨줄 수밖에 없었다. 그러나 그는 정부를 공격하지 않고 화합을 시도했다. 그래도 흑인 아프리카인들은 만델라를 믿었다. 그렇기 때문에 국제 사회도 그들을 주시했다. 국제 사회는 인종 차별을 강행하는 남아프리카와 무역을 중단하고, 국제 대회 참여를 금지하며 제재를 강화했다. 따라서 남아프리카의 흑백 인종평등은 만델라의 승리이며 동시에 남아프리카의 승리이고, 인류가 이룬 작품이었다.

더욱이 만델라 정부는 탄압자들을 포용했다. 그는 집권하자 인종 분리 정책 철폐 운동을 해왔던 성공회의 투투 주교를 과거사 정리를 위한 '진실화해위원회' 위원장으로 위촉했다. 진실화해위원회는 백인 정권 하에서 저질러진 민주화 투쟁 인사에 대한 암살 행위나 인권 탄압자들을 조사하여 청문회에 세웠다. 그러나 청문회 과정에서 잘못을 인정한 백인은 대통령이 사면해 주었다. 만델라는 이렇게 흑백의 평화적 공존을 도모했다.

만델라가 활동하던 60년대 미국에서는 루터 킹 목사가 인권운동을 하고 있었다. 킹 목사의 주장은 케네디 대통령에 의해 법제화되었다. 링컨 대통령이 노예를 해방시켰지만 흑인의 평등권은 100년 후 케네디 대통령에 의해 이루어졌다.

남아프리카공화국의 상황은 훨씬 더 복잡했다. 여러 종족의 원주민과 15세기 희망봉 발견 이후 이주해 온 네덜란드인, 근대 다이아몬드와 금광을 바라고 이주한 유럽인들, 도시에 거주하며 상업에 종사하던 인도인들이 이룬 복잡한 역사를 가진 국가이다. 대를 이어 이 땅에 살던 백인들과 새로 들어온 백인들은 서로 경쟁하다가 결국 단결하여 흑인을 희생으로 자신들의 갈등을 해소했다. 그 긴 투쟁의 역사를 만델라는 상생으로 나아가게 했다.

만델라가 인권의 상징적 인물이 될 수 있었던 것은 그가 정의를 찾아 행동했고, 화합했기 때문이다. 그래서 세계는 그에게 공감했다. 공감은 인간 공동선을 살린 정의와 타인에 대한 존중에서 나오는 울림이다. 남과 북, 진보와 보수, 빈부 등 수없이 갈래 짓는 우리 사회에서 만델라의 이름을 불러본다. 특별한 기원이 있어서이다.

〈가톨릭신문〉 방주의 창(2013년 12월 25일)
『한국에세이』 7(2014년)

천 번의 점프

2010년 캐나다 밴쿠버에서 피겨스케이팅 올림픽 경기가 열리던 시간, 나는 길에 있었다. 급히 TV가 있을 만한 가게를 찾아 들어섰다. 김연아가 울면서 나오고 있었다. 넘어졌느냐고 물었더니 사람들은 "아니요, 잘했는데요."라고 했다. 그런데 왜 우냐고 거듭 묻는 내게 그 젊은이들은 모르겠다고 했다. 사실 김연아도 그날 왜 울었는지 모른다고 했다. 몰입하고 난 이후의 비움이었을까?

100년 만에 홀로 왕국을 이룬 소녀

한국에 근대적 스포츠가 보급되기 시작한 때는 19세기 최말엽 대한제국 시대였다. 원래 피겨스케이팅은 유럽에서 1850년 부시넬이 금속제 날을 부착한 스케이트를 개발한 데에서 시작되었고, 그 후 10여 년 뒤 발레 교사였던 헤인즈가 예술적 동작을 첨가하여 만들어진 스포츠이다. 피겨스케이팅이 한국에 소개된 것은 1890년대였다. '빙족희氷足戱'

가 무엇인지 궁금해하는 국왕 고종과 왕비를 모시고 외국인들이 경복궁 향원정에서 시범 공연을 했다. 왕비는 내외의 법도를 지켜서 발을 치고 그 뒤에서 구경했는데, 남녀가 함께 손을 잡았다 놓았다 하는 모양을 매우 못마땅해했다고 전한다.

이후 100년간, 한국은 피겨스케이팅에서는 변방이었다. 스피드 스케이팅은 1910년대 보급되었고, 20년대 들어서는 빙상 선수권 대회도 열렸다. 그러나 피겨는 1924년 일본 유학생이 귀국하여 '피겨 스케이트 구락부'를 비로소 만들게 되었다. 이 클럽은 8명으로 시작해서 차차 회원이 늘어 남자 선수들끼리 페어나 아이스 댄싱도 하게 되었다. 1930년대 학교를 중심으로 피겨 선수들이 나오기 시작했지만, 여자 선수들은 거의 없었다. 그러다가 광복 이후 하얼빈이나 북경 등지에서 피겨를 배운 여자 선수들이 귀국해 활동했다. 피겨 선수들의 오랜 숙원이었던 동대문 실내 스케이트장이 완공된 것은 1964년이었다. 김연아는 이런 곳에서 혼자 세계적 왕국을 지었고, 세계 피겨 100년 역사를 새롭게 써 나가기 시작했다.

하느님, 어떻게 우릴 안으실까?

피겨는 얼음판 위에서 점프를 하고, 점프와 점프 사이를 잇는 경기이다. 그 점프 기술과 예술미를 구사하기 위해 한 선수가 얼마나 노력을 해야 하는지는 '한 번의 비상을 위한 천 번의 점프'라는 말이 대신한다. 죽음의 무도에서처럼 스케이트 날을 세워 얼음을 콕콕 찍는 소름 돋는 스텝 등 기술과 음악의 표현을 하나로 하여 '빙상 위에서 춤추는 물방울'이 되려면 생활 전체를 그곳으로 몰입해야 한다. 정신 속까지라도 군더더기가 있어서는 이루지 못한다. 그래서 그의 동작은 인간의 몸이 실현할 수 있는 최고의 한계까지 전달해 준다. 그 몸의 절제가 인간의 삶까지 풀어낸다.

김연아는 그 몰입을 자신의 코치 브라이언 오서와 함께 이루어냈다. 오서는 김연아가 도약할 때 주먹을 쥐고 있다가 성공하면 손을 번쩍 든다. 또 때로는 그도 스케이트장 펜스 밖에서 함께 뛰어오른다. 혼신을 다해 몰입해서 경기를 하고 그 순간적인 빈 상태로 돌아오는 작은 새에게 코치는 "와우"만 연발하면서 기다리고 있었다. 선수가 울면서 안길 때 등을 두드리는 모습은 그들이 함께한 힘을 느끼게 한다.

마치 하느님이 우리를 기다리는 모습을 보게 한다. 이 세상을 혼신을 다해서 힘들게 이기고 돌아가면, 주께서도 그렇게 팔 벌리고 계실 것만 같다. 우리가 세상에서 비상하기 위해 수없는 점프를 할 때 하느님도 브라이언 오서처럼 마음 졸이고 우리와 함께 뛰고 계시리라.

우리 사회, 무엇을 위해 몰입할 것인가?

김연아는 거의 얼음판 위에서 자신의 성장기를 보냈다. 그렇다고 우리는 김연아가 사회생활을 못할까 봐 염려하지는 않는다. 단 한 번도 얼음 위에서 뛰어본 적이 없는 우리가 그를 이해한다. 내용을 모두 알아서가 아니다.

진정한 혼자의 길이야말로 모든 쓸데없는 군살을 버리게 한다. 그러므로 무엇엔가 전념할수록 간결하게 표현하고, 있는 그대로 들을 수 있다. 자신을 깨닫고, 자존의 세계를 세우기 위해 힘들어 본 사람이라면 대화는 더 쉽게 열린다. 버리지 못하면 듣지 못한다. 듣지를 못하고 자기 말만 하는 것은 소통이 아니다. 우리는 독재자를 싫어한다. 그러나 남의 말을 듣지 못하는 한 우리 모두는 자신이 관여하는 범위 안에서 독재자일 수 있다.

여러 가지가 얽히기만 하는 우리 사회가 '현재' 속으로 골몰해 들어갔으면 싶다. 욕심, 관계, 과거 등은 지금 이 순간이라는 입장에서 보면 부차적이며 군더더기이다. 모든 군더더기를 털고 너와 나의 소통을 위해 지금 뛰어오르자. 매 순간 있는 힘을 다해 솟구치면, 우리가 솟을 때마다 하느님도 불끈 힘을 주고 지켜보시리라. 만약 털어내기가 억울하면 울면서 솟아오르자. 골몰했던 세상을 끝내고 그분 품에 안기면, 그분은 당신이 세상을 창조하셨음을 기뻐하시리라. 우리가 김연아가 전설을 만들기를 원하는 것처럼 주께서는 우리가 전설이 되기를 바라실지 모른다.

〈가톨릭신문〉 방주의 창(2014년 1월 19일)

인연

사람의 인생은 바둑판같이 얽혀 있나 보다. 그리고 그 바둑판 줄은 젊었을 땐 잘 보이지 않는지도 모른다. 나이가 들어서야 그 줄이 읽힌다.

칠울공소에 대한 출판 원고를 마지막으로 한 번 더 읽어야 한다며 마감일을 넘기고도 버티고 있을 때였다. 작업 중인 컴퓨터 화면에 문자 메시지가 떴다. "칠울이 준본당이 됐대요…… 김 교수님 발표 덕이에요" 문자를 보고 나자, 더 이상 원고를 끌어안고 있을 수가 없었다. "예수님 만세! 칠울 만세!"

지난해 12월, 순교복자성직수도회에서는 대대적인 세미나를 계획했다. 교우촌의 믿음살이와 그 지도자들에 대한 연구였다. 우리 교회 초기 어른들은 대부분 교우촌 출신이다. 첫 시작으로 여섯 분이 선정되었다. 아마 연세와 역사, 그리고 지역을 고려한 것 같다.

내게는 최창무 대주교의 어린 시절 요람인 파주의 칠울(갈곡리)공소가 떨어졌다. 처음 연구 청탁이 왔을 때 나는 한심했다. 다른 연구자들은 자신들과 연고가 있거나 이미 자신들이 다룬 공소가 선정됐다. 이에 반해, 내 연구 조건은 열악했다. 내가 연구할 마을은 경기도 파주, 인터뷰해야 할 출신 지도자는 전라도 광주에 계시고 나는 경상도에 산다. 게다가 모든 연구자들이 같은 시간에 마무리를 지어야 세미나가 이루어진다는 점까지 감안하면 난감한 조건이었다.

그렇지만 해보고 싶은 주제였다. 그리고 정작 연구에 들어가면서는 어려움보다 점점 경이로움에 빠져들기 시작했다. 진행 단계마다 첩첩이 내게 주는 선물이 쌓여 있었다.

나는 2014년에 피숑Pichon 신부의 한국교회사 연구에 대해 논문을 쓴 적이 있다. 그때 그가 판공사목 중 병자성사를 주다가 한 교우촌에서 쓰러졌다고 적었다. 피숑 신부는 그 마을에서 우마차에 실려 서울 성모병원으로 옮겨진 뒤 일어나지 못하고 임종했다. 그런데 그가 쓰러진 곳이 바로 이 '칠울마을'이었다. 피숑 신부를 기억하고 있는 이들과의 만남은 마치 그가 살아서 내게 말하는 것 같았다.

또한, 피숑 신부에 관한 논문보다 10년도 더 전에 서울 샬트르바오로 수녀원이 전시관을 준비하고 있을 때, 은사를 모시고 자문하러 간 적이 있다. 전시관에 6·25 한국전쟁 때 희생당한 '김정숙 수녀'에 대한 기록이 있었다. 그 기록을 보면서 언젠가 꼭 소개해 보고 싶다는 욕심이 동했다, 같은 이름이어서. 그런데, 칠울에 도착하자, 그 수녀와 그의 동생 김치호 신부의 사진이 성당 입구에 큼지막하게 붙어 있었다.

칠울은 2013년 '하느님의 종'으로 선정된 샬트르바오로 수녀회 김정숙 수녀의 고향이었다. 그는 1950년 10월 17일 황해도 매화동에서 공산당이 끌고 온 군중에게 몰매 맞아 죽었다. 동생 김치호 신부는 혜화동(백동) 베네딕도수도회 기술학교에 입학했다가 나중에 수사신부가 되었다. 한반도 내 최초의 성직수도자이다. 그는 덕원본당 주임이었다가 한국전쟁이 일어나기 직전 공산당에 의해 평양 인민교화소에서 타살됐다.

깊이 들어가 보면, 칠울마을은 베네딕도수도원과 관계가 많았다. 당시 동네에서는 함경도 덕원에 있는 베네딕도회 신학교로 진학했다. 덕원신학교에 입학해서 수도원이 왜관으로 이전한 뒤까지 활동한 신부도 있었다. 한편, 나는 베네딕도수녀원의 역사를 감수한 일이 있다. 그리고 올 3월에는 베네딕도회 봉헌회의 종신봉헌을 했다. 그런 내게 살갑게 대하고픈 사연들이 많았다.

점입가경이라고 하던가? 나는 지난해 가을 「가톨릭신문」에 순교 성월에 대한 특집 글을 썼다. 그 기사가 나가고 낯선 전화를 받았다. 강원도 쪽에서 선교하던 선교사의 일생을 추적해 달라는 부탁이었다. 그래서 요새 강원도 지역 사료를 보는 일이 부쩍 늘었다.

그런데 칠울마을은 박해를 피해서 강원도 쪽에서 살던 신자들이 이곳으로 찾아들어 온 터였다. 설립자 가족 중에 최창무 대주교의 선대는 최경환 성인의 일가로서 강원도 풍수원에 살고 있는 성인의 후손과 연결되어 있었다. 최경환 성인의 며느리, 즉 최양업 신부의 형수인 송 아가다가 이 댁의 당숙모가 되는 관계였다. 2009년 수리산 성지의 이성례 마리아에 대해 연구하면서 송 아가다가 최경환 성인의 무덤을 찾는 경위를 다루었다. 이 묘지 발굴을 주선한 이도 바로 피숑 신부였다.

그러고 보니, 내 침대 머리맡에 있는 십자고상은 옛날에 은사님이 최대주교께로부터 받았다고 하며 주신 것이었다. 내가 대주교님을 모를 때였다.

세미나 발표가 끝난 이튿날 아침 나는 자리에서 벌떡 일어나며 외쳤다. "내가 왜 프랑스로 유학을 갔는지 알겠다!" 나는 한국사 전공자 가운데는 드물게 프랑스 유학을 선택했다. 그리고 아날사학파 학교에서 학위를 했다. 아날사학은 역사를 종합적으로 해석하며 생활사와 지방사, 이름을 남기지 못한 사람들에 주목하는 학파이다. 교우촌 연구에서는 이러한 접근 방식이 요구되었다.

매시간 전에부터 연결되었던 끈을 발견하는 일은 큰 격려였다. 이 인연은 칠울 역사의 발굴 정리를 위해 온 마음을 쏟고 있는 칠울 교우들과의 연결도 깊게 했다. 이번 연구는 세상에는 버려지는 경험이 하나도 없음을 절감하는 기회였다. 인생에서 그저 사라지는 것은 없다. 만약, 우리가 매 순간 당면하고 있는 행위들에 닿아 있는 커다란 인연을 보면서 살 수 있다면, 우린 보다 열린 시각으로 더 나은 가치를 살아낼 것이다.

천주교인들은 어떤 가치에 연결되어 있는가?

발표 원고를 마무리 지으면서, 문득 신부·수녀가 20여 명이나 나왔다는 이 동네에 그 흔한 의사나 교수 한 명 없었느냐는 의문이 들었다. 전화를 했다. 한국전쟁 때 미군의 원조로 공부해서 가톨릭대학병원 약국에 근무했던 사람과 대전에서 여고 교편을 잡았던 사람이 있었다는 공소회장의 답이 돌아왔다. 그조차 물어서야 설명하는 것을 보면, 교수나 의사는 마을에서 기억하지 않는 사람들이라는 말일 수 있다.

칠울은 수도원이 아니다. 평신도가 일상생활을 하는 마을이다. 서울에서 현재 교통편으로 약 1시간 떨어진 마을이다. 마을 앞까지 버스가 간다. 온 동네가 선택이 자유로운 시기에, 그것도 대도시 인근에서, 그들은 성직자·수도자를 최대의 목표로 백 년 넘는 세월을 살아왔다. 그들은 이 세상과는 다른 가치와 희망을 품고 있었다.

옹기촌이었던 칠울 사람들은 "옹기는 오곱이 남고, 칠기는 칠곱이 남아서 칠기"라고 한다면서 먹고살기에는 괜찮았다고 했다. 워낙 밑천이 들지 않는 옹기굽기에 다섯 배가 남는다면 그 돈이 얼마나 될까? 그들은 먹고살기에 부족함 없는 정도면 부富로 여겼다. '돈벌이'가 아닌 '밥벌이'면 족했다. 그들 세상은 일반사회와 다른 부와 명예를 그리고 있었다.

반대로 오늘 우리는 가지고도 끝없이 부족하다. 부족하다고 느끼게 만드는 사회에 산다. 그들의 가치관으로 오늘을 비춘다면 새로운 세계가 열릴지 모른다. 마치 한지로 새로 도배된 방 안에서 누리는 고요와 아늑한 향취를 누릴 수도 있다.

우리에게는 그들의 가치로 살아야 할 이유가 있다. 최창무 대주교의 선대를 추적하다 '다른 문'을 보았다. 최 대주교 집안은 윗대와 연결이 잘 안된다. 물론, 족보도 보관되어 있지 않다. 최 대주교는 자신의 생애가 그대로 한국 현대교회사로 전환될 만큼 살아온 인물이다. 그는 순교자의 후손으로 교우촌에서 태어나 소신학교, 대신학교를 졸업했고, 그리고 오랫동안 가톨릭대학 총장으로 사제를 양성했다. 더욱이 그가 일을 시작할 때 교회는 사회문제에 관심을 쏟을 여력이 생길 무렵이었다. 그리하여 그는 성서학교, 교도사목, 민족화해학교 등 다양한 방면의 응집력을 시작해 놓았다.

그런데 윗대와의 단절은 비단 최창무 대주교의 경우만이 아니다. 김수환 추기경의 조부도 순교자다. 그러나 우리는 그 성함을 모르고 연결고리도 갖고 있지 않다. 또한 김 추기경, 최 대주교는 모두 산속 흙에 묻혀 생활한 옹기장이 아들이다. 선조와 연결이 안된 옹기장이 후손이 추기경이 되고, 대주교가 된 것이 우리나라 교회이다. 즉 가난하고, 가진 것 없던 사람이 교회를 담당했다.

성직자도 '고위 성직자'라는 말이 적용되는지 모르겠지만, 우리 교회의 주요 지도자는 한국 전통 사회에서 높은 사람들이 아니었다. 프랑스의 리셜리외 추기경처럼 왕과 인척 관계를 갖거나 막강한 영향력을 행사하는 그런 나라가 아니다. 즉 천주교회는 우리 민족사에서 현실을 떨치고 새로 일어난 그룹이었다.

우리는 어떤 순간, 어느 우연을 거쳤는지 모르지만 천주교라는 거대한 인연 속에 와 있다. 스스로 이 현상을 자각했든, 혹은 자각하지 못했든 도도한 '새 질서'에 합류됐다. 종교의 자유가 온 이후에는 신자들이 초기 계층과는 달라졌다 하더라도 천주교회가 가지고 있는 성격은 변함없다. 아니 변함이 없어야 한다.

그리고 우리는 그에 걸맞은 행동과 비전을 창출해야만 한다. 그것은 비록 내가 처음 시작한 사람이 아니라는 이유로 또는 사회 속에서 일반인과 섞여 생활함을 빌미로 잊을 수 있는 소명이 아니다. 우리는 '옹기장이 천주교인'들의 무리이다.

　칠울과 같은 교우촌의 역사는 우리가 누구이며 어떻게 살아야 할지를 보여주는 '격려'이다. 칠울의 준본당 설정은 그 역사와 역할, 그것을 지키고 있는 이들에 대한 감사일 것이다. 그것은 전국적으로 이러한 보물을 드러내자는 약속이기도 하리라. 그곳에 길이 있기 때문이다.

『대구가톨릭문학』 28(2018년)

작품 해설

공동체의 질문에 답하기, 관계와 시간에 말걸기
— 김정숙의 수필세계

권 대 근
문학평론가, 대신대학원대학교 교수

I. 들어가며

　수필은 삶의 체험에서 우러나온다. 김정숙 교수의 수필은 지식과 체험과 사상이 용해되어 예술적인 문장으로 표현됨으로써 독자들은 한 편 한 편이 수필문학이 되는 것을 볼 수 있다. 아름다움은 현란한 빛깔과 진한 향기를 통해서만 구현되는 것은 아니다. 시대 현실과 가치관의 차이에 따라 위정자의 이념에 따라 달리 정의되고 평가되지만, 어떠한 현실 속에서도 진실이 배제된 아름다움은 존재할 수 없고 존재해서도 안 되는 것이 일반적 통론이다. 한 작가의 가치는 한 시대를 대변함으로써 그 폭을 확장할 수 있다. 김정숙 수필의 맛은 대상을 보는 예리한 눈맛에 있다. 문학 본질적인 요소 측면에서 수필의 맛은

'인식'에 해당한다. 김정숙 수필의 맛은 대상을 창의적으로 비판적으로 인식하는 데서 나오는 것 같다. 이 두 사고 유형이 김정숙 수필을 맛있게 하는 바탕이 된다고 하겠다. 김정숙 수필은 지성적 언어를 통해 구축된 준열한 삶의 실상이다. 그 안에는 살아 움직이고 있는, 작가의 강한 공동체 의식의 주체들이 있는 힘을 다해 자기에게 주어진 삶을 꾸려 나가고 있다. 인간은 무엇인가에 자신을 몰입시켜 그 안에서 보람과 행복을 찾고자 하는 소망을 가지고 있다. 김정숙 교수도 마찬가지다.

교수직 퇴임 후 인생의 터닝 포인트를 맞은 그녀는 여러 가지 인류애적 공동선을 위해 사회봉사를 해나가면서 이제 자신만의 독특한 글 세계에 몰입하고자 한다. 몰입해서 하는 일이란 가치 있는 것이다. 시인 보들레르는 인간은 어느 하나에 미쳐야 한다고 했다. 김정숙 교수의 수필 안에는 무엇보다도 치열한 자기반성이 거센 강물을 형성하고 있다. 그녀는 책 머리 글을 "나는 작가일까?"라는 문장으로 장식한다. 이어서 그녀는 "수필집을 엮을 만큼 사람에 대해, 삶에 대해, 역사에 대해 공명共鳴한 철학을 갖고 있을까? 혹시 짧은 글도 쓸 줄 안다는 칭찬을 장식처럼 달고 사는 것은 아닐까?"라는 반성적 성찰을 놓고 있다. 물론 그 성찰의 바탕에는 압축된 삶의 진한 영혼이 서려 있다. 그 영혼을 만나기 위해 김정숙 교수는 밝고 맑은 곳뿐만 아니라 어둡고 구석진 곳도 찾아다니며 삶의 진경을 만난다. 바로 생명 의식과 진실탐구와의 환상적 교직이다. 작가는 통렬한 종교적 믿음과 지성인으로서의 날카로운 더듬이를 통해 자신만의 인생론을 펼치고, 자신이 발을 딛고 있는 영역의 그 순수와 향기를 영원히 간직하기 위해, 방랑자가 되고 순례자가 되고, 구도자가 되기를 마다하지 않는 것 같다.

　삶은 누구에게나 벅차고 힘든 것일 수밖에 없다. 누구나 혼자이기 때문이다. 그래서 그녀의 수필은 관계 속 삶 살피기, 일상을 통한 말 걸기를 지향하고자 한다. 시간과 관계라는 도구를 통해 일상에 말을 거는 것이다. 김정숙 교수는 언제나 자신의 가슴을 안온하게 감싸줄 수 있는 따뜻한 둥지를 찾아 끝없는 순례의 길을 걷는다. 그 둥지의 실체는 사람일 수도 있고, 또 다른 신일 수도 있다. 무엇인가에 열렬히 집착하거나 몰입하는 것은 둥지를 마련하기 위한 하나의 방편이다. "문학은 인류사회가 던지는 공동의 질문에 마음으로 답해야 한단다. 인간과 환경, 우주 만물에 대해 보다 더 진지하게 열린 가슴으로 고민하라는 주문일 것이다. 이제 이 두 세계를 아우르며 공감하는 답을 찾아나가야 한다. 시·공간을 넘나들며 나와 타자他者의 본성을 선명히 드러내 주는 백자를 굽고 싶다." 이는 진실로 인류애를 향해 자기 본연의 자세를 다지겠다는 생각이다. 작가가 수필을 고집하는 것은 그러한 이유 때문일지도 모른다.

II. 시간의 흔적과 그 문양과의 관계

　수필은 일상을 보다 윤기 있는 터치를 통해 그 빛깔과 체취를 더함으로써 새로운 감동을 발아시키는 작업이다. 수필의 윤기는 문학 언어를 사용해서 화려하게 윤색을 하는 것으로 되는 것은 아니다. 그것은 얼마나 진솔하게 자신의 속내를 드러내느냐 하는 점과 인생의 가치와 의미에 대해 따뜻한 눈을 갖느냐는 기준에 의해 평가된다. 김정숙 교수는 교육자이면서 봉사자이고 수필가이기도 하다. 김정숙에 있어서 수필을 쓰는 일은 자기 자신을 만나기 위한 모색의 일환이다. 그는 한정된 시간을 사는 동안 영원히 기억될 무엇인가를 위해 자신의 도움이 필요한 곳을 누비며 열정을 바치는 사람으로 보인다. 그녀는 무엇인가를 자기 이상으로 사랑한다. 언제나 진실을 요구하며 신뢰를 요청하는 작가다. 김정숙이 문학에 심취하는 것은 인류애를 실현하기 위한 방안일 것이다. 책 한 권을 다 읽고 나면, 구원의 세계에 안주하고 진정한 행복의 도정에 오른 작가가 김정숙이 아닐까 하는 생각이 드는 건 왜일까.

그녀는 자신이 정확히 몇 년생인지 잘 모른다. 호적상 나이는 1954년생이다. 그런데 세 살이 되어서 다른 사람이 출생 신고를 해 준 경우여서 출생 연도가 잘못 신고되었으리라 생각한다. 그 사람은 어머니의 부탁을 받고, 우리나라 식으로 세 살을 빼서 출생 신고를 했다고 한다. 그래서 그녀는 1954년생이 되었지만, 실제로는 1955년생인 듯하다. 어쨌든 그녀는 1955년생들과 함께 공부했다. 즉 아홉 살에 국민학교에 입학한 셈이다. 어쨌든 그녀는 나이 이야기하는 것을 싫어했다. 그리고 속으로는 늘 자신의 출생 신고가 잘못되었다는 생각을 가졌다. 어떻게 되었든 그녀는 대학교수로서 정년퇴임을 하고 사회에 기여하는 일을 해오고 있다. 교회사도 집필하고, 야학 교사도 하고, 문인 단체 사무국장도 맡아 열심히 뛴다.

전쟁 직후 태어난 아이들을 '전쟁 풍년아'라고 했다. 사회에서는 전쟁 이후 안정을 찾아가던 1955년부터 박정희 대통령이 산아 제한을 강행하기 시작하던 1963년 사이에 태어난 아이들을 '베이비 붐' 세대라고 한다. 그러나 그보다 지금 그녀에게 닿는 말마디는 전쟁 직후에 태어난 '전쟁 풍년아'이다. 부모가 전쟁통에 어찌어찌 만나서 결혼했거나, 전쟁에서 살아남아 낳은 아이들을 말한다. 흥부네 집처럼 가난 속에서 너무 많다고 느껴졌던 목숨들이었다. 그녀는 전쟁 끝자락에 태어난 탓에 먹을 것이 없었다. 부모는 폐허 속을 뒤져서 먹을거리를 찾아야 했기 때문에 아이는 보살핌을 받을 수 없었다. 업혀진 아이는 흘러내려서 거의 엄마 엉덩이에 걸쳐 있어도 엄마는 아이를 추스를 손이 없었다. 어느 정도 기억할 수 있는 나이가 되었을 때까지도 그녀는 가난이라는 단어를 몰랐던 것 같다. 단지 배가 고팠고, 무언가 없어서 불편했다. 남에게 해진 옷을 보이기가 부끄러웠다. 속옷은 떨어졌어도 겉옷만은 말끔했으면 하고 바랐다. 그때는 모두가 그렇게 살았다. 그래서 그것이 '가난'이라는 형태인 줄 잘 몰랐다.

그녀는 대학교수 시절, 학생들에게 사회 변화상을 이해시키기 위해 자신의 집안 3대의 생활사를 적어 오라는 리포트를 낸 적이 있다. 학생들은 하나같이 자신의 집은 가난했었다고 써 왔다. '그때는 자네네 집만 그런 것이 아니란다.'라고 말해주었다. 물론 그때도 가난한 '우리' 범주에 들지 않는 몇몇 사람들이 있기는 했다고 말했다. 그녀는 유치원을 몰랐다. 학교는 늘 모자랐다. 그녀가 다닌 초등학교는 서울 미아리고개 너머 의정부 나가는 길가에 있었다. '숭인국민학교'였다. 그녀는 3학년까지 3부제 수업을 했다. 즉 한 교실을 세 반이 공동으로 사용하는 것이다. 고학년, 즉 4, 5, 6학년이 되면 2부제 수업을 했다. 학생

수는 학급당 90명을 넘었다. 100명을 넘는 학급도 있었다. 당시 세계에서 가장 큰 학교, 즉 학생 수가 가장 많은 초등학교가 우리나라에 있었다고 한다.

　시설은 부족하고, 갑자기 인구가 붇은 사회에서 그녀는 모든 것을 시험으로 통과했다. 중학교에 입학할 때도 시험 치르고, 고등학교도 시험 쳐서 진학했다. 대학입시도 예비고사라고 하는 대학 진학 자격 시험이 있고, 그리고 나서 대학 본시험도 있었다. 시험으로 점철된 학창 시절을 보냈다. 다만 그녀가 대학을 졸업할 때 경제는 많이 성장되어 있었다. 갑자기 늘어난 인구의 악착같은 노력과 교육 받은 노동력이 이러한 경제 발전에 자원이 되었음을 사회는 인정하고 있다. 영남대학교 국사학과 교수가 되어 사회에 들어간 그녀는 이를 악물고 달려왔다. 그리고 겨우겨우 집 한 채 마련했다. 그러자 몸은 옛날 같지 않기 시작했다. 억지로 산 집은 이제 산 가격보다 떨어질지도 모른단다.

　수필가 김정숙은 공동선의 가치를 추구하고 삶에 만족하며 산다. 본격적으로 수필을 쓰면서도 늘 지난날을 반성적으로 성찰한다. 자신의 생활을 담은 이번 작품들을 꿰는 실도 역시 '관계와 시간'이다. 그녀는 결국 관계 속에서 대상을 보아야 한다고 생각한다. 자신과 자신과의 관계, 사회와의 관계, 그리고 하느님과의 관계로 차례대로 원고를 읽는다. 그리고 관계적 소재를 언어와 문화, 종교적 시각으로 이 수필을 훑어내고자 했다. 유교가 바탕인 사회에서 한국사를 전공하면서 동시에 천주교회사에 매달리는 지방 대학 교수가 본 따뜻한 사회가 다른 이들의 생활도 덥히면 좋겠다는 포부를 밝힌다. 앞으로는 인생의 중요한 주제들을 천착하고 동일 주제별로 완성된 책을 만들고 싶다는 꿈도 갖고 있다. 예를 갖출 줄 아는 어른이기도 하다. 산업화의 물결로 인간이 기계화되고 인구 급증에 따라 기존의 가치관도 많이 변모되었다. 이로 인해 우리 사회는 어떠한가? 김정숙 교수가 가진 그런 문사 정신, 선비 정신이 그리운 시대다.

《에세이문예》본격수필 신인상 수상을 계기로 자신의 수필 쓰기는 삶 방식 자체를 바꾸어 가기 시작했다. 독자가 종이 무덤인 책에서 생명을 찾아낼 때에야 그 작품은 살아날 수 있다고 그녀는 생각한다. 그녀는 따뜻한 무덤을 짓고 싶어 한다. 사람들이 자신의 어머니 무덤 앞에서 험난한 세상을 주절거리면서 얻고 싶어 하는 위로, 그런 위로를 주는 작품을 쓰고 싶어 한다. 그리고 그 또는 그녀가 얻은 에너지로부터 다시 생명을 부여 받고 거듭나고 싶어한다. 그리고 '에세이문예작가상'이 자신의 약함을 붙들어 주니 더욱 힘이 난다고 고백한다. 등단과 문학상 수상을 시·공간을 치고 나가라는 격려로 받아들이면서 인생을 어떻게 사는 것이 바람직한가 하는가에 천착한다. 수필이 구원의 문학으로 새롭게 태어나야 할 이유는 이것으로도 충분하다. 김정숙은 이런 현실을 정확히 지적하며 우리 인간들이 각자 자기 본연의 자세를 견지해야 한다는 것을 설파한다. 인간이 나아가야 할 방향을 성찰하게 한 시도는 이 수필집의 수준을 가늠해 보게 하는 단초가 된다고 하겠다. 세태 풍자와 현실 비판 그리고 우리가 나아가야 할 방향, 더 나은 사회를 위한 제언을 안겨주었으며, 바른 생활에 대한 깊은 관심을 나타내고 있다. 삶에 말 걸기라는 작업이 지성과 맞물려 큰 감동을 준다.

III. 김정숙의 수필 세계

1. 공동체가 던지는 질문에 답하기

　김정숙은 심기 속에 전류처럼 정이 따뜻하게 흐르는 작가다. 이 수필의 한 축은 일상을 살아가면서 우리 공동체가 던지는 물음에 답을 찾아가는 작가의 지혜가 녹아있다. 더 나은 사회를 만들기 위한 작가 정신이 오롯이 수놓아져 있다. 흔히 수필은 자신의 심적 나상이라고도 하고 독백의 문학이라고 하는데, 김정숙의 수필은 자신의 이야기를 하면서도 자기에 초점을 맞추기보다는 공동체의 소중함을 수필적 소재로 취택하고 있는 것이 특이한 점이다. 현대는 다양한 욕구가 충만해 서로 좌충우돌하지만, 자신 이외에는 어느 누구에게도 눈을 돌리거나 귀를 기울일 수 있을 만큼 여유가 없는 단절과 소외로 특징 되는 시대다. 이러한 이유로 해서 오늘을 사는 사람들은 고독과 외로움으로 고통당하고 있는 것이다. 이런 현실 속에서 수필을 쓴다는 것의 의미는 무엇인가. 공동선을 향한 물음에 답을 찾아나가는 일을 우선적으로 리스트에 둘 수 있다. 문학이 문학만을 위한 작업에만 충실할 수 없는 시대에 살고 있는 것만은 분명하기 때문이다.

　자기 정서의 표출이라는 자기 구원만으로 수필가의 사명을 완수했다고 볼 수 없는 것이다. 이런 차원에서 수필가가 그려내야 할 수필적 주제는 인류애의 정신에 있다고 할 수 있다. 수필의 매력은 작가의 내면 풍경에서 나오는 체취를 음미하는 데 있지 않는가. 바로 인연의 소중함과 만남의 축복이다. 김정숙이 인정의 세계에 푹 빠져들고 있는 이유는 누구보다도 부끄러운 속 모습까지 가감 없이 내어 보일 수 있는, 인간의 체취가 물씬 풍기는 작가이기 때문일 것이다. 그리고 독립적 자아로 세계와 마주 서는 작가의 세계관이 작용한 때문이라고 하겠다. 김정숙의「모래 바위」는 현실 속에서 보기 드문 훈훈한 사제지간의 인연이 수놓아져 있다. 수필은 원래 잊을 수 없는 일이나 잊을 수 없는 사람을 대상으로 하는 수가 많다. 김정숙도 별반 다르지 않다. 초등학교 선생님의 그 넉넉함으로부터 작가가 배워나간다는 측면에서 유의미한 글이다. 이 작품은 인간이면 가져야 할 인간적인 자세가 어떤 것임을 엿볼 수 있게 해서 인식 구조로서의 문학적 역할을 잘 수행하고 있다고 하겠다.

> 나는 선생님도 한 명의 생활인으로 이 세상을 살아내야 했다는 사실을 왜 이제야 깨닫게 되는 것일까? 나이 오십이 넘었고 대학교수인 내가 그 긴 세월 동안 왜 선생님 앞에서는 언제나 초등학생 노릇밖에 못했을까? 처음 만났을 때는 거대한 바위이던 선생님이 세월과 함께 한 알 한 알 조각나고 있을 때 그 제자가 아는 척을 할 수 있었더라면 얼마나 위로가 되셨을까! 선생님은 바위이며 모래였다.
> ―「모래 바위」중에서

제21회 계간《에세이문예》본격수필 신인상 당선작이었던 이 수필을 읽으면, 그녀의 글은 하나같이 삶의 원형, 삶의 진리를 파헤친 지혜서란 생각이 든다. 그녀는 형이하학적 제재의 속성을 잘 파악하여 형이상적인 우주의 본질로 나아가는 데 참으로 익숙하다. 모든 물질은 이중성을 지닌다는 것은 양자역학을 배운 사람이라면 다 안다. 원소는 입자이면서 파동인 것이다. 그녀는 이런 삶의 이중적 성격을 인생사에 견주어 '모래'와 '바위'로 의미화하였다. 선생님은 '바위'이면서 '모래'였다는 마지막 지배적 정황은 그 어떤 장치보다도 인간이 가지는 이중성으로 인해 인간 이해의 폭을 넓혀준다. 어쩔 수 없어 사는 것이 아니라 그것을 필연으로 여기며 사는 길은 주체적 행보라 할 수 있다.

배치나 장치를 만들어 자기를 확고히 하는 것보다는 열린 자세로 타자인 선생님에게 다가감으로써 작가는 튼튼한 도덕적 모럴을 구축하게 되는 것이다. 삶 속에서 살아가는 사람은 삶의 법칙에 따르지 않으면 살아갈 수도 진화 발전할 수도 없다. 그 선생님은 김정숙 교수를 두고 동료들에게 이런 제자 둔 사람 있으면 나와 보라고 늘 큰소리를 쳤다니, 두 분의 신뢰 관계가 어떠한지 짐작이 되고도 남는다. 지금까지 김정숙 교수는 그 선생님의 무한 신뢰를 배반하지 않고 현재까지 왔기 때문에 지금도 당당히 존재하고 있는 것이 아닐까. 초등학교 때 만나서 오랫동안 인연을 이어오면서 삶에 영향을 준 선생님의 인간적인 면과 어른이자 스승으로서의 근엄한 면을 작가는 '모래 바위'로 풀이하고 있다.

며칠 전, 12월 22일, 이 학교의 종업식이 있었다. 학생이 10여 명 되는 소규모 학교에 정식 교사들과 강사들을 합치면 선생 숫자가 학생 수보다 많은 것 같다. 종업식에서는 강사들에게 감사장 수여가 있었다. 학생이 자신이 감사하고 싶은 강사를 선택하여 편지를 쓰고 학교의 이름으로 감사장을 강사에게 전달하는 것인데, 글을 쓴 학생이 직접 읽었다.

"인생의 방향에 대해 고민할 때 누구보다 열심히 들어주시고 조언해 주셔서 감사합니다. 이에 저희의 사랑과 정성을 담아 선생님께 감사장을 드립니다." 감사장을 내미는 학생을 덥썩 안아 주었다. 이 학생은 나를 보면, 내 연배인 농사짓는 자신의 할머니를 생각한다고 했었다.

—「'2023년의 훈장' 같은 감사장」 중에서

위 글은 대학교수에서 퇴임하고 나와 작가는 '꿈꾸라'라는 이름의 대안학교에 강사로 나가서 역사를 가르치고, 종업식 때 학생들에게서 받은 감사장을 훈장 같다고 표현한 수필이다. 학생 수가 10명 정도 되는 소규모 학교, 그것도 특수학교에 나가 열정으로 가르치고 감사장을 주는 학생을 덥썩 안아주는 인간미 넘치는 작가의 모습이 어떤 화려한 수식어보다도 감동을 준다. 이런 차원에서 이 작품은 인간의 체취에서 풍기는 향기를 더해주는 글이다. 수필은 인간을 위하여 그리고 인생을 보다 낫게 하기 위하여 존재하는 것이다. 따라서 작가가 자신의 재능과 능력을 사회적 유산으로 여기고 타자를 위해 기꺼이 쓸 때, 우리 사회는 더불어 잘 살 수 있는 것이다. 학교에서 신임 강사인 작가를 보고 한마디 하라고 했을 때, 그녀는 자신이 꿈꾸라와 만나게 된 것이 2023년 한 해 가장 잘한 일이라고 생각한다고 말문을 열었던 것이다.

이런 단언은 언제나 가슴 뭉클하게 하는 힘이 있다. 수필은 힘의 문학이다. 그 힘은 작가 의식으로부터 나오지만 인간애의 고양으로부터도 나온다. 이 대목은 더욱 이러한 힘을 느끼게 한다. 주제를 제재에 담아 문학적으로 조리해내는 일은 누구나 쉽게 할 수 있는 일이 아니기에 김정숙의 역량이 빛나는 것이다. 이 작품은 더 나은 세상을 만들어 나가야 한다는 지성적 책무가 실천으로 이어지고 있다는 것을 보여주기 때문에 그 여유가 타자 의식과 삶에 대한 자각이 잘 어우러져 잔잔한 감동을 준다. 작은 것에서 큰 보람을 느끼고, 그 느낌에 나름대로 문학성을 부여하려는 노력이 묻어나서 좋다. 무엇보다도 제재를 통해 주제를 우려내는 솜씨의 탁월성이 김정숙 수필의 가장 큰 강점이라고 하겠다. 무엇보다도 이 수필의 쾌미는 한 장의 종이에 불과한 학생의 감사장을 '훈장'으로 여기는 김정숙 교수의 가난한 마음, 작은 것도 크게 보려는 배려심에서 나온다고 하겠다.

> 직장을 떠나기 시작한 초등학교 동창들이 보고 싶다. 어디서 무엇을 하는지, 그동안 무엇을 했는지 궁금하다. 그리고 이들의 정년 이후의 행복을 찾는 일이 숙제처럼 다가온다. 수입이 한정되거나 없으며, 건강이 위태해지려고 하는 장년壯年, 사회 경험은 많은 사람들, 그들이 인생을 즐기며 사는 방법을 찾는 일이 아직 남아 있는 내 일인 것 같다. 내가 내 세대에 지기 시작하는 빚을 갚는 일일 것 같다. 올해는 인간이 행복해지는 조건이 무엇일까를 다른 해보다 훨씬 더 많이 생각했다.
> ―「정초에 온 편지」 중에서

그녀의 작은 바람이라면 정년 이후를 맞는 동기생들이 행복하게 잘 사는 것이다. 직장을 떠나기 시작한 초등학교 동기생들의 안부를 궁금히 여기면서 그들이 행복해지는 조건이 무엇일까를 생각하는 수필이 「정초에 온 편지다」다. 이 수필의 압권은 2차 세계대전 때 나치 감옥에서 일어났던 삽화다. 도망친 사람을 대신해서 열 명이 선택되어 죽임을 당하게 되었을 때, 열 번째로 지목된 사람이 울면서 자신에게는 처자가 있으니 살려달라고 했다. 그때 그 자리에 있던 막시밀리앙 꼴베 신부가 자신은 식구가 없으니, 자신이 대신 지목되겠다고 자청했다는 이야기다. 신부 대신 살아남은 그 유태인은 나중에 돈을 들여 그의 이야기를 널리 세상에 전한 덕에 그 신부는 성인으로 시성 되었다는 것에서 작가는 요즈음 신부 대신 살아남은 자의 마음이 새겨진다고 한 대목이다. 이 예화를 통해 작가는 살아남는다는 것이 얼마나 큰 숙제인가를 절감하게 된다.

누가 자기 앞가림하기도 바쁜데 동기생들의 노후를 걱정할까. 작가의 관심은 은퇴자의 노후다. 작가는 "국가와 사회는 미리 대책을 세웠어야 한다. 퇴직하는 사람들이 인간으로서의 위엄을 지니고, 삶의 여유를 누릴 수 있도록 해주어야 한다."고 당당히 주장한다. 정부나 국가가 하지 못하는 일을 자신에게 남겨준 숙제로 인식하고, 어려운 동기들의 입장에 더 가까이 다가가리라 다짐하는 수필이 감동을 주는 것은 타자 의식의 훈훈함 때문이다. 은퇴자를 위해, 목소리를 내는 한 지성인에게 박수 소리가 들려오는 것만 같다. 수필이 구원의 문학이라는 데는 이견이 없을 것이다. 이 작품은 건강한 은퇴 생활을 바라는 작가의 건강한 인식이 녹아있어 뜨거운 감동을 자아낸다. 긴 인생을 바보처럼 살아가는 것도 필요하지만 어제보다는 오늘, 오늘보다는 내일의 향상을 목표로 삼아 자신을 비워내며 이타적인 사랑을 실천하려는 정신이 후회 없는 인생을 보내는 방법이 아니겠는가. 작가는 분명히 세상을 안개처럼 부드럽게 감싸는 어머니의 손길을 가진 성인이라 하겠다.

나는 이렇게 그 맹호부대 용사에 대한 답장을 보내고 있다. 내가 답장을 안 해서이겠지만, 그의 편지는 거의 매일 같은 내용으로 소나기처럼 퍼부어졌었다. 그가 내게 우정으로 남긴 선물이 있다면, 그것은 혼자 일방적으로는 대화가 되지 않는다는 깨우침이었다. 난 베트남 방문 이후 베트남 관계 일을 할 때면 '정성'이라는 마음을 얹어 40년 만의 답장을 대신하고 있다. 그가 무사히 돌아와서 잘 살고 있기를 바라는 마음과 함께, 200만 명에 이르는 당시 전쟁으로 인해 죽은 이들과 부상 당한 사람들, 그리고 마음의 고통을 당하는 사람들 모두에게도 함께 밀린 나의 우정을 보내고 있다.

—「40년 만의 답장」 중에서

작가에게서 통상적인 삶의 형태란 어떤 것인가. 수필가의 경우는 다른 장르와 사뭇 다르다. 전업 작가가 될 수 없는 한계 속에서 문학 한길에 엄정하거나 단호하지 못한 것이다. 작가라는 이름에 앞서는 다른 직업으로서의 이름을 걸어놓고 세상 속에서 만나지는 것들의 보이지 않는 이면이나 속을 후벼 파서 다른 객관적 상관물로 치환하는 것이 수필가의 일이 아닐까. 삶을 삶답게 헤쳐나가며 나를 나답게 하는 사람은 드물다. 말과 글로 세상을 바꿀 수 있다는 신념을 가지고 자신의 뜻대로, 현실에 순응하지 않고 저항하면서 격렬하게 살기는 어렵다. 남과 다른 관점을 유지하고, 새로운 것을 찾으면서, 특수한 체험을 특수한 언어로 말하면서 현실을 살아내기가 쉬운 일이 아니다. 더구나 여자의 이름으로는 더욱 그렇다. 그러나 김정숙은 여느 여성 작가와 다르다. 자신의 삶으로 자신의 호흡으로 자신의 판단과 기준으로 산다. 세계에 부딪치면서 당연한 것에 회의를 제기하며, 경계에 서서 늘 의문을 토해낸다.

「40년 만의 답장」은 40여 년 전 중학교 1학년 때 월남 파병 맹호부대 용사한테서 받은 편지에 대한 단상이다. 프랑스 유학 중에 알게 된 베트남인들이 한국인을 싫어한다는 사실로부터 김정숙과 베트남의 인연은 싹을 틔우게 된다. 역사와 시대에 책임이 있는 사람들이 우리나라가 다른 나라 사람들에게 잘못한 일에 대해 사과하고, 그 관계를 발전적으로 전환해야겠다고 피력하는 것이라든지 또는 엇갈린 관계를 더 튼튼히 다지겠다고 노력하는 모습은 너무나도 아름다운 지성인의 모습이라 할 수 있겠다. 김정숙이 문단에 들어와 새롭게 선보이는 이 수필집은 아마도 세계 시민적 가치를 구축하는 길이 어디에 있는가를 탐색하는 작품집이라는 독특한 위상을 갖게 될 것 같다. 인식과 실천의 교직이라는 나름의 문학관을 가지고 있어서 더욱 의미 있다고 하겠다. 무엇보다도 베트남 일을 볼 때면 '정성'이라는 마음을 얹어 답장을 대신한다는 대목이 압권이다. 김정숙의 수필은 이런 적절한 변주와 다양한 전개가 있어 여타 수필집의 한계를 잘 극복하고 있다.

아파트란 단독 주택보다도 상호간 더 크게 영향을 주고받는 공간일지 모른다. 그러면서도 획일적 구조 안에서 동일한 물건을 사용하면서 서로 다른 독창성을 지닌 사람이 되어야 하고, 그 서로 다른 매력으로 조화를 이루어야 하는 일이 현재 아파트 거주민의 당면 숙제일지 모른다. '짜깁기 된 이웃'이 누대로 형성된 자연촌 이웃과 같이 되었을 때 행복한 아파트가 될 것이다.

—「짜깁기 된 이웃」 중에서

문학은 어느 의미에서 사회 현실을 배경으로 전개되는 인간 행위의 기록이다. 그 안에는 어떠한 형태로든 삶을 보다 견고히 구축해 나가려는 의지와 그 실천자의 모습이 드러나게 되어 있다. 남의 눈을 의식해서 할 말을 다 하지 못하는 것은 일종의 열등감이다. 문학은 단순한 자기애의 표현 수단이 아니다. 수필이 갖추어야 할 요건 중의 하나가 인식이다. 인식은 작가의 사회적 의식이요, 문학적인 힘이다. 여기서 말하는 힘은 물리적인 힘이 아니라 문학 속에 내재하는 강력한 에너지다. 위의 수필은 작가가 프랑스 출장을 통해서 관심을 갖게 된 한국의 아파트 문제에 대한 단상을 담고 있다. 어떻게 아파트가 가진 한계를 극복할 수 있는가를 천착한 이 글은 인간의 근원적인 가치와 본질을 규명하려는 자세에 설득적 지성이 담겨 있고, 이것이 '짜깁기 된 이웃'이 누대로 형성된 '자연촌 이웃'과 대비 구도를 형성하면서 그리고 그 두 구도가 하나가 될 때 행복한 아파트가 될 수 있다는 진단이 바로 문학의 힘으로 작용하고 있다고 하겠다.

김정숙의 수필을 관통하는 한 사상은 인간의 문화, 신체적 지각, 개체적으로 독특함이 인간 주변의 세계를 지각하는 데 영향을 미치며, 그리고 그러한 인식에 기반한 지각이 인간의 환경에 대한 선호와 이상향, 더 나아가서는 공간을 조직하는 데 영향을 끼친다는 것이다. 바로 환경–인간 사이의 관계와 미학론인 토포필리아다. 누대로 형성된 자연촌 이웃으로 아파트촌이 바뀌지 않는 한 갈등이 없고 인정이 물결치는 축제 공간은 요원하다는 것이다. 다름의 가치를 인정하는 것이 조화의 지름길인데, 우리는 '다름'을 '틀린' '잘못된'으로 인식하니, 작가가 내어 놓은 혜안이 힘을 갖지 못할지도 모른다. 이 작품은 부조화를 우리 삶의 터전과 결부시켜 의미화하려 했다는 점에서 수필의 문학화에 성공했다. 문학은 절실함에서 비롯되고, 그를 자양분으로 해서 커나가는 것이기에 배려가 있어야 결실의 조건이 충족된다. 이 작품은 아파트촌의 갈등을 바라보는 작가의 진지한 안목이 '짜깁기 된 이웃'이란 어구에 그대로 반영되어 나타나고 있다고 하겠다.

2. 일상을 통한 관계와 시간에 말 걸기

김정숙은 특별히 다른 면이 있다. 그녀는 감동의 일차적 질료인 철학성과 미학성을 작품에서뿐만 아니라 일상에도 깔고 있다. 의식과 문장 속에서 보석처럼 빛나는 '차이'를 가치화하는 그녀 나름의 개성이 만나는 사람을 압도하는 신비한 힘이라 하겠다. 김정숙의 수필은 강렬한 관계의 미학에 기반을 두고 있다. 세상은 복잡계이고, 복잡계적 시각을 갖지 않고서는, 세상의 숨은 본질을 찾지 못한다. 김정숙 수필의 또 다른 한 축은 인간 중심주의의 폐해를 고정관념이란 경직성에 비추어 비판하고 있다. 이성 중심의 근대를 성찰하라는 말은 이분법의 틀을 파하라는 말이다. 이분법은 닫힌 사유를 말한다. 이성 중심주의는 본질과 상관없이 이분법으로부터 가해진 폭력이다. 그 폭력을 오이디푸스 콤플렉스라는 말로 대체할 수도 있고, 생태와 인간의 대립 구도를 살핀다면 생태에 대한 인간의 무자비한 폭력으로도 해석할 수 있다. 사람 중심의 틀에 내포된 상상의 힘은 지금 우리가 살아가는 이곳, 홍익인간 세계, 도구화된 이성의 시대를 다시금 되돌아보게 만드는 단서로 작용하는 것이다.

작가의 지성적 깨달음을 통해 문명 비판이라는 사회적 차원으로 확장되는 수필은 강력한 메시지를 갖고, 힘도 갖는다. 사물이 주는 내포가 사회의 아픔으로 전화되는 지점에 드리워진 반성적 성찰은 문학을 '실천하는' 모든 이들의 가슴에 새겨진 마음의 윤리를 나타낸다. 사물의 신성이라는 건 곧 이러한 마음의 윤리를 통해 문자로 재현된다. 일상을 통한 시간과 관계에 말 걸기는 융합과 통섭을 요구하는 시대적 정서와 맞물릴 뿐만 아니라 복잡한 현대인의 니즈와도 매치가 잘되기 때문이다. 일상 속에서 시간의 의미와 관계의 맥락을 파악하는 것은 복잡한 현대를 제대로 이해하려는 자세에 다름 아니다. 말 걸기는 어떻게 보면 우리 문단의 미래를 결정하는 핵심적 덕목이라고 할 수 있다. 세상이 너무도 급속하게 변해가기 때문에 관계적 맥락은 본질과 밀접한 관련을 맺는다. 환경이 곧 문학을 지배하고, 문학의 생산력을 결정하게 된다. 작가는 관조의 힘에 의해 얻은 메시지를 객관적 상관물로 전이시키면서 삶–시간–세계에 짙게 드리워진 자본적 욕망을 승화시키고 있는지도 모른다.

그런데 우리 모두가 새로운 현대 세계를 찾아다닐 때 또 다른 100년의 기다림을 산 사람들이 있다. 이들은 전통을 이고, 모든 사람들이 떠나가는 동네에서, 모두가 속도감과 편리성을 찾아 사고방식까지 전환하고

있을 때, 묵묵히 400여 년 된 집을 지키고 살고 있었다. 김연아가 피겨
스케이트 날 위에 서서 온몸을 긴장하듯, 하늘과 역사를 이고 절제와 격
조를 위해 긴장해 온 사람들이다. 바로 종가宗家의 사람들이다. 우리의
'준비된 전통'이다.

—「100년의 기다림」 중에서

　김정숙 수필의 한 축을 형성하고 있는 한국적 수필을 읽으면 마치 살
포시 내리는 봄비 소리 또는 겨울밤 흰 눈 내리는 소리를 듣는 것 같은
착각에 빠진다. 하여튼 메마른 대지를 촉촉이 적셔주는 봄비처럼 그녀
의 글은 우선 생명력을 띠면서 독자에게 예술적 감흥을 안겨준다. 제재
통찰 결과를 감성적인 문장에 담아 울림이 큰 미적 이야기로 변형시키
는 데 탁월한 능력을 발휘하기 때문이다. 파토스와 에토스 등의 수사
전략을 집중력 있게 활용하는 까닭으로 어떤 수필도 미적 울림이 강하
다. 특히 한국적 정조와 얼을 잘 형상화하고 있는 「100년의 기다림」은
전통의 가치 재생산이라는 측면에서 종가 정신을 전통에 견주어 고양
시키고 있다. 이 수필은 전통을 가꾸고 지켜온 종가 사람들의 정신을
높이 평가하는 수필이다. "(…) 묵묵히 400여 년 된 집을 지키고 살고
있었다. 김연아가 피겨 스케이트 날 위에 서서 온몸을 긴장하듯, 하늘
과 역사를 이고 절제와 격조를 위해 긴장해 온 사람들이다."라고 하는
대목에서 문학적 성취가 빛난다. 그녀의 수필을 읽으면 그녀가 추구하
는 수필의 본령이 무엇인지 쉽게 드러난다. 그녀는 한마디로 수필을
'진정성' '정성' '신의'에 방점을 찍고 접근한다는 점이다. 생활인의 단
순한 인식을 넘어서서 수필 소재에 담긴, 또는 묻힌 가치를, 다시 말해

'보이지 않는 것', '꼭 봐야 할 것'에 초점을 맞추어 유의미하게 다듬어 낸다고 하겠다.

> 그는 20년 전에 내가 처음 만났을 때 입고 있었던 잠바를 그날도 입고 있었다. 인터넷을 한 적이 없고, 핸드폰도 없었지만, 그의 삶은 분명 아주 잘 산 삶이었다. 그분을 뵈러 가는 내내 잘 산 생이 왜 끝날 이렇게 쓸쓸해지는 것일까라는 질문을 나는 지울 수가 없었다. 그러나 그의 표정을 보면서 문득 호랑이는 숨어서 죽는다는 말이 생각났다. 이곳에서 고생했고, 그러니까 그분이 어려울 때 같이 견딜 의지가 있는 우리를 떠난다는 것은 그가 이루고 싶어 하는 또 다른 목표인 듯했다. 그는 이제 우리를 피해 가면서 또 그 속에서 행복해하고 계신 것 같았다.
> 기차 시간에 쫓겨 일어나면서 나는 이렇게 내뱉었다, 쓸데없는 말인 줄 알면서도.
> "신부님, 이곳에서 사신 일을 자랑스럽게 생각하셨으면 좋겠어요. 신부님을 자랑스럽게 생각하셨으면 좋겠어요."
>
> ─「숨어 죽는 호랑이」 중에서

'숨어 죽는 호랑이'라는 제목에 무슨 큰 뜻이 있는 듯하다. 김정숙은 한 신부님의 삶을 조명하면서 그분을 호랑이에 비유한 것이다. 그는 20년 전에 작가가 처음 만났을 때 입고 있었던 잠바를 그날도 입고 있었고, 인터넷을 한 적이 없고, 핸드폰도 없는 신부님이다. 작가의 평가는 에이 플러스다. "그의 삶은 분명 아주 잘 산 삶이었다."는 것이다. 진정한 종교인의 삶이 어떠해야 하는지를 잘 보여주는 것 같다. 신변적 수필이 난무하고 있는 이 시점에서 종교인의 사명감을 담고 고통의 길을 걷는 신부님의 거룩한 삶에 주목하면서 신도로서 신부님의 삶을 자랑스럽게 빛내고자 하는 자세를 수필 속에 담아내고 있다는 것은 대단한 가치다. 사건이 보다 구체적이라는 것이 독자의 상상력을 자극하는 데 도움을 주지 않지만, 그분의 표정을 보면서 "문득 호랑이는 숨어서 죽는다는 말"을 떠올려 극적으로 메시지에 상상력을 싣는 저력에 박수를 보낸다.

작가가 신부님이라 부르는 작중 인물은 "6·25사변 직후 한국 땅을 밟고, 한국인과 더불어 세월을 보낸 파리외방전교회 소속 가톨릭 선교사다. 17세기 프랑스에서 창설된 파리외방전교회는 수도회가 아니라 교구 신부들의 선교 단체다. 이들은 일정한 지역에 파견되어 종신토록 머무르면서 그곳의 언어와 풍습을 배워 포교 활동을 해왔다. 그러므로 그의 한국어 구사 실력은 완벽하고 한국 사회를 보는 눈도 정확하다. 그의 '우리나라'는 언제나 한국을 일컫는 단어였다."는 대목에서 그분이 한국을 얼마나 사랑하는지 알 수 있다. 그분의 우리나라는 '한국'을 뜻한다는 말 그 이상 무슨 설명이 필요하겠는가. 문학을 미적 구도로 인식하고 있는 한 그녀의 수필은 언제까지나 독자의 사랑과 관심을 끌 것이다. 그녀에게는 필마의 기운이 넘쳐난다. 의식적으로 수필을 연마하여 한 편의 글에 반드시 반짝이는 어록을 놓아 미적 울림통을 울리기 때문에 그녀의 글은 힘의 문학을 지향하면서, 수필문학의 위상도 함께 드높일 수 있으리라 믿는다.

그러므로 정해진 것이 많은 사람일수록 뿌리쳐야 할 유혹의 수가 많으리라. 공자가 나이 사십에 불혹不惑이라고 한 것은 바로 사십부터는 다른 것을 선택할 여지가 없다는 말일지도 모른다. 그러나 유신이 말 머리를 벨 때의 마음을 배워야 하는 순간이 인생을 살면서 어찌 한 번뿐이겠는가? 가을, 이제 내년을 준비하며 털어버려야 할 것을 다시 생각한다. 버리되 진지하게 고뇌하며 버려야 '선택'이 된다.

—「떠나는 마음, 버리는 진실」 중에서

문화 칼럼으로 발표된 「떠나는 마음, 버리는 진실」은 '선택'의 중요성을 강조하는 글이다. 우리가 수필을 통해 추구해야 하는 것이 있다면 마음 다스리기일 것이다. 현대인들은 복잡하고도 삭막한 도시 생활과 치열한 생존 경쟁 속에서 순수하고 아름다웠던 본래적 자아를 상실한 채 살아가는 수가 많다. 이러한 자기 정체성의 상실은 곧잘 삶에 지친 사람들을 패배주의로 몰아가기 일쑤다. 현실적 자아와 본래적 자아라는 괴리감의 갈등 속에서 괴로워하는 사람이 많다. 이상과 현실 사이에는 간극이 존재하고, 그 간극을 어떠한 형태로든 극복하기 위한 절박한 노력은 누구에게나 일생 동안 끊임없이 진행될 수밖에 없는 현실이다. 현실의 온갖 유혹 속에서도 본래적 자아를 지켜 주고 회복시켜 주는 깨달음의 중요성을 일깨워 준다는 측면에서 소중한 작품이라고 하겠다. 김유신에게 가장 어려웠던 일은 사랑을 내려치는 칼이었다는 데서 출발한 김유신과 기녀 천관녀와의 사랑이 눈길을 사로잡는 작품인 이 수필은 삶에서 어려운 일은 '선택'이라고 말한다. "진지하게 고뇌하며 버려야 '선택'이 된다"는 말로 볼 때 고뇌 없는 선택은 선택이 아니란 말이다.

명작은 제재에 대한 심오한 철학적 통찰과 그 결과의 감동적인 미적 배열, 그리고 설득력을 지닌 개성 있는 수사 전략 등의 상호 작용에서 태어난다. 구조와 문장의 상호작용이 원활하지 못하면 미적 울림은 현저히 약화되는 법이다. 철학성과 미학성의 조화 속에서 생성되는 미적 감동은 그녀의 개성에서 나온다. 우리 문학계에서 자신의 '컬러'를 뚜렷하게 갖춘 작가는 그렇게 많지 않다. 여기서 말하는 컬러는 단순히 작가가 가진 자기 특유의 숨결만을 의미하지는 않는다. 대다수와 확실히 구분되거나 다른 개인의 사상적 특성, 인생관을 포함하는 개념이다. 문학은 자신도 정화해야 하고 시대도 정화해야 한다. 사람이 사람답게 살아가야 하는 길을 비추는 등불이어야 하고, 동시에 현대인이 살아가는 사회 현실을 비추는 거울이기도 해야 한다. 이런 차원에서 본다면 김정숙의 이 수필은 자신을 구원하는 글로서 거울 같은 작품이면서 동시에, 등불 같은 수필이라 하겠다. 자기 자신의 정체성을 찾아 자신을 반성적 성찰대 위에 세우는 일이나 아름다운 진실을 캐내는 일도 모두 중요한 일이다. 개념을 의미 깊은 뜻으로 재해석하는 것은 삶의 진경을 담아내는 일로 수필가다운 면모를 보이는 일이 아닐 수 없다.

진정한 혼자의 길이야말로 모든 쓸데없는 군살을 버리게 한다. 그러므로 무엇엔가 전념할수록 간결하게 표현하고, 있는 그대로 들을 수 있다. 자신을 깨닫고, 자존의 세계를 세우기 위해 힘들어 본 사람이라면 대화는 더 쉽게 열린다. 버리지 못하면 듣지 못한다. 듣지를 못하고 자기 말만 하는 것은 소통이 아니다. 우리는 독재자를 싫어한다. 그러나 남의

말을 듣지 못하는 한 우리 모두는 자신이 관여하는 범위 안에서 독재자
일 수 있다.

—「천 번의 점프」 중에서

"남의 말을 듣지 못하는 한 우리 모두는 자신이 관여하는 범위 안에서 독재자일 수 있다."는 마지막 멘트는 아무리 자주 읽어도 멋지다. 세상의 모든 것이 수필 안에 놓여져 있는 소도구다. 사랑도 아픔도 이 안에 어우러져 있는 일종의 소품이라고 볼 때, 수필은 하나의 우주다. 수필을 쓸 때 무엇보다도 중요한 것은 공감의 터전을 마련하는 일이다. 먼저 그 대상과 하나가 되어, 서로의 체온을 나누어야 된다. 그러려면, 남의 말을 들을 수 있도록 귀를 열어두어야 한다는 작가의 말씀이 설득적으로 다가오는 것은 그 이유가 신선한 까닭이다. "버리지 못하면 듣지 못한다"는 대목도 신박한 어록이다. 이 수필의 문학성은 김연아 선수가 이룬 노력을 "피겨 선수들의 오랜 숙원이었던 동대문 실내 스케이트장이 완공된 것은 1964년이었다. 김연아는 이런 곳에서 혼자 세계적 왕국을 지었고, 세계 피겨 100년 역사를 새롭게 써나가기 시작했다."는 대목에서 나온다. '천 번'이란 구체적 횟수는 압권이었다. 전념한다는 것은 우선 대상과의 일체감을 갖는 일이다. 즉 물아일체物我一體의 동화 상태에 빠져보아야 한다는 것이다. '독재자를 싫어한다'에서 그녀는 독재자도 재해석한다. 글솜씨가 예사롭지 않다는 것을 단적으로 증명한다고 하겠다. 대상과의 일체감을 이루는 전념 없이 우리는 수필다운 수필을 쓸 수 없다는 걸 잘 말해준다.

약 5분 정도 걸친 짧은 인사였지만 그가 만난 새 교구민에 대한 나의 바람이었다. 그리고 우리의 우정에 대한 내 감사였다. 어쩌면 내 이 인사가 큰 파장을 몰고 올지도 모른다. 신부의 학창 시절 여자 친구가 25주년 은경축에 인사를 했다. 그가 나를 불러 세운 것 자체가 만용蠻勇이었을지 모른다. 그러나 거의 공개적으로 표시한 이 우정에 대한 감사가 우리 사이에 가장 긴 우정에 대한 소회였다는 사실을 사람들은 모를 것이다.

─「어떤 안녕」 중에서

사제 서품 25주년 은경축일에 신부의 학창 시절 여자 친구로서 작가가 축하 인사를 했다는 내용도 눈길을 끈다. 약 5분 정도의 인사였지만 사제가 여자 친구를 불러 축사를 시킨다는 것도 매우 조심스러운 일이지만, 신부도 신부의 학창 시절 여자 친구였던 작가도 아무런 저항 없이 은경축일 행사를 잘 해냈다는 이야기가 감동을 주는 건 왜일까. 쉽지 않은 선택을 용기 있게 한 신부, 그 요청을 기꺼이 수용한 작가, 두 사람의 아름다운 우정이 부럽기만 하다. 그러나 그들의 대화를 보면, 싱겁기 짝이 없다. "바로 티켓팅을 마치고 출국 수속하는 데까지 왔다. 내가 그렇게 커피를 좋아하는 줄 알면서도, 또 자신의 집에서 커피 한 잔도 못하고 바로 나온 줄 알면서도, 그리고 탑승 시간이 두 시간 정도 남은 줄 알면서도, 그는 커피 한 잔 하자는 소리를 하지 않았다. 나는 돌아섰다. '서로 연락하자.'라고 그가 말했다. 또 언제 만날지 모르는 사람들의 인사였다."

문학은 강물처럼 흘러가고 있는 역사의 한 부분에 대한 진솔한 기록이다. 작가는 신앙인으로 살면서도, 프랑스 파리에서 유학 생활을 하면서도, 한국에서 봉사 활동을 하면서도 누구보다도 열심히 신앙생활을 해온 분으로 이러한 이유와 당위성 때문에 작가는 신앙인으로서의 의식이 분명해야 했다. 김정숙 수필은 단순한 삶의 기록이 아니라 보다 근원적인 의미에서 인간의 진실을 발견하기 위한 수단이고, 노력의 흔적이라는 점에서 가치나 의의가 있다. 이러한 점에서 이 작품은 절제와 품위를 갖춘 우정의 정도를 보여주었다고 하겠다. 이런 측면에서 또 김정숙 수필은 독특한 가치를 지닌다고 하겠다. 순간 순간의 삶에 보다 성실하고 스스로 부끄럽지 않은 원숙한 인생의 맛을 느끼며 살기 위해 수필을 씀으로써 세상의 구원에까지 나아가기도 한다. 김정숙의 수필을 읽으면 인생을 멋지게 살고 있는 참다운 이의 깨달음이 감동으로 다가온다. 산다는 것은 어느 의미에서는 자신에의 집착을 엮어 가는 일이다. 원근과 대소를 재면서 자신과의 관련을 현재화시킬 때 집착에 이를 것은 뻔한 이치다. 인간의 일상적 삶은 여기에 그 거점을 정하고 방향을 터 잡아가는 하나의 흐름이다. 이 수필집에서 읽히는 또 하나는 자신의 존재적 인식을 교정하는 활달함이라 하겠다.

Ⅳ. 나오며

예술적 소양이 높은 작가는 다른 사람을 하나의 대상, 수치로 대하지 않는다. 그녀는 자신이 가지고 있는 이야기로 사람과 소통한다. 김정숙은 특수한 삶의 이야기를 가지고 있기 때문이다. 이야기를 많이 접한 사람일수록, 다른 사람의 이야기에 공감하기 쉽다. 서로의 이야기를 공감하고 공유하는 사람들끼리는 사이에 들기도 철학적 소통도 쉽다. 김정숙 문학은 지성적, 신앙적, 언어적 힘을 바탕으로 독자의 정서에 울림을 주는 파도와도 같은 파동성을 지닌다고 하겠다. 에이브럼즈는 문학의 기능을 거울과 등불 두 가지로 나누고 있다. 문제는 거울이 중요하다 등불이 중요하다가 아니라 문학이 지녀야 할 기본적인 미덕을 갖추지 못한 상태에서는 이런 논쟁 자체가 의미가 없다는 것이다. 무엇보다도 수필은 문학이 되어야 한다. 수필이 상상력이나 예리한 관조, 지적 통찰의 체로 걸러지지 않은 채 쓰여져서는 안 된다. 수필은 삶과 세계에 대한 고도의 세련된 지적 통찰이어야 한다. 이런 측면에 있어서 김정숙의 작품은 문학이라는 데 누구도 이의를 제기하지 못할 것이다.

김정숙 교수는 "글은 곧 그 사람이다"는 버폰의 표현에 정확히 맞는 언행일치의 삶을 사는 작가다. 생을 선한 마음으로, 그러나 절망하지 않는 자세로 걸어가는 작가다. 옷고름 하나 흐트러진 데가 없이 단아한 작가다. 글로 더 나은 세상을 만들어야 한다는 지성인으로서 일상 속에서 느끼는 편편들에 대한 다소곳한 정감을 수필 속에 용해시켜 내는, 가슴 따스한 작가다. 그녀의 글은 만유의 실상이 무엇인가에 대해 끊임없이 되물어보게 한다는 차원에서 감동을 준다. 차분함과 여유에서 나오는 그녀의 글에는 오늘을 사는 생활인의 가슴 저린 애환이 있고, 따스한 정이 소리 없이 흐르며, 감사하는 생활미학, 신앙인의 자세가 녹아 있다. 살아가면서 느끼는 문제의 한편에는 언제나 초극할 수 있는,

아름답고 신선한 세계가 있다는 것을 말해 준다. 사람들은 그 세계를 통해 삶의 기쁨을 만끽하고, 처절한 절망의 늪에서 헤어나 새로운 길을 모색한다. 그녀는 정녕 우리가 본받아야 할 이 시대의 지성이요, 사상 근육이 아름다운 사람이라 하겠다.

김정숙 수필집
40년 만의 답장
ⓒ 김정숙, 2024

초판 1쇄 발행 2024년 8월 10일

지은이   김정숙
펴낸이   이은재
편 집   권정근
디자인   이태호

펴낸곳   도서출판 그루
출판등록 1983. 3. 26(제1-61호)
주소   42452 대구광역시 남구 큰골 3길 30
전화   053-253-7872
팩스   053-257-7884
전자우편 guroo@guroo.co.kr

ISBN 978-89-8069-508-9
값 16,000원

＊이 책은 저작권법에 의해 보호받는 저작물이므로 무단 전재와 무단 복제를 금하며
  이 책 내용의 전부 또는 일부를 이용하시려면 반드시 저작권자와 도서출판 그루에
  서면 동의를 받아야 합니다.